ールスキルアップシリーズ

からウロコの

DF戦術

はじめに

ハンドボールは攻防一体の展開が醍醐味のスポーツです。相手の攻撃（OF）をしっかりと守り、そこから自軍のOFに転じ、得点することで、相手より試合を有利に進めることができます。いくら自分のチームにOF力があったとしても、すべてのOF機会に得点を決められるということはありません。ですから、守備（DF）をおろそかにしていては、勝てる試合も勝てなくなってしまうのです。

みなさんは普段、DFの練習にどれぐらい時間を割いていますか。DFの練習はOFの練習に比べて地味でキツイものも多く、なかなか前向きに取り組めないという人もいるのではないでしょうか。しかし、DFがいかに大切かということが理解できれば、地味でキツイ練習にどんな意味があるのかがわかってくるでしょう。そうすれば、これまでよりも前向きに練習に取り組めるはずです。

「OFには調子の良し悪しがあるが、DFにはない」

ハンドボールの世界で聞かれる言葉です。OFは、どうしても試合ごとに調子の波が出やすいものですが、DFは基礎

が身についていて、基本となるスタイルを持っていれば、OFほどその日の調子に左右されません。うまく得点ができない時でも、DFからリズムを作ることができれば、主導権を相手に渡すことなく試合を進められます。

『ハンドボールスキルアップシリーズ』の第3弾となる本書では、これまでに月刊誌『スポーツイベント・ハンドボール』の「保存版スキルアップシリーズ」として連載されたものをよりわかりやすくした第1・2・5章に、新たに書き下ろした第3・4章を加えた構成になっています。1対1の守り方にはじまり、チームとしての守り方、チームの特性に応じて、どんなシステムが適しているのかというところまで、日本を代表する指導者の方々の解説でご紹介しています。

本書は1対1のDFからスタートします。手に取られた方の中には、「今さら1対1なんて」と思われる方もいるかもしれません。ですが、ここで解説を担当している酒巻清治さんは「『知ってるよ』と感じた人もたくさんいるでしょう。しかし、実際のコートの上では、おろそかにされたり、見すごされたりしていることばかり」だと言います。

初心者はもちろん、上級者のみなさんにとっても、DFについての見方が変わる内容が満載です。

〈スポーツイベント・ハンドボール編集部〉

この本では、さまざまなDFの技術、戦術を紹介しています。
プレーの連続写真を追いながら、一流指導者がその技のコツを解説します。
頭と身体の両方で動きを理解し、レベルアップにつなげ、ハンドボールをより楽しみましょう。

BASE 4

DFでのステップ

DFでのステップワークは「この場面でこれ」という約束事はありません。状況に応じて各自で使い分けてください。

一般的には、抜かれたり打たれたりしなさそうな間合いなら、サイドステップ【写真7】で対応します。サイドステップなら相手から目を切らずに、足でついていけます。

相手に抜かれそうな緊急事態なら、クロスステップ【写真8】で追いかけます。ボールから目を切ってでも、急いで行かないとピンチになる状況だから、クロスステップを選択するのです。

この使い分けは、各自で1対1を練習しながら身につけるものです。最初からシステムありきで守っていたら、感覚を養えません。

シーズンの初めに1対1を多めに練習するなど、チームの年間計画の中に「個を鍛える時期」を組み込む必要があると思います。

引いた足を軸にターンする

DFで方向転換をする時は、引いた足を軸にします。なぜなら、前に出した足を軸にターンすると、ボールから目を切ることになるからです。DFの基本はボールと自分のマークの両方をつねに視野に入れること。引いた足を軸にターンすれば、ボールから目を切らずに動けます【写真9】。

ケガをしにくい止まり方

無理に止まろうとするとヒザの前十字じん帯を切る恐れがあるので、身体に負担のかからないような止まり方を身につけておきましょう。

長めの距離をダッシュしてきた場

0】のように、進行方向
右へ移動）のヒザを内
れ、反対側のヒザを進
に送る。

】のようにヒザが外側
止まらないように。

【写真10】

【写真7】サイドステップ

【写真8】クロスステップ

ターン

18

連続写真と動画

各プレーを連続写真で細かく解説しています。一瞬のできごとの中でも大切なポイントはあります。写真と解説をよく見ながらプレーを向上させてください。また、よりプレーをわかりやすくするため、QRコードからのアクセスによる動画も公開しています。解説、写真、動画を一体にしてDFの極意を身につけましょう。

この本を読むには

実績豊富な指導者による解説

各プレーの意味やそのための動き、コツを各テーマのエキスパートが解説します。豊富な経験を持つ指導者ならではの視点に注目してください。まずは、どんなことが基本となるのかよく読んで理解しましょう。

BASE 1

DFの基本姿勢

DF力を上げるために、最初にしっかりとマスターしたいのが、基本の姿勢です【写真1】。

相手のシュートを防ぐために、両手を上げます（ハンズアップ）。

そして、両足を6mラインに平行にして立つのではなく、片足を前に出します。

通常は相手に行かせたくない、抜かせたくない方の足を前に出して守ります。

実戦では、どちらの足を出して守っているかが、両どなりの味方への合図、サインにもなります。

試合を見ていると気づくと思いますが、相手のDFに抜かれたり、対応が遅れて横からやうしろからのマークになってしまったケースは、DFの両足がラインと平行になってしまっているケースがほとんどです。

キャリアの浅い小、中、高生ばかりでなく、国内のトップレベルでプレーしている中にも、DFでの両足がラインと平行になってしまう選手が少なくありません。

ハンドボールを始めたばかりの早い段階から、片足を前に出して守る意識を持ってほしいものです。

片足を前に出す、という姿勢はハンドボールのDFだけの特徴ではありません。

柔道、剣道、空手、相撲、レスリング、ボクシングといった武道、格闘技を思い返してください。

相手と向かい合い、ぶつかり合ったり、駆け引きする場合は、自然と片足が前に出た姿勢になってくるはずです。

相手のどんな動きにも対応できるように、さらには、先手を取って仕掛けていけるように、つねに戦闘態勢を整えましょう。

ベンチから「ハンズアップ!!」と指示が飛んだり、コートの味方同士で声をかけ合って、はっと気づいたように両腕を上げるケースもしばしば見受けられますが、武道や格闘技のように、一瞬のスキが命取りとなってシュートを打たれてしまう、という意識があれば、相手と向かい合った時、両腕も下がることはないはずです。

姿勢＝DF力

試合を見る時は、選手の姿勢に注目してください。DFのいい選手は姿勢がしっかりしています。背筋が伸びて、腰が入った姿勢で動けています。逆にDFがあまりうまくない選手は、猫背ぎみだったり、腰が落ちすぎていたりします。

DFの姿勢は、スクワットの基本姿勢に通じるものがあります。ヒザだけを折り曲げるのではなく、股関節から深く曲げれば、腿裏《ももうら》やお尻の筋肉に力が入る体勢になります。脊柱起立筋《せきちゅうきりつきん》（背骨周辺の筋肉）に力を入れれば、腰も入るし、背筋もピンと伸びます。身体の中心部の力を最大限に使える姿勢（＝パワーポジション）だから、スクワットで重い重量をあげられますし、DFでも強く当たれます。手だけで当たりに行くと、退場にもなりやすいし、ケガの原因にもなります。

スクワットの基本姿勢は早い段階から身につけてほしいですね。パワーポジションを覚えれば、身体接触のおもしろさがわかるようになります。

12

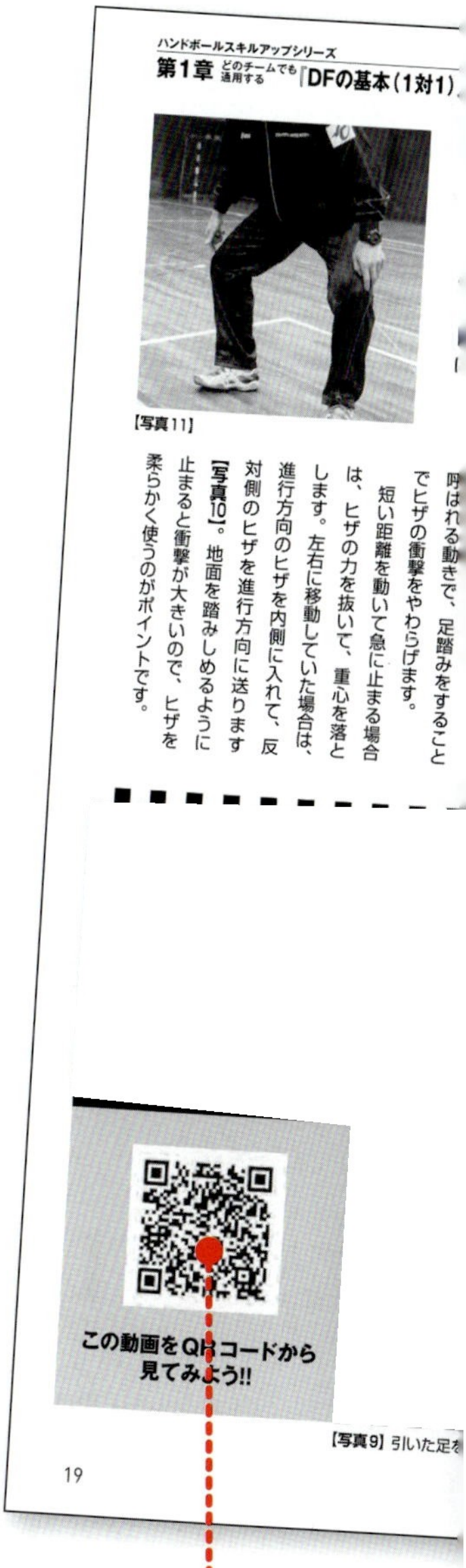

ハンドボールスキルアップシリーズ

第1章 どのチームでも適用する『DFの基本（1対1）』

【写真11】

呼ばれる動きで、足踏みをすることでヒザの衝撃をやわらげます。

短い距離を動いて急に止まる場合は、ヒザの力を抜いて、重心を落とします。左右に移動していた場合は、進行方向のヒザを内側に入れて、反対側のヒザを進行方向に送ります【写真10】。地面を踏みしめるように止まると衝撃が大きいので、ヒザを柔らかく使うのがポイントです。

【写真9】引いた足を

19

CONTENTS

第4章 チームDFとバックチェック・速攻

CONTENTS

第1章

どのチームでも通用する

『DFの基本（1対1）』

駆け引きを楽しむレベルへ

DFの基本は1対1、そして2対2。6：0、5：1、3：2：1といったシステムにかかわらず、どのチームに加わっても役割を果たせるDFの基本、コツを第1章（1対1）と第2章（2対2）で紹介する。

協力：トヨタ車体ハンドボール部

©田口有史

シュートをゴールに打ち込む爽快感とはまた違ったおもしろみ、魅力を持つとともに、チームの勝敗のカギを握るDF。
第1章と第2章では、元日本男子代表監督の酒巻清治さん（現・トヨタ車体監督）に、DFの基本を解説してもらう。
やればやるほどおもしろさが増してくるDFを究め、ハンドボールの魅力を最大限に満喫しよう。

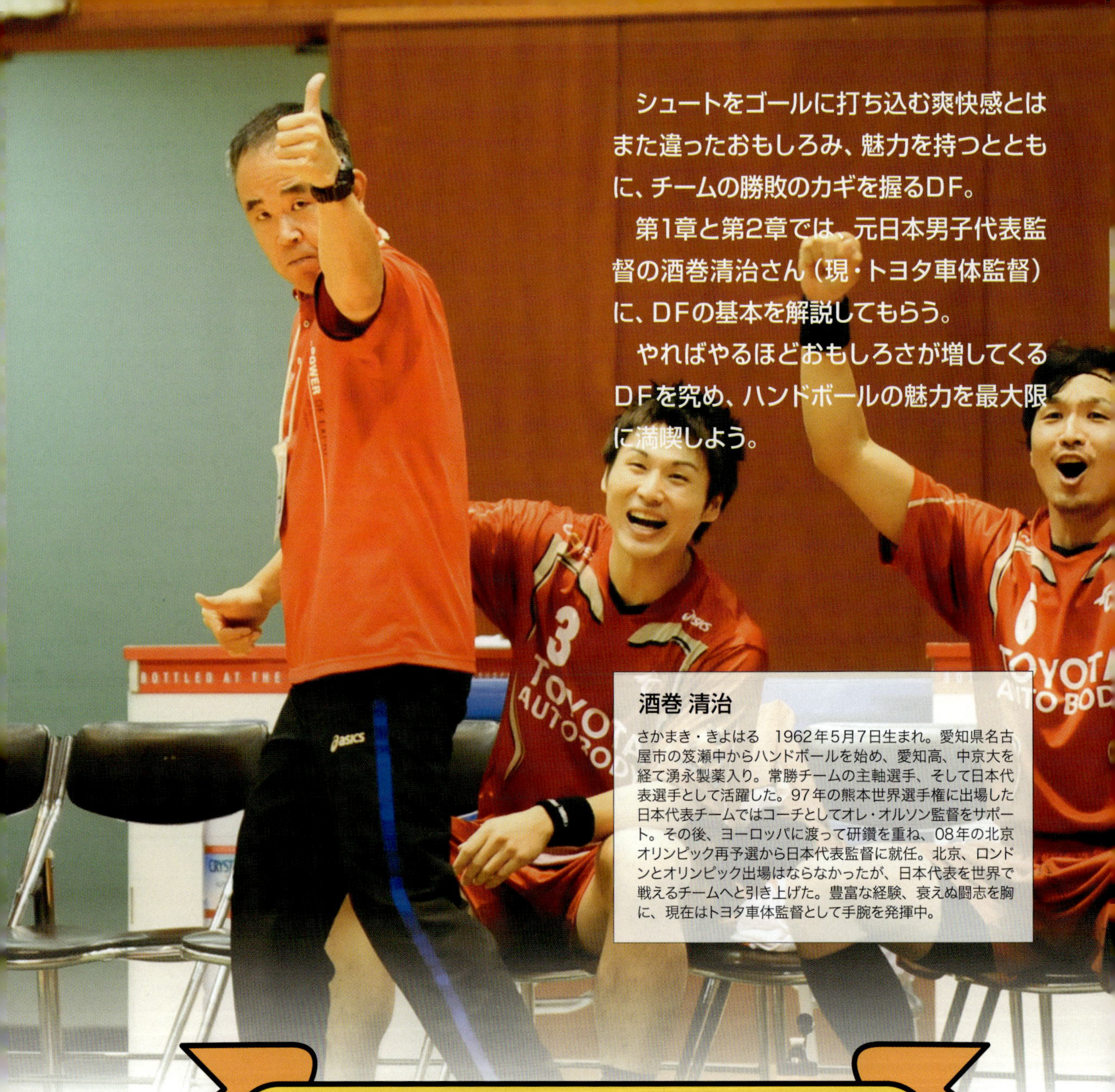

酒巻 清治

さかまき・きよはる　1962年5月7日生まれ。愛知県名古屋市の笈瀬中からハンドボールを始め、愛知高、中京大を経て湧永製薬入り。常勝チームの主軸選手、そして日本代表選手として活躍した。97年の熊本世界選手権に出場した日本代表チームではコーチとしてオレ・オルソン監督をサポート。その後、ヨーロッパに渡って研鑽を重ね、08年の北京オリンピック再予選から日本代表監督に就任。北京、ロンドンとオリンピック出場はならなかったが、日本代表を世界で戦えるチームへと引き上げた。豊富な経験、衰えぬ闘志を胸に、現在はトヨタ車体監督として手腕を発揮中。

どんなシステムでも通用するDFを

6：0DFに3：2：1DFに4：2DFなどなど、ハンドボールにはいろいろなDFシステムがあります。時代とともに新しいシステムが生まれ、攻略するためにOFが進化して、またそれを防ぐために新たなDFが生まれます。

同じシステムでも、チームによって約束事が違ったりします。一見同じような6：0DFでも、2枚目の高さが違ったり、ラインプレーヤー（ポスト）の守り方が違ったりします。さらには4：1：1DFのようなチーム独自のシステムも存在します。

しかしDFで失敗した場面を分析していくと、1対1か2対2で必ずミスしています。DFのミスは1対1と2対2でほとんど説明がつきます。だからDFシステムを議論する前に、基本の1対1、基本の2対2を強化する必要があります。裏を返せば、1対1、2対2の基本さえわかっておけば、どのシステムに入っても通用します。

私が日本代表の監督に就任した

当初は6：0DFでチームの約束事を作りましたが、これも突き詰めれば1対1と2対2の基本でした。1対1と2対2の共通理解があれば、システムを変えても対応できるし、2mで100kg以上あるヨーロッパの大型選手も守れます。初めにシステムありきではなく、基本の1対1、基本の2対2ありきでチームを作ってきました。

DFはやった分だけうまくなる

OFにはひらめきや才能が必要なところがありますが、DFはやればやるほど上手になります。積み重ねた努力と必ず比例するので、DF上達のための努力を惜しまないでください。

またDFの仕組みがわかると、OFも上達します。OFとDFは表裏一体ですから、DFがやられて嫌なことをやれば、OFができるようになるのも当然の話です。

大学以下のカテゴリーではエースをOFに専念させるチームも多いですが、エースになれる選手はOFを理解しています。だからDFの上達も早いはずです。指導者もエースをOFだけで甘やかさずに、DFでも使っていきましょう。

攻守両方で役に立つ選手が、世界のハンドボールでは最も評価されます。

繰り返しになりますが、1対1と2対2を守る理論を覚えておけば、どのチームでもDFシステムに関係なく通用する選手になれます。個が強くなることは、日本のハンドボールの強化にもつながります。

千々波英明（大同特殊鋼）

世界では、ニコラ・カラバティッチ（青⑬）らのように、得点源でありながらDFでも中心という選手も多い

BASE 1

DFの基本姿勢

DF力を上げるために、最初にしっかりとマスターしたいのが、基本の姿勢です【写真1】。

相手のシュートを防ぐために、両手を上げます（ハンズアップ）。

そして、両足を6mラインに平行にして立つのではなく、片足を前に出します。

通常は相手に行かせたくない、抜かせたくない方の足を前に出して守ります。

実戦では、どちらの足を出して守っているかが、両どなりの味方への合図、サインにもなります。

試合を見ていると気づくと思いますが、相手のDFに抜かれたり、対応が遅れて横からやうしろからのマークになってしまったケースは、DFの両足がラインと平行になってしまっているケースがほとんどです。

キャリアの浅い小、中、高生ばかりでなく、国内のトップレベルでプレーしている中にも、DFでの両足がラインと平行になってしまう選手が少なくありません。

ハンドボールを始めたばかりの早い段階から、片足を前に出して守る意識を持ってほしいものです。

片足を前に出す、という姿勢はハンドボールのDFだけの特徴ではありません。

柔道、剣道、空手、相撲、レスリング、ボクシングといった武道、格闘技を思い返してください。

相手と向かい合い、ぶつかり合ったり、駆け引きする場合は、自然と片足が前に出た姿勢になってくるはずです。

相手のどんな動きにも対応できるように、さらには、先手を取って仕掛けていけるように、つねに戦闘態勢を整えましょう。

ベンチから「ハンズアップ!!」と指示が飛んだり、コートの味方同士で声をかけ合って、はっと気づいたように両腕を上げるケースもしばしば見受けられますが、武道や格闘技のように、一瞬のスキが命取りとなってシュートを打たれてしまう、という意識があれば、相手と向かい合った時、両腕も下がることはないはずです。

姿勢＝DF力

試合を見る時は、選手の姿勢に注目してください。DFのいい選手は姿勢がしっかりしています。背筋が伸びて、腰が入った姿勢で動けています。逆にDFがあまりうまくない選手は、猫背ぎみだったり、腰が落ちすぎていたりします。

DFの姿勢は、スクワットの基本姿勢に通じるものがあります。ヒザだけを折り曲げるのではなく、股関節から深く曲げれば、腿裏《ももうら》やお尻の筋肉に力が入る体勢になります。脊柱起立筋《せきちゅうきりつきん》（背骨周辺の筋肉）に力を入れれば、腰も入るし、背筋もピンと伸びます。身体の中心部の力を最大限に使える姿勢（＝パワーポジション）だから、スクワットで重い重量をあげられますし、DFでも強く当たれます。手だけで当たりに行くと、退場にもなりやすいし、ケガの原因にもなります。

スクワットの基本姿勢は早い段階から身につけてほしいですね。パワーポジションを覚えれば、身体接触のおもしろさがわかるようになります。

理想的なＤＦの基本姿勢

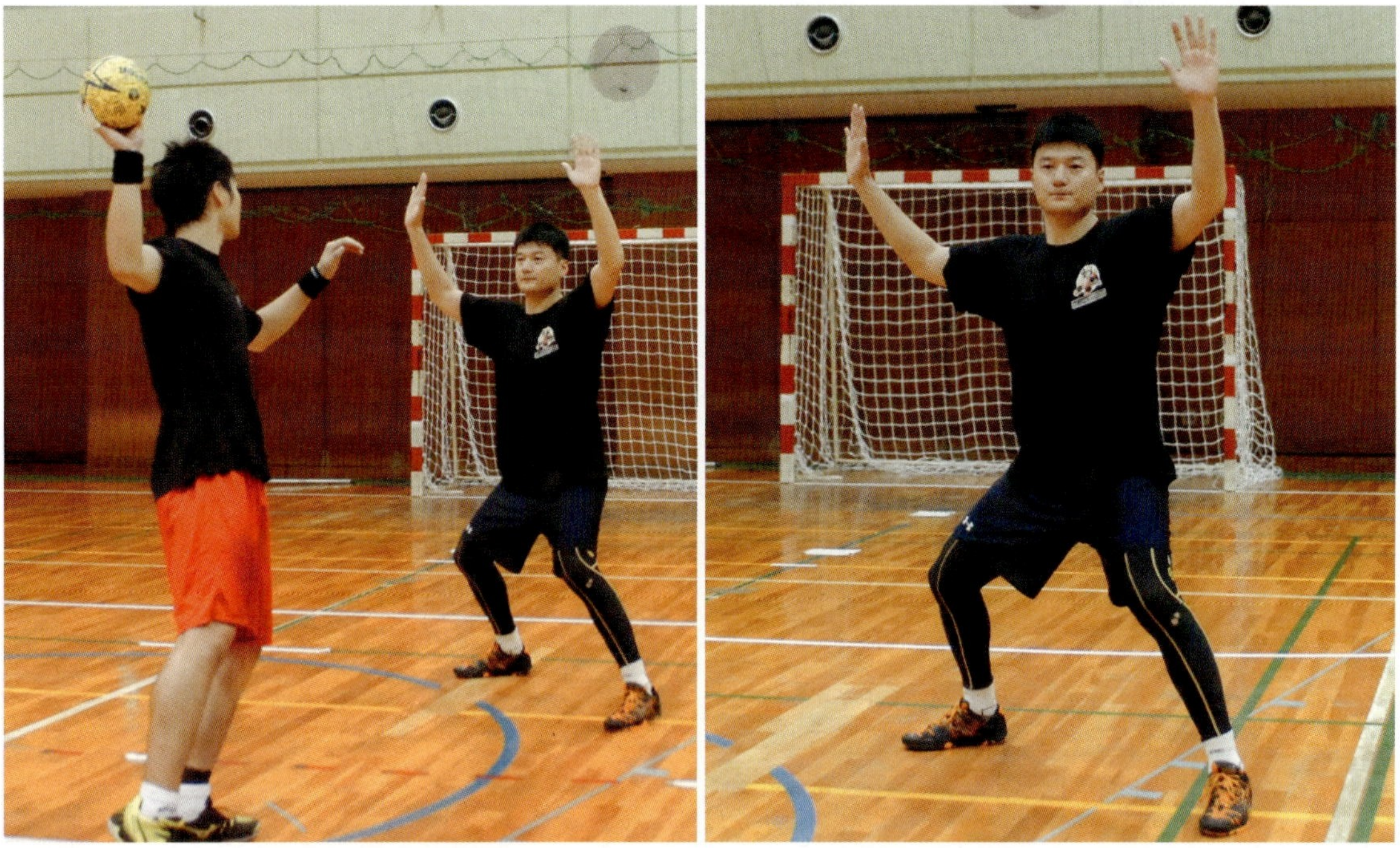

【写真1】

Check!!

- Ⓐ ハンズアップ!!
- Ⓑ 両足を揃えず、片足を前に出す
- Ⓒ 前かがみにならないで、背筋を伸ばして
- Ⓓ 足と足の幅は肩幅より少し広いぐらいで

【写真2】

これはNG

腕が上がらずに前に伸び、両足がラインと平行に揃っている姿勢は禁物 !!

姿勢を見ただけで、ＤＦが得意か苦手かがわかります。

BASE 2

DFでのコンタクト

1対1のDFでは、相手を自分の間合いに入れさせないのが大原則になります。

DFでの間合いについては次の16、17ページで説明しますが、相手が自分の間合いに入ってきたら、コンタクトをして相手を受け止め、フリースローを取ります。

こうしたコンタクトを、ヨーロッパでは「キャッチする」と表現しています。相手を捕まえるという意識が強いのでしょう。

手だけで抑えにいくとプッシングの反則となりますから、身体の中心部からコンタクトしに行きます。

そこから相手の利き腕をつぶして、反対の腕で相手の腰を押さえます。

相手に利き腕を自由に振らせないためには、利き腕につっかえ棒をはさむような感じで手を入れてやります。次に腰を押さえれば、相手の動きをある程度封じることができます【写真3】。

積極的にコンタクトをする姿勢を大切に

当たったら重心を下げる

しかし重心の高いままでコンタクトすると、動き回る相手を止めきれません。

そこで【写真4】のようにコンタクトしてから自分の重心を落としてみましょう。手だけを落とすと、上に乗っかるようなDFになって、反則につながります。

下半身を使って重心を落とすと、相手の重心も下がって、動きにくくなります。

この時にDFの姿勢が改めて重要になります。12、13ページの基本姿勢で紹介したように、脊柱起立筋に力を入れて、姿勢よく構えたまま、重心だけを落とすのがポイントです。

ただ腰を落とすのではなく、腿裏やお尻の筋肉を使って、正しいスクワットの姿勢を意識して重心を下げてください。

理想的なコンタクトの姿勢

Check!!

- 相手の利き腕を押さえ、シュートやパスを封じる
- 相手の利き腕を抑えたのとは逆の腕で相手の腰、背中を押さえる

Check!!

- 基本姿勢どおり、片足が前に出ていることに注目
- 下半身を使って重心を下げることを心がける

【写真3】

【写真4】

コンタクトし、相手の利き腕を押さえてから重心を下げ、相手の動きも封じる。

この動画をQRコードから見てみよう!!

BASE 3 DFでの間合い

14、15ページでも少し触れましたが、DFを究めるうえで大事になってくることの3つ目が相手との間合いです。

DFの間合いの目安は、自分の腕が届く範囲。下の【写真5】で示したように、自分の伸ばした両腕で描くことができる半円をイメージしてください。

相手がその半円の中に入ってこないよう、プレッシャーをかけたり、弾き出すように守ります。

磁石の同じ極同士（例えばN極とN極）がぶつかり合うと反発するように、自分の間合いに近づかせないようにするのです。

相手がシュートを狙おうとしたり、DFを引きつけてチャンスを作ろうとして半円の中に入ってきたら、14、15ページで紹介しているように、コンタクトしてフリースローを取ります【写真6】。

この対応が遅れれば、シュートを打たれたり、チャンスメイクされやすくなります。

逆に、相手にコンタクトして止め

【写真5】両腕で半円を描く

ようと思うあまりに、まだ自分の間合いに入ってきていない相手をマークしにいくと、かわされるリスクが高くなります。

相手の動きに対応できる、自分の間合いをつかんでいくことが大切になってきます。

6人のCP1人ひとりが自分の間合いを理解し、自分の間合いに近づかせなかったり、自分の間合いの中に侵入してきた相手に対してしっかりとコンタクトして、その動きを止めることができれば、守れるような気がしてきませんか?

そのとおり。守れるのです。

もちろん、6人でカバーできる間合い(半円)だけでコートを埋め尽くすことはできません。

OFもDFの思いどおりに動いてくるわけではなく、DFとDFの間を狙ってきたり、マークのミスや遅れをついてくるわけですが、DF1人ひとりが自分の役割を果たせば、失点を最小限に食い止めることは可能です。

速攻からのノーマークシュートや遠距離からの豪快なロングシュートなど、DFが役割を果たす以前に失点してしまうようなケースもありますが、セットプレーでの失点は、DFが相手を自分の間合いの中に侵入するのを許したり、自分の間合いに入ってきた相手にコンタクトできないといったミス、怠慢が原因となっています。

1人ひとりがDFへの意識を高め、役割を果たそうと心がけるだけでもチームとしてのDFは大きく変わってくるものです。

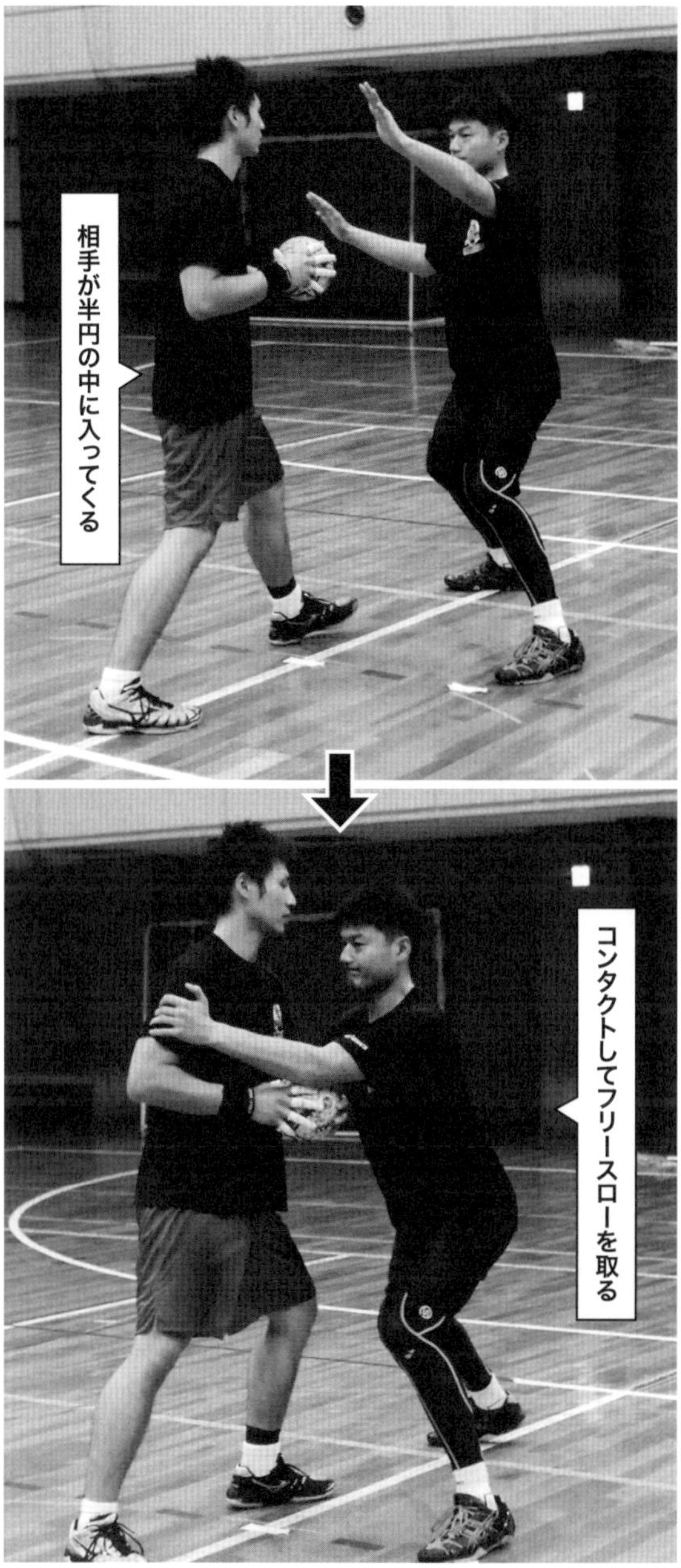
相手が半円の中に入ってくる
コンタクトしてフリースローを取る
【写真6】

より高いレベルをめざして

DFで1人ひとりの役割をきっちりと果たすだけでもなかなかできないことですが、自分の間合いさえ守ればいい、という考え方はしてほしくありません。

もし、チームの中で、仲間以上にフットワーク力があるならば、「1・5人分、2人分、守ってやろう!!」ぐらいの思いを抱いてほしいものです。

私が現役時代、日本代表でともにプレーした山村敏之さん(ソウル・オリンピック代表、元Honda監督)は、「1対2でも守れるから、任せておいてくれ」というタイプ。彼とコンビを組んで大型選手を守る2対2の攻防練習は、とても楽しくて仕方がありませんでした。

もちろん、まずは1対1、自分の間合いをもらさず、さぼらずに守ることが大切ですが、1対1、自分の間合いさえ守れば、という段階で立ち止まらず、より高いレベルをめざしていってください。

BASE 4

DFでのステップ

DFでのステップワークは「この場面でこれ」という約束事はありません。状況に応じて各自で使い分けてください。

一般的には、抜かれたり打たれたりしなさそうな間合いなら、サイドステップ【写真7】で対応します。サイドステップなら相手から目を切らずに、足でついていけます。

相手に抜かれそうな緊急事態なら、クロスステップ【写真8】で追いかけます。ボールから目を切ってでも、急いで行かないとピンチになる状況だから、クロスステップを選択するのです。

この使い分けは、各自で1対1を練習しながら身につけるものです。最初からシステムありきで守っていたら、感覚を養えません。

シーズンの初めに1対1を多めに練習するなど、チームの年間計画の中に「個を鍛える時期」を組み込む必要があると思います。

引いた足を軸にターンする

DFで方向転換をする時は、引い

【写真7】 サイドステップ

【写真8】 クロスステップ

【写真11】

【写真10】のように、進行方向(写真は右へ移動)のヒザを内側に入れ、反対側のヒザを進行方向に送る。

【写真11】のようにヒザが外側に開いて止まらないように。

【写真10】

た足を軸にします。なぜなら、前に出した足を軸にターンすると、ボールから目を切ることになるからです。DFの基本はボールと自分のマークの両方をつねに視野に入れること。引いた足を軸にターンすれば、ボールから目を切らずに動けます【写真9】。

ケガをしにくい止まり方

無理に止まろうとするとヒザの前十字じん帯を切る恐れがあるので、身体に負担のかからないような止まり方を身につけておきましょう。

長めの距離をダッシュしてきた場合は、小刻みに足踏みしながら止まります。「ポンピングブレーキ」と呼ばれる動きで、足踏みをすることでヒザの衝撃をやわらげます。

短い距離を動いて急に止まる場合は、ヒザの力を抜いて、重心を落とします。左右に移動していた場合は、進行方向のヒザを内側に入れて、反対側のヒザを進行方向に送ります【写真10】。地面を踏みしめるように止まると衝撃が大きいので、ヒザを柔らかく使うのがポイントです。

この動画をQRコードから見てみよう!!

【写真9】引いた足を軸にしたターン

BASE5 ボールの位置とマンマーク

相手CPが自分の間合いに入ってきたらコンタクト、そして相手CPの動きを封じる、ということを意識すると、DFから見た相手CPへの基準、中心点が相手CPの身体の中心になると思ってしまうかもしれません。

　また、相撲やボクシングなどほかの競技をイメージしても、相手と1対1で向かい合い、ぶつかり合ったり、駆け引きをすると、どうしても相手の身体の中心に目がいきがちになります。

　けれども、ハンドボールは身体と身体のぶつかり合いだけでなく、ボールを使います。

　そして、相手CPは（左右の）腕でボールを扱いますから、ボールの位置は相手CPの身体の中心にはありません。

　相手CPの身体の中心を目がけてコンタクトに行っても、腕をマークしきれなければ、シュート、パスをされてしまいます。

　また、相手CPがロングシュートを狙ってきた時、相手CPの身体の中心に照準を合わせてシュートブロックをしても、ボールは相手CPの身体の中心にあるわけではありませんから、ボールの出所がずれてしまい、ブロックの効果はなく、やすやすとシュートを打たれてしまうことになります。

　ですから、DFでは相手CPの身体の中心ではなく、相手CPの保持するボールの位置が基準になります【写真12】。

　さまざまなカテゴリーの試合を見てもわかると思いますが、この基準が頭に入っていないままでコートに立っているプレーヤーが多く見受けられます。

　システム、チームの約束事を重視するあまり、各カテゴリーで日本一に輝くようなチームでも相手CPの保持するボールを基準にしていない位置で守っているケースもありますが、この基準の大切さを改めてお伝えしておきたいと思います。

【写真12】

2人目のGKとなって守る

　間合いを理解し、自分の間合いの中に入ってきた相手CPにコンタクトするとともに、間合いに入ってくる前に、あるいはコンタクトが遅れてシュートを狙われた時は、自分だけで守るのではなく、GKと協力して守ります。

【写真13】

【写真14】

【写真15】

DFは2人目のGK

ゴールを守るのはGKだけではありません。DFもゴールを守っている、ゴールを守ることができる、ということを忘れずに。

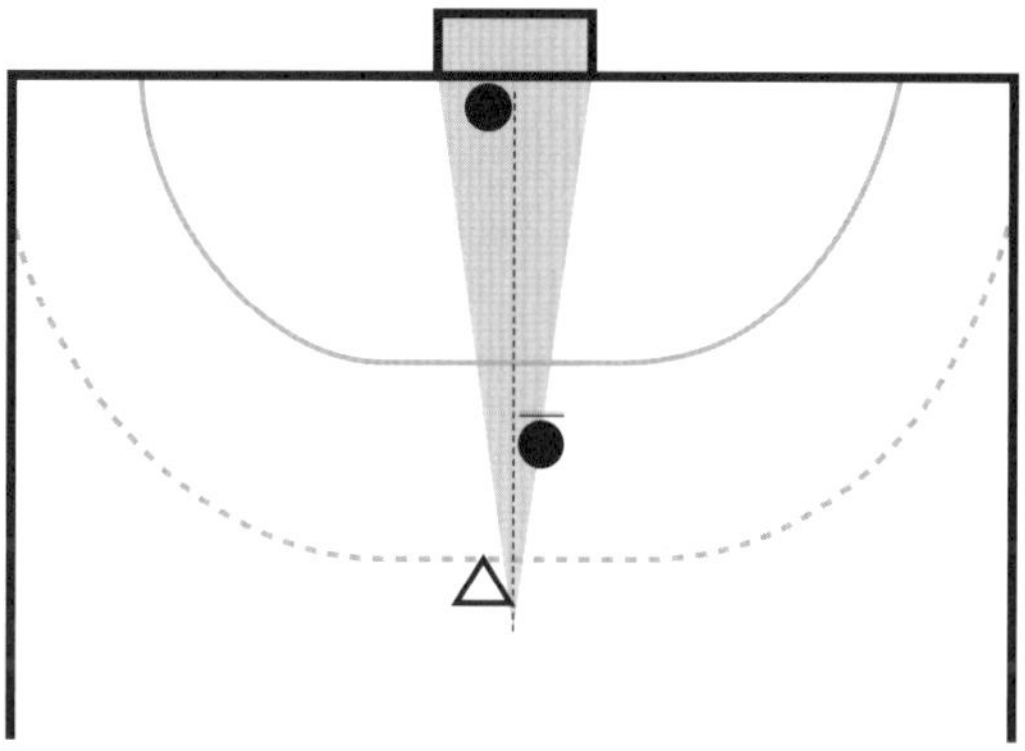
【図1】

DFは2人目のGKという役目もある、という意識を持ってプレーしていきましょう。

【図1】で示したように、相手CPの保持するボールとゴールポストの両端を結んだ三角形を、GKと2人で守る。

GKと力を合わせ、2人でゴールを守る、ということをよりイメージしてもらえるようにと用意したのが、3枚の写真です。

実際には**【写真14】**、**【写真15】**の位置に立って守ることはできませんが、**【写真13】**の位置で三角形を意識して守れば、**【写真14】**、**【写真15】**の位置で守っているのと同じことになります。

相手CPからすれば、かなりシュートコースが限られているのがよくわかると思います。

このように、相手CPが保持しているボールの位置、そして、GKと形成する三角形を意識しながらDFに取り組みましょう。

POINT 1

フロントの1対1

DFの基本として押さえたい1対1は、フロントの1対1（ボールを保持した相手に対するDF）、ポストプレーヤーをマークする1対1、オフ・ザ・ボールでの1対1（ボールを持たない相手に対するDF）の3つに分けられます。

フロントでの1対1から紹介していきますが、守り方はコートのエリアごとに変わってきます。

守るエリアを3つに分けて示したのが【図2】です。

ゴールから12mぐらい離れたあたりからセンターラインまでが①のエリアです。

このエリアは、ゴールからもかなりの距離がありますから、相手CPがシュートを打ってきても、GKが反応して対応できる確率が高くなります。

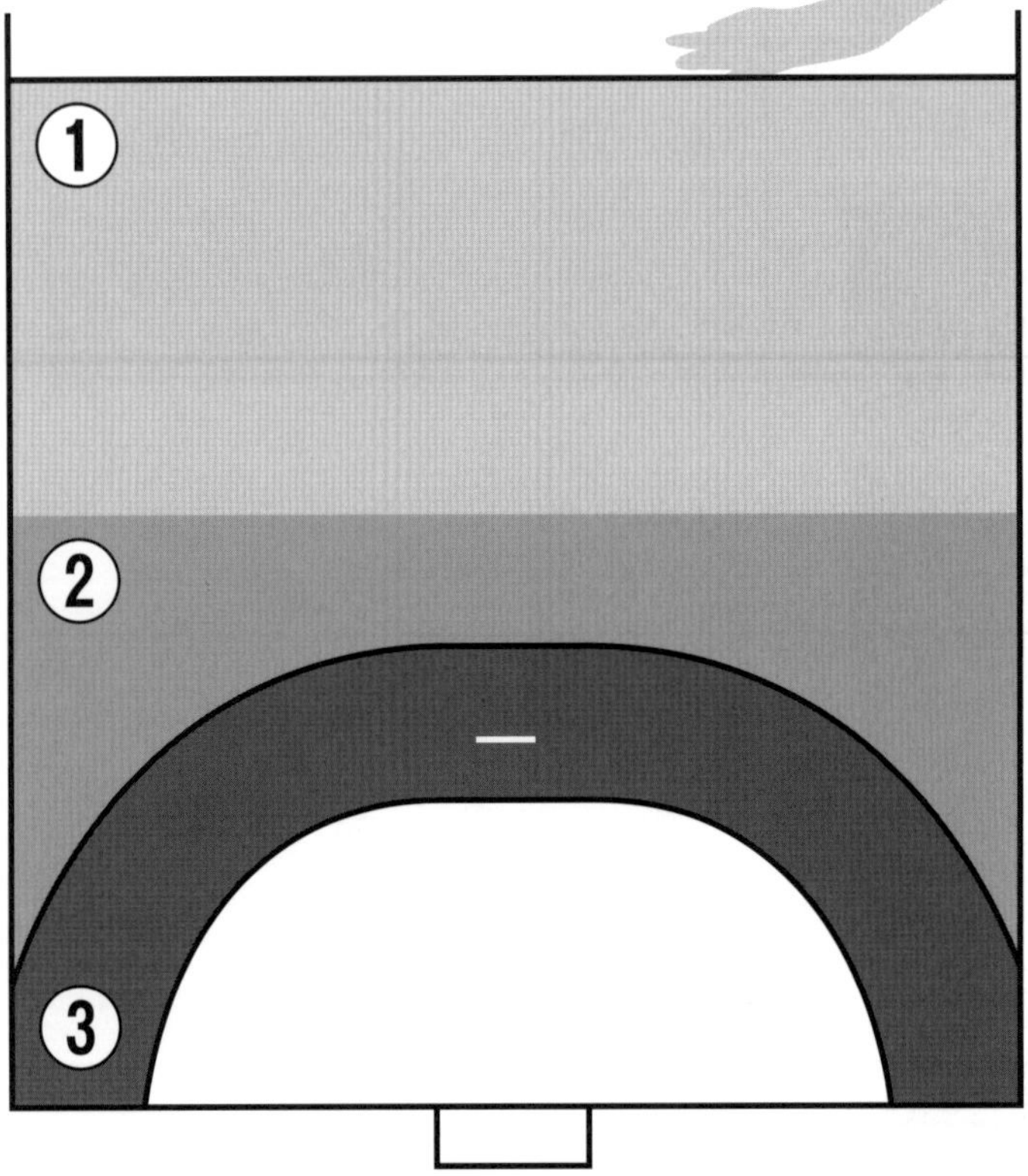

【図2】エリアを3つに分けて考える

ですから、たとえ相手CPが自分の間合いに入ってきたとしても、なにがなんでもコンタクトしなければ、と思う必要はなく、基本の姿勢を保ちながら、足でついていくだけで大丈夫です【写真16】【写真17】。

それでも、これはあくまで基本の考え方で、このエリアでコンタクトしにいく必要がない、という意味ではありません。

23ページの下段で紹介しているように、このエリアでも積極的に相手CPにコンタクトし、フリースローを取って相手のOFを早めに分断する守り方もあります。

相手との力関係や体格差、自身の身体能力（フットワーク力）などを見極め、守り方を判断、選択してください。

2m、100kgの大型選手が躍動する世界に挑んだ私としては、日本では大型とされる190cmクラスの選手が、このエリアでも積極的にコンタクトして相手CPにプレッシャーをかけられる力を身につけるのが理想と考えています。

① ゴールから遠い位置での1対1

【写真16】基本の姿勢を保ちながらOFについていく

【写真17】

ゴールからの距離に応じて

②のエリアに相手CPが入ってくれば、ドリブルに対応したり、ロングシュートに備えます。

シュートブロックは、20、21ページでお話ししたように、GKと2人でゴールを守る『2人目のGK』という意識を忘れずに【24ページ・写真18】。

シュートブロックに跳ぶ場合、跳ぶのが遅れては意味がありませんし、早すぎればシュートフェイントにかかってしまいます。

GKと力を合わせて作る三角形を意識するとともに、ジャンプするタイミングも大切なポイントになってきます。

もちろん、この②のエリアでも①のエリアと同じく、積極果敢にコンタクトし、フリースローを取りにいく守り方もありです。とくに相手が自分たちよりも大型だったり、シュート力抜群の選手を擁しているケースなどは、このエリアの守り方、使い方が重要になってきます。

あえて高い位置でコンタクト

中京大・船木浩斗監督（元・トヨタ紡織九州）

もともと、身体が小さかった（174㎝）のもありますが、1試合60分のうち、DFをする時間は30分。

いかに相手に自分の前を「強く攻めたくないな…」と思わせるかが大事と考え、スローオフ直後のファーストコンタクトから相手が嫌がるくらいにしつこく当たることを心がけました。

そうした思いを表現した結果、ゴールから12mを超える高い位置で積極的に相手にコンタクトを行なっていました。

試合序盤に先手を取るだけでなく、試合が進む中で、好調に点を取っている選手やスムーズにアシストする選手にも、高い位置でプレッシャーをかければ、リズムを狂わせることにつながります。

相手より守れなければ、いくら得点しても点差は離れません。

地味で嫌がる人も多いDFですが、ハンドボールではとても大事な要素だと考えています。

② 9mラインの外での1対1

【写真18】

前に詰めてコンタクトできないタイミング、距離でシュートを打たれた場合、シュートブロックを選択します。GKと2人でゴールを守る意識も忘れずに。

③ 9mラインの中での1対1

【写真19】

9mラインの中に入ってきた相手には、逃がさずコンタクト。
確実に利き腕を封じ、フリースローを取ってプレーを分断しよう。

自分の役割を果たそう

③のエリアは9mラインの内側。シュートを決められる可能性も高くなりますし、より確率の高いカットインシュートに持ち込まれる危険性も高くなります。

ですから、③のエリアでは力強くコンタクトし、確実にフリースローを取ることが求められます。14、15ページのコンタクトの項などを思い返し、相手の利き腕を封じ動きを止めて、プレーを分断しましょう【写真19】。

一瞬でも出足が遅れれば、相手の横やうしろからのマークとなって罰則を与えられてしまいます。

弱気になったり、コンタクトを躊《ちゅう》躇《ちょ》すれば、自分1人だけの問題ではなく、チームとしてのDFが崩れてしまい、失点に直結することになります。

ゴールからの距離を頭に入れながら、1つひとつやるべきこと、一瞬の判断の大切さを胸に刻んでプレーしてください。

POINT 2 ポストの1対1

続いてお話しするのが、ポストの1対1です。

日本代表チームがアジア、世界と戦ううえで、男女ともに大きなポイント、課題となるのが、ポストの守り方です。

多くの国が日本人選手よりも高く、重い選手をポストに起用し、体格差を活かして攻め込んできます。

日本人選手のマークを振り払ってゴールを決めるのはもちろん、日本人選手のわずかなポジショニングのミスや対応の遅れが、7mT、そして、罰則（退場）につながります。

さらには、コンタクトの繰り返しで日本人選手が体力を消耗し、後半の勝負所で失速、というパターンを耳にされた人もいることでしょう。

大きなポイントとなるポストの１対１

ロンドン・オリンピックをめざした日本代表監督時代、こうしたポストの守りに時間を費やし、オリンピックにこそつながりませんでしたが、選手たちは世界を相手に充分に守れるレベルまでに到達しました。

ポストに対するDFがポイントになるのは、日本代表のようなトップレベルばかりではありません。

さまざまなカテゴリーで、レベルを問わず、相手の背が高かったり、横幅のあるガッチリとしたポストプレーヤーに苦しめられているケースが多いのではないでしょうか?

大型のポストプレーヤーに自分の手の届かない高い空間を利用されてしまうと、対応が厳しいのは確かです。

それでも「ポストが大きいから…」というだけで、諦めてしまう必要はありません。

機動力を活かし、ポストプレーヤーにキャッチさせない、パスコースを遮断する、緩いパスをさせてインターセプトを狙う、といった守り方は可能です。

【写真20】

Check!!

- ポストとの間にスペースを作って守ることを心がけよう
- スペースは腕を伸ばせばポストの肩に触れられるぐらい
- 両足が6mラインと平行にならないように注意

そのためには、当たり負けせず、素早く動き続けることができるための身体作りや筋力アップに取り組むとともに、ポジショニングなど、理論をマスターすることが大切になってきます。

それも年令を重ね、高いレベルに到達してから取り組むのではなく、ハンドボールを始めたばかりの早い段階から、取り組んでいってほしいものです。

スペースを確保して守る

機動力を活かすために大切になってくるのが、【写真20】で紹介しているようなポジショニングです。

ポストを守るためにはポストに密着しなければ、あるいは、ポストと激しく位置を争い、ポストを背にして守らなければ、と思っている人もいるかもしれませんが、そうではありません。

上で紹介しているように、機動力を活かして守るためには、密着するのではなく、ポストとの間にスペースを確保することが大切です。

このポジショニングができれば、DFの側から先に仕掛けたり、相手のポストへのパスや、ポストが仕掛けてくるブロックにも素早く対応しやすくなります。

このポジショニングをしっかりとマスターしましょう。

左ページの【写真21】は、ポストに密着し、ポストと押し合いをしていますが、これはポストプレーヤーの思うツボ。

いなされただけでポストに背負われる状態になったり、ブロックもかけられやすくなってしまいます。

また、【写真22】はDFがポストに背負われた状態になってしまっているとともに、DFの足が揃ってしまっています。

パスカットなどでマイボールにしづらいですし、ポストにパスが渡ったら、1歩が遅れ、あと追いのDFになってしまいます。

【写真23】の連続写真は、ポジショニングに失敗し、ポストに走られてシュートを決められた例です。

あとから追いかけるDFとなり、

【写真21】

【写真22】

これはNG

ポストに密着して押し合うのは相手の思うツボ

基本姿勢と同じく、両足が6mラインと平行になると、対応が遅れる

シュートが決まらなくても相手に7mT、というプレーです。

ここでマスターしてほしいとお伝えしてきたポジショニングは、体格で劣る選手が大型のポストを守るためだけのものではありません。

体格に恵まれた選手が自分より小柄なポストを守ったり、同じぐらいの体格のポストを守る場合も理論は同じです。

むしろ、体格に恵まれている選手ほど、自分より小さな選手に対して生まれ持ったDNAを活かした体格任せのDFをするのではなく、お伝えしているような理論も理解したDFをしてほしいものです。

小・中学生時代など、個々の体格差が著しい時期こそ、正しい理論で守る習慣を身につけてほしいと考えます。

【写真23】

POINT3 オフ・ザ・ボールの1対1

３つ目のポイントとなるのが、オフ・ザ・ボールの1対1。

実戦ではボールを持たないOFプレーヤーもDFを崩してノーマークシュートにつながるチャンスを作ろうと、アグレッシブに動いてきます。

その動きをやすやすと見逃したり、簡単に振り切られてしまうと、DFには大きなほころびができてしまいます。

オフ・ザ・ボールでの動きは、サイドプレーヤーが中央へ走り込んでいこうとするプレーが代表的ですが、サイドのDFはこうした動きを素早く察知して、OFを受け止め**【写真24】**、弾き出して**【写真25】**、となりのDFに受け渡すことが基本になります。

走り込もうとするOFを受け止める時ですが、左サイドのOFを受け止める場合は、右腕をたたみ、となりのDFの裏に走り込もうとするOFの動きを制限しながら、左腕を相手にあてがいながらついていきます。

そして、たたんだ右腕を伸ばしながらOFを弾き出し、となりのDF

【写真24】

【写真25】

Check!!

- 右腕をたたみ、相手の行こうとする方向を制限する。左腕は添えるぐらいのイメージ
- 相手の走り込もうとする力を利用し、右腕を伸ばしながら左腕も使って相手を弾き出す
- 相手を弾き出しながら、次のマーク（チェンジして見ることになった相手）へのケアも欠かさずに

【写真26】

に受け渡します。

【写真27】のように腕を伸ばし、腕の力だけで相手を止めにいこうとすると、押し込まれ、走り込まれやすくなります。

相手の動きに遅れずについていくフットワーク力や相手を受け止め、弾き出すために、筋力アップが必要になるのは言うまでもありませんが、力づくで止めたり、弾き出す必要はありません。

【写真26】のように相手の走り込もうとする力を利用できれば、それほど大きな力がなくても相手を弾き出すことができます。

少人数でもできますから、何度もトレーニングを繰り返して、受け止め、弾き出す感覚をつかんでいきましょう。

また、実戦では、となりのDFが高く前に出ているなどして、受け渡しが難しいケースもあります。

そうした場合は、マン・ツー・マンでついていく、ということも考える必要があります。

いずれにしても、ボールがない、ボールから遠い位置での動きだからといって、見過ごしてはいけません。

地味な動きですが、失点を防ぐためには必要不可欠。

こうした1つひとつのプレーの大切さを理解し、忠実に実践できるプレーヤーが増えてくれば、間違いなくチームの成績にもつながっていきます。

これはNG

腕の力だけで止めよう、弾き出そうとすると、押し込まれやすくなります。両腕を伸ばしてのプレーにならないように注意

【写真27】

【写真28】うまく受け渡せた例

【写真29】うまく受け渡せなかった例

右ページ上の【写真28】は、右腕をうまくたたみながら相手を受け止めて、相手の行きたい方向を制限、そこから左腕も使って相手を弾き出し、となりのDFに受け渡すことができた例です。

こうしたDFを1つひとつのプレーで着実にできるように心がけていきましょう。その積み重ねが勝利へとつながります。

下の【写真29】は、29ページの下でもご紹介していますが、腕だけで受け止めようとして押し込まれてしまい、となりのDFの裏に走り込まれてしまった例です。

相手の思いどおりに走り込まれてしまったことで、チーム全体のDFにほころびが生じ、相手には大きなチャンスが生まれます。

ボールのない、ボールから遠いところでのプレーも、大きな意味があり、おろそかにできないことがイメージできると思います。

この2つのプレーも映像で見ることができますので、映像も参考にしてください。

知れば知るほど おもしろくなるDF

第1章の中でご紹介したことは、ハンドボールを始めたばかりの小学生から心がけていってほしい基本中の基本です。決して特別だったり、難しいことはお話ししていません。

「知ってるよ」と感じた人もたくさんいるでしょう。

しかし、実際のコートの上では、おろそかにされたり、見過ごされたりしていることばかり。

1人ひとりがDFで果たすべき1対1の役割をおろそかにしたり、手抜きをすることなく着実に果たすことができれば、防ぐことができた失点がたくさんあります。

「知ってるよ」と感じた人も、もう一度、自身を振り返ってもらえたらと思います。

冒頭でもお話ししたように、やればやるほど上手になっていけるのがDFです。

こうした基本をマスターし、経験を重ねたうえで、相手と駆け引きをしたり、わざと餌《えさ》をまいてボールカットやチャージングを狙う、といったことができるようになれば、ハンドボールはよりおもしろくなってきます。

シュートを決める爽快感だけが、ハンドボールの魅力、と思っていてはもったいないですよ。

より多くの人が、DFのおもしろみにも気づいてくれることを願っています。

第2章では今回お話しした1対1のDFを踏まえ、2対2のDFを紹介して、さらにDFの重要性、おもしろみをお伝えします。

TIME OUT

DFの変遷を知ろう 上

分かれていたフォワードとバックス ゴール前は6人対6人

日本にハンドボールが伝えられたのは、1922年（大正11年）。東京高等師範の校長であった大谷武一氏が、アメリカ留学の帰途、ドイツに立ち寄ってこの競技に触れ、体育教材としての有用性に気づいて日本に紹介しました。

このころ、ヨーロッパ各国で行なわれていたハンドボールは11人制で、大谷氏が紹介したのも、この11人制でした。

国内では、学校の教材として伝えられ、男女を問わずに適した球技として広まっていきました。

1956年（昭和31年）9月、当時の世界チャンピオン・西ドイツが来日してファンの度肝をぬいた（11人制、写真は第1戦の対全日本学生＝横浜平沼球場）

11人制ハンドボールの競技場は、サイドラインが90～110m×エンドラインが55～65mと広大なもので、現在のサッカーフィールドのイメージでした。

ゴールは高さ2・44m×幅7・32mで、これもサッカーと同じです。サッカーと違うのはゴールエリアラインが11m、フリースローラインが17mで、現在のハンドボールと同じように「D」の形をしていました。

さて、11人制では、どのようなDFが敷かれていたのでしょうか。

11人制時代もさまざまにルールが変遷しています。

オフサイドラインが制定されていた時代もあったぐらいで、一概にDFを論じられませんが、11人のうち1人はGKなので、10人がフォワードとバックスに分かれて戦っていました。

攻撃ゾーンに入り込める人数が制限されていたため、おおむね6人攻撃、6人防御の繰り返しでした。

その他の4選手はセンター部分でストップしてしまいます。

DFはマン・ツー・マンで守るチームもありましたが、当時はダブルドリブルの反則がありません。1人が抜かれてしまうと失点してしまうため、ゴール寄りにスイーパー役が1人、次に2人、センター寄りに3人などといったゾーンDFが考え出されました。現在の3：2：1DFとは、向きが逆の陣形となるところがおもしろいところです。

GKは現在の立ち方とは異なり、高く遠くに跳ばなければならない必要性から、絶えず腰を低くしてポジション取りをしていました。

11人制は、ゴールが広いぶんシュートが容易かと思われそうですが、ゴールまで11m、反対側のゴール隅に決めるためには、さらに遠くまでの投力が必要で、よほどGKの逆をつかなければ、得点はできませんでした。

（78ページにつづく）

第2章

どのチームでも通用する

『DFの基本（2対2）』

DFのおもしろさを実感しよう

第2章では2対2について紹介する。6：0、5：1といったさまざまなDFシステムにかかわらず、どのチームに加わっても役割を果たせるDFの基本、コツを学んでいこう。

協力：トヨタ車体ハンドボール部

POINT 1

ハンズアップの意義

まずは第1章において、DFの基本姿勢をとりあげた中で、チェック項目の1つとして簡単に紹介したハンズアップをより詳しくクローズアップします。

第1章でもお話ししたように、上方向に腕を伸ばすことで、相手が素早く打ち込んでくるシュートに対し、シュートブロックすることにつながります。ただ、ハンズアップの意義は、シュートブロックをするためだけではありません。

横方向（肩と同じ高さ）へ腕を広げることにより、①ボールとマークをチェックする、そして、②相手のパスをDFラインに近づけさせない、ということにつながります。

より詳しく説明すると、ハンズアップすることによって、ボールとマークを同時に自分の視野に入れやすくなります。

自分の視野にボールとマークを入れておくと、効果的な位置取りができます。

岸川英誉（大同特殊鋼）

最終的にボールが自分のマークにわたってきた時には、相手より先に有効な位置が確保できます。

結果、自分のマークを守りやすくなる、というわけです。

38ページからお話ししていくDFの大事なポイントとなるDFラインコントロールにもつながってくる動作です。DFラインをコントロールをしていくうえで、前提となる動作と言っていいかもしれません。

このようにDFをするうえで重要な動作となるハンズアップですが、国内で行なわれているあらゆるカテゴリーの試合で、まったくと言っていいほど徹底できているチーム、選手はいないのが現状です。

日本リーグで優勝を争うチームでも腕が上がらず、腰高、スタンスが広すぎる姿勢でのDFとなり、1対1やDFラインをコントロールする時に大きく出遅れてしまう選手が多く見受けられます。

DFでハンズアップをしないということは、GKの動きに例えれば、構えをとらずに、サイドステップだ

若年層から徹底していきたいハンズアップと基本姿勢

ハンズアップでボールとマークをチェックする

【写真1】

- 相手が放つ瞬時のシュートに対応し、シュートブロックにつながる
- ボール、マークをチェックすることにつながる
- 相手のパスをDFラインに近づけさせないことにつながる
- 腰高になったり、スタンスが広くなりすぎないように注意
- 基準となるのは相手が保持しているボール。両足を揃えず、片足を前に出す姿勢も忘れずに

けで相手のパスを追いかけている状態です。

もちろん、瞬間的に腕を下ろす場面もありますが、肝心な時に腕を上げてから対応しなければなりません。ハンドボールでは一瞬の遅れが命取りとなります。

それならば、最初から腕を上げて、スムーズに瞬時のプレーに対応できた方がベターでしょう【写真1】。ハンズアップは特別な能力や体力がいる動作ではないのですから。

ここでクローズアップしたハンズアップは基本から1歩進んだテクニックに入ると思いますが、ハンドボールを始めたばかりの若い世代から徹底し、どのカテゴリーでも、だれもが改めて指示されたり、確認し合う必要のない、当たり前の動作として浸透していくことを望みたいものです。

ハンズアップをただ「やらなければいけない動作」と受け止めて取り組むのではなく、ここでお伝えしてきた意義、意味を理解し、手を抜くことなく取り組み続けてください。

DFラインの重要性

仲間と協力して守るにあたって、一番大切にしたいのが、DFラインのコントロールです。DFラインとは、2人のDFを結んだ線のことで、そのラインの内側に相手OFを入れさせないことを「DFラインをコントロールする」と表現します。【写真2】や【写真4】のようにDFラインより前に、相手OFを置くようにすることが大切です。

DFの1人が不用意に前に飛び出してしまうと、DFの間が広くなり、裏にスペースができてしまいます。

DFラインの間に相手OFを踏み込ませてしまうと、左ページ【写真5】【写真6】のように、マークの受け渡しやフォローが遅れ、相手の突破を許すことになります。

【写真3】のように2人の間に相手ポストに入られてしまった状態は、始めからDFラインを突破されておりラインを作れていません。ポストを前に押し出すなどして、いかにDFラインを作り直していくかが大きなポイントになります。

このようにDFラインを崩して攻め込もうとするOFに対し、いかにラインをコントロールしながら守れるかがDFのポイントになります。

クロスしてくる相手のマークを受け渡す時【写真2】、ポストがいる時【写真3】、オフ・ザ・ボールの時【写真4】などなど、どんな場面でも自分がどう守るか、自分のマークがどう動くかだけでなく、となりのDF、となりのDFがマークする相手の動きも注意して、相手OFが攻め込んでくるポイントを押さえ、2人のDFが協力してどこにDFラインを作ればよいのかという意識を、絶えず持って守りましょう。

【写真2】クロスしてくる相手のマークを受け渡す時

【写真4】オフ・ザ・ボールの時

【写真3】ポストがライン際にいる時（DFラインの内側に相手OFに入られてしまった状態）

DF ラインコントロールができなかったケース

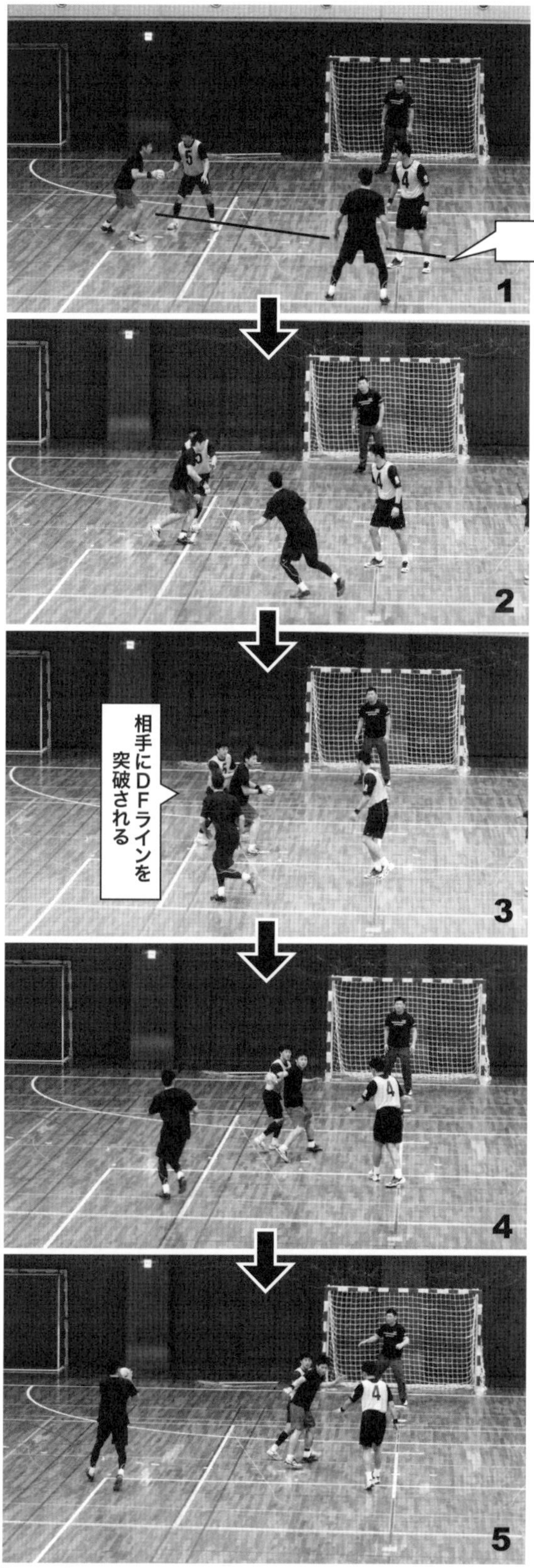

【写真6】相手がクロスで攻めてきた場合

【写真5】相手がパラレルで攻めてきた場合

横の2対2

ここから本格的に2対2のDFについて説明します。

ここまでお話ししたことはもちろん、第1章でお話ししたことも全部関係してきますので、第1章も思い返しながら読み進めていってください。

横のDFラインをキープする2対2とポストが入ってブロックしてくる縦の2対2に分け、まず横の2対2からお話ししていきます。

横の2対2は、相手がパラレル（平行）に攻めてくる場合と、クロスして攻めてくる場合の2つに分けられます。

相手がパラレルで攻めてきた場合は、左ページの図や写真で示したように、自分がマークする相手にそのままついていって守ります。

当然、ただついていくだけで充分、というわけではなく、相手との間合いや相手が保持しているボールの位置などを把握することが大切。

状況によって、コンタクトしたり、シュートブロックすることが必要になります。

また、相手が横に流れてから鋭く縦に切り込んできたり、DFとDFの間に走り込んでくる動きや、パスのスピードについていけなければ、そのままシュートを打ち込まれる危険が高まります。

一瞬たりとも気を抜くことは許されません。

第1章でもお話ししましたが、DFの動きだけでなくボールからも目を切らずにターンしながら動くことも大切になります。

1つひとつの動きにも、いろいろな要素が含まれていることがわかるでしょう。

マークを受け渡して守る

40ページで紹介しているように、相手がクロスして攻めてくれば、マークを受け渡して（チェンジ）守ります。

「チェンジ!」とワンプレーごと

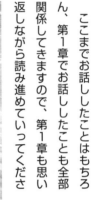

パラレル（平行）のOFに対してDF

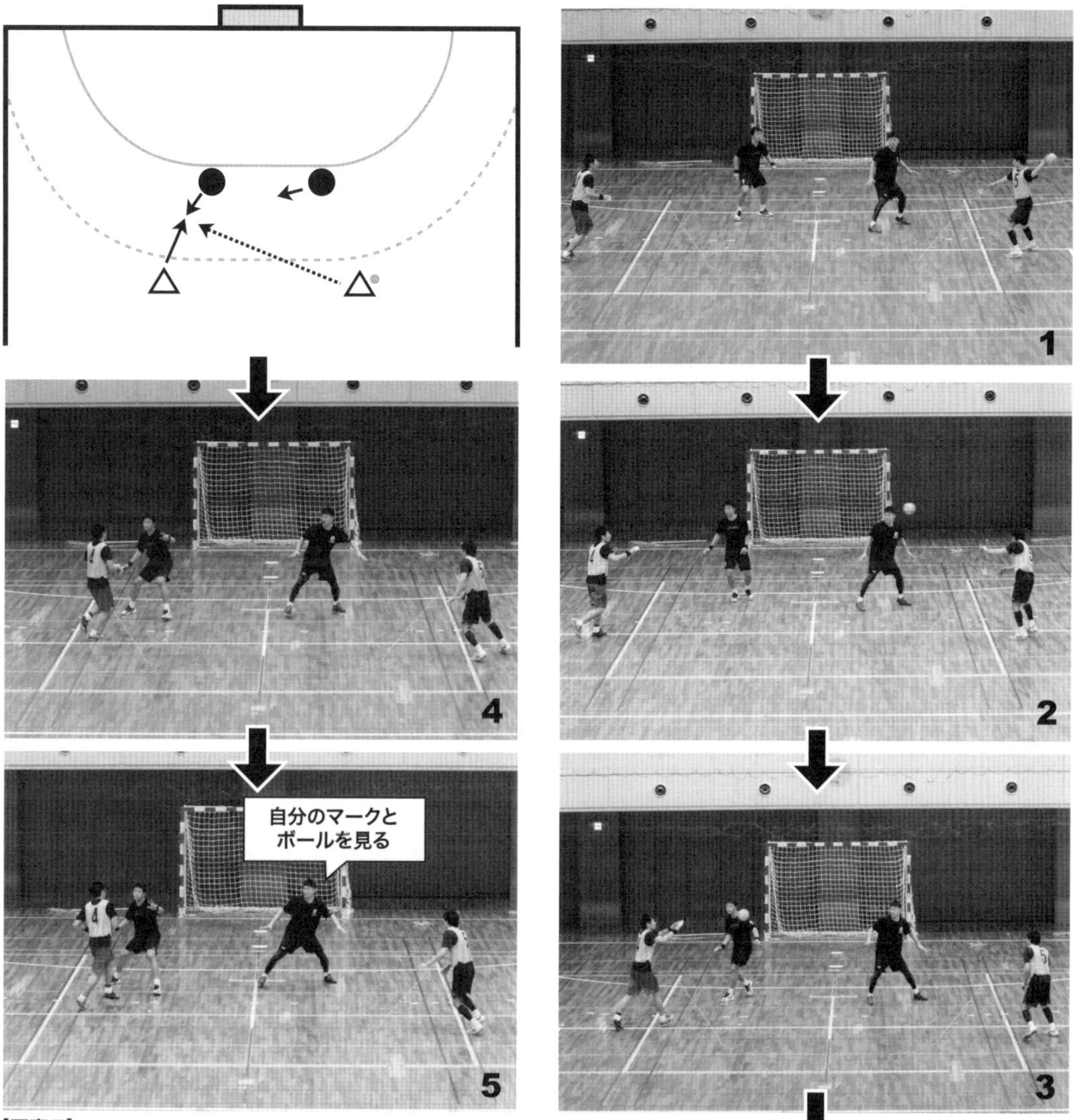

【写真7】

に声をかけ合い、確実にマークする相手の受け渡しをしましょう。

36、37ページでお話ししたように、DFラインをコントロールし、マークの受け渡しをする2人の間にOFを入り込ませないようにするのがポイントになります。

迷って判断、対応が遅れたり、となりのDFにマークの受け渡しをして守るべき相手に無理にコンタクトしようと前に出すぎたりすると、DFラインの間を割られてしまいます。

マークの受け渡しをする時の一瞬のスキを狙ってくるOFに対し、となりのDFとの呼吸を合わせて守ることが大切です。

なお、OFのクロスの動きに合わせ、DFもクロスして守る、つまり、マン・ツー・マンで対応する、という守り方も決して間違いではありません。

となりのDFとの間でマークの受け渡しが思うようにいかないという場合などは、マン・ツー・マンで守ってみるのも1つの方法です。

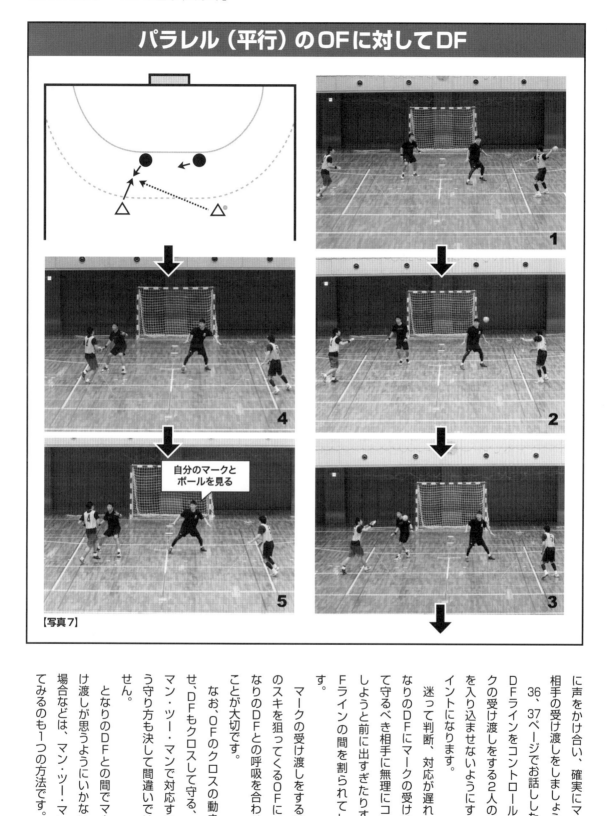

クロスのOFに対してのDF

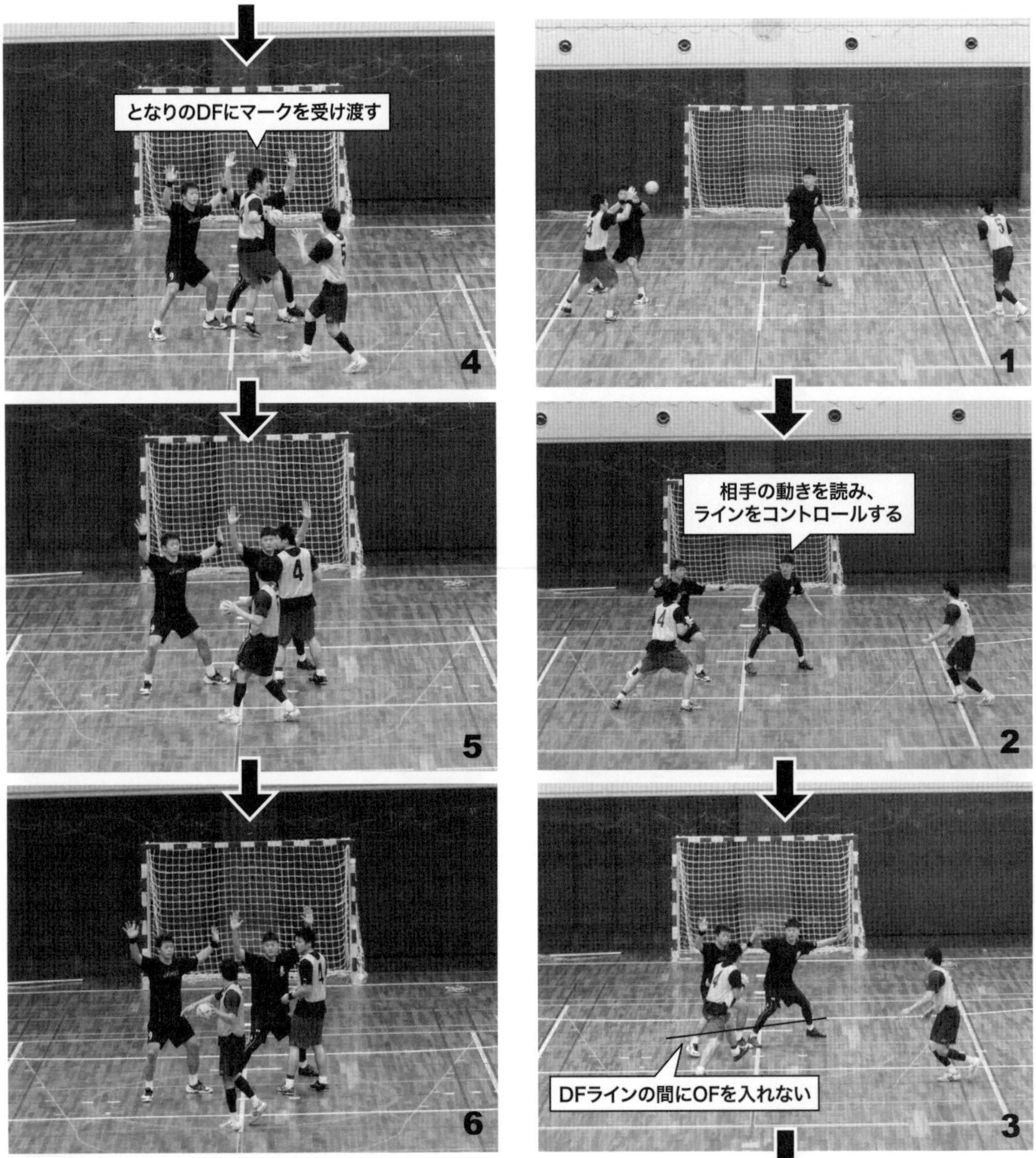

【写真8】

【写真7】と【写真8】の動画を
QRコードから見てみよう!!

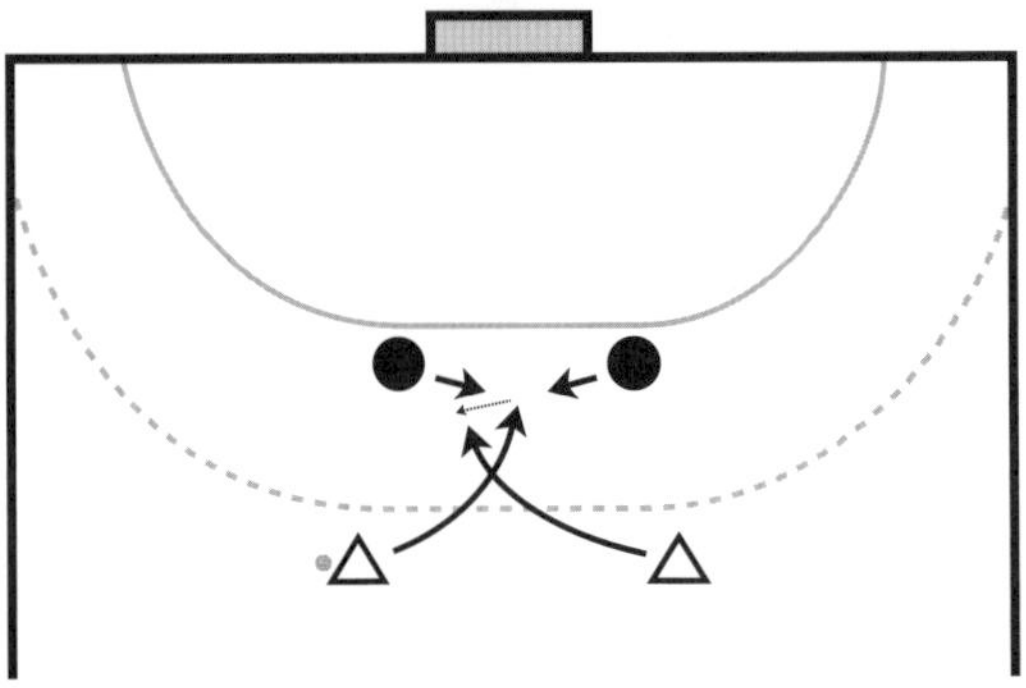

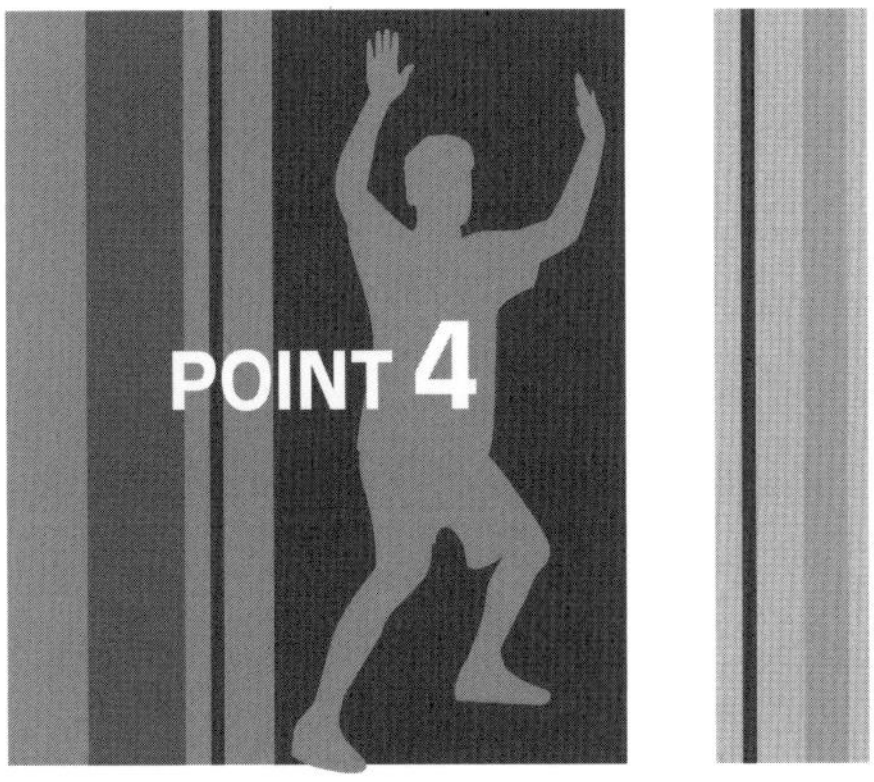

縦の2対2

38～40ページで紹介した相手がパラレルやクロスで攻めてくる「横の2対2」のDFに対し、ポストプレーヤーを絡めた2対2のDFを、「縦の2対2」として扱っていきます。

縦の2対2は、横の2対2と比べて、DFラインのコントロールが難しくなります。

DFのうちの1人はシュートを狙ったり、9mライン内に侵入しようとする相手をマークし、もう1人は6mライン際のポストをマークすることで、どうしても2人の間に段差が生まれるからです。

シュートを狙ったり9mライン内に侵入してくる相手をマークするDFが、ポストをマークするDFとのラインコントロールに気を取られていると、対応が遅れ、シュートやカットインを許しやすくなります。

ポストを意識せずに自分のマークだけを追ってもポストを守るDFとの間の段差が大きくなるばかりで、相手は攻めやすくなります。

自分のこと、自分がマークする相手だけでなく、となりの仲間、仲間がマークする相手もつねに意識する必要があります。

段差ができやすい縦の2対2は、マークを受け渡すチェンジ（スイッチ）、あるいは、マークを受け渡さずに、そのままマン・ツー・マンで守る2つの方法があります。

次の42ページの【写真9】は、チェンジで守る例になります。

ポストがブロックをかけようとする場合、ポストをマークするDFがついていき、バックプレーヤーをマークしていたDFが下がり、マークを受け渡せば、ラインコントロールで守ることができます。

ただし、6mライン付近でマークを受け渡すと、バックプレーヤーにディスタンスシュートを打ちこまれるリスクがありますから、最初にポストをマークしていたDFは、ポストを押し上げる必要があります。

43ページの【写真10】は、マン・ツー・マンで守る例です。

ポストが横にスライドしてパスを求めたり、DFを引きつけようとしたのに対し、ポストをマークするDFはそのままマン・ツー・マンでポストについていき、シュートやパス

チェンジして守る

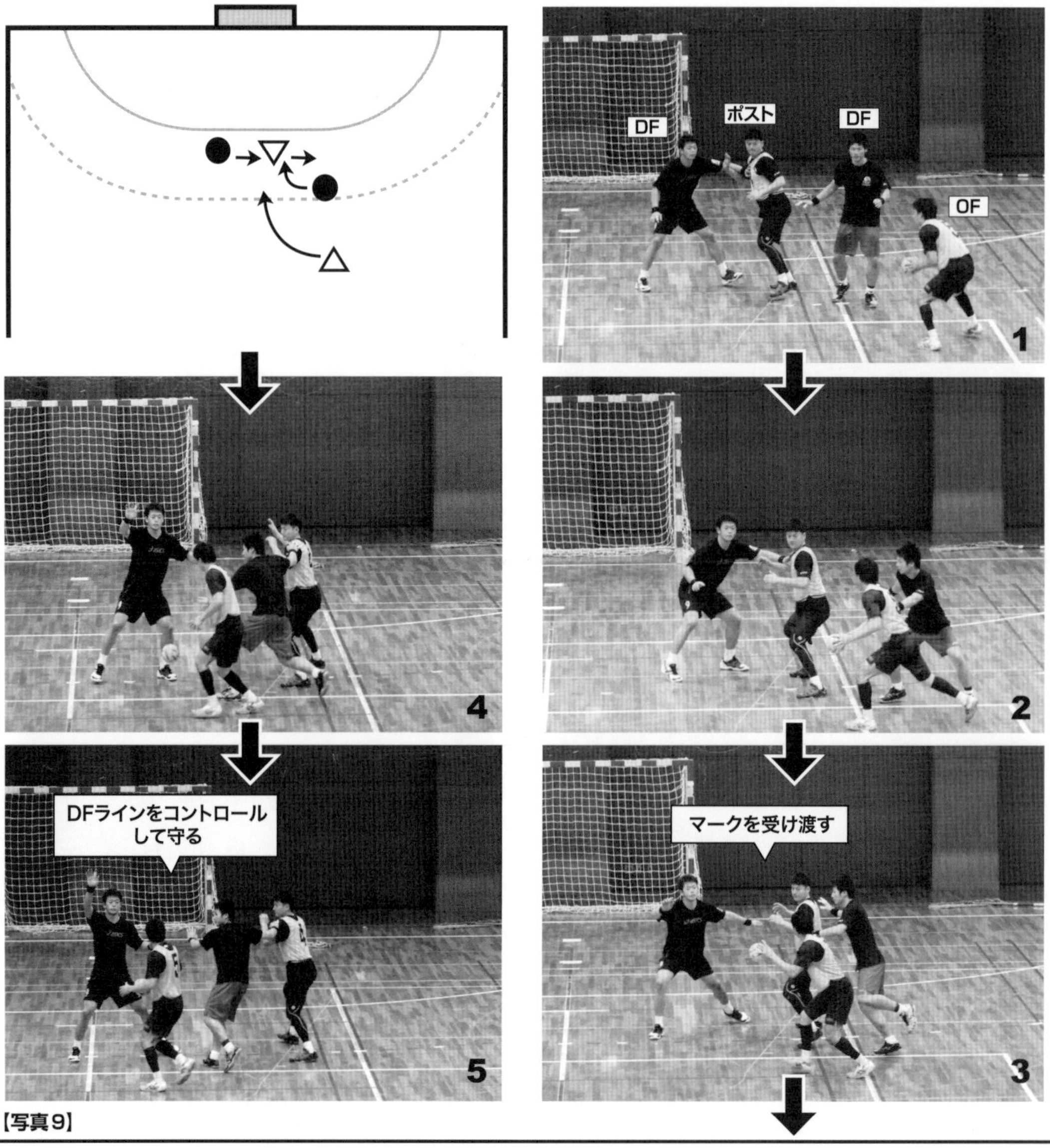

【写真9】

を狙ってくる相手をマークするDFも、そのままマークを続け、フリースローを取ってプレーの分断を図ります。

DFラインコントロールという点では、**【写真9】**の2以降、DFラインの間にOFは入っていません。ポストをマークするDFはポストに密着してパスを防ぎ、シュートやパスを狙ってくる相手をマークするDFが素早くついていき、確実にフリースローを取るなど、1人ひとりが役割を果たせれば、守り抜くことができます。

また、チェンジした方が守りやすい場合もあれば、マン・ツー・マンで対応したほうが守りやすい場合もあります。

場面や相手に応じ、「チェンジ」をするのか「そのまま」（マン・ツー・マン）で守るのか、相互のコミュニケーションを欠かさず、瞬時に判断して対応していきましょう。

ロンドン・オリンピックをめざした日本代表チームを例にとれば、最大のライバル・韓国と戦う時に、同じサウスポーでも尹京信選手にはマ

マン・ツー・マンで守る

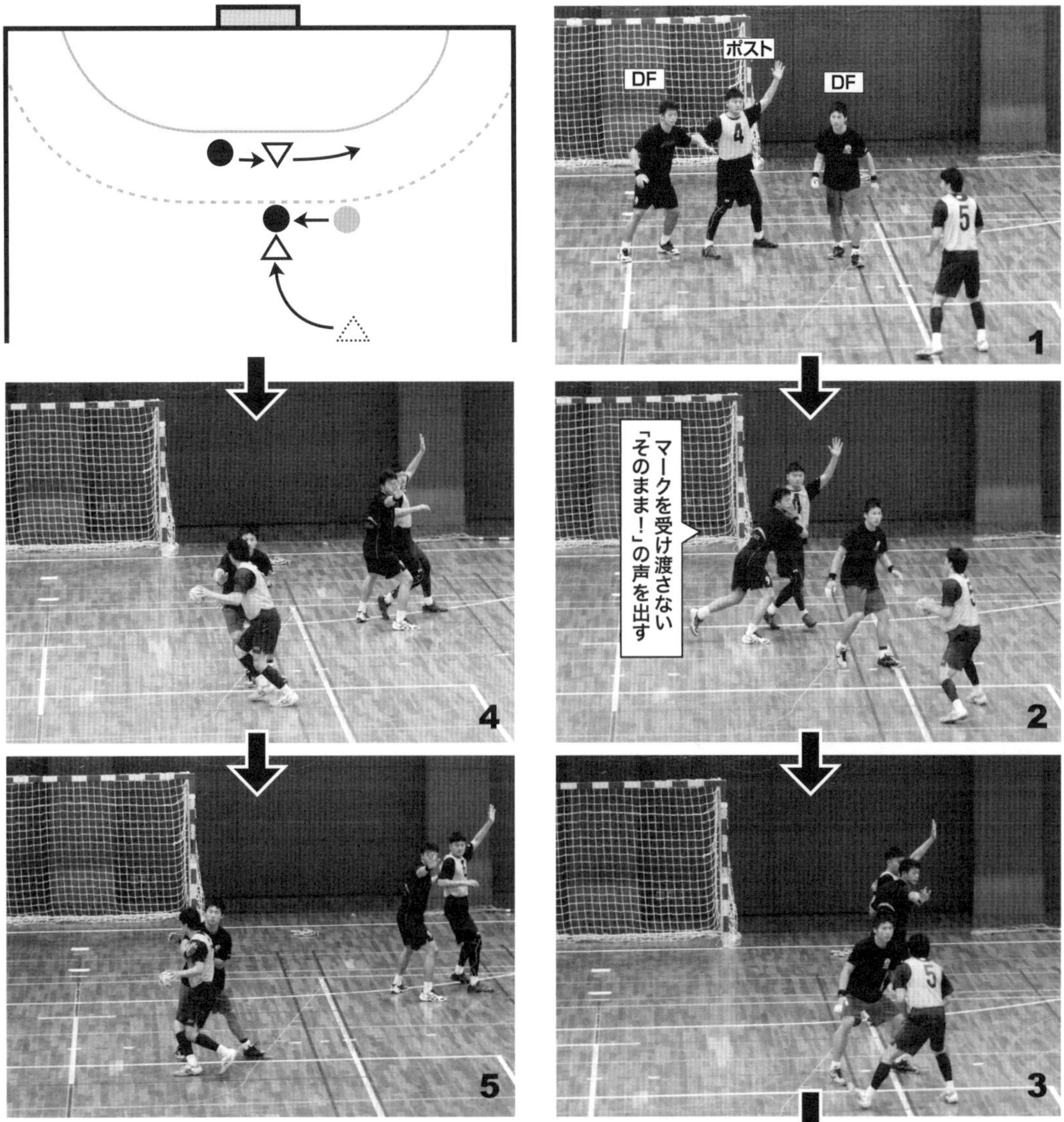

【写真10】

ン・ツー・マン、鄭秀泳選手にはチェンジで守ると、相手のプレーヤーによって、守り方を使い分けていました。

203㎝の長身で、世界有数の強打者だった尹京信選手には、チェンジした瞬間にシュートを打ち抜かれてしまいます。

184㎝と大型ではありませんが、スピード豊かな鄭秀泳選手をマン・ツー・マンで守ると抜かれるリスクが高いからです。

相手の特性を把握したり、「こういうプレーを防ぎたい」という視点から守り方を考えていくことも大事になります。

【写真9】と【写真10】の動画をQRコードから見てみよう!!

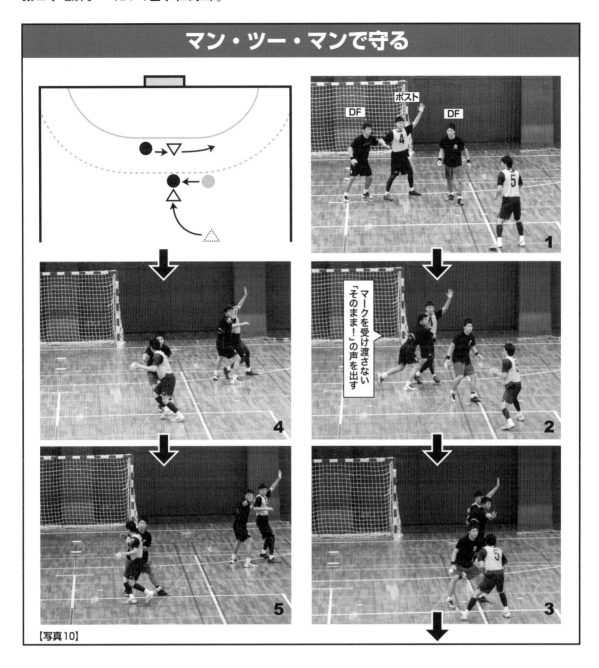

POINT 5

オフ・ザ・ボールの2対2

第1章でもお話ししたオフ・ザ・ボールの局面で、DFを崩そうとして走り込もうとする相手を思いどおりに動かさせてはいけません。サイドから中央へ走り込もうとするプレーヤーを受け止め、弾き出してとなりのDFに受け渡すことが大切です。

2枚目のDFや相手の立っている位置などにより、サイドのDFが相手を押し上げながらとなりのDFにマークを受け渡す場合【写真11】、2枚目のDFがうしろに下がってマークを受け渡す場合【写真12】と、使い分けていきます。

基本から発展したテクニックになりますが、【写真12】のケースで2枚目のDFがバックプレーヤーにボールが入る前に『けん制』を仕掛けてバックプレーヤーをうしろに下がらせることができると、自分もDFラインを下げやすくなります。

サイドDFが相手への反応が遅れたり、コンタクトが不充分だったり、2枚目のDFが自分のマークだけを警戒し、サイドへのケアを怠っていると、【写真13】【写真14】のように走り込まれてしまいます。

サイドDFは「あっ、走られてしまった…」と相手を見送ることは許されません。

2枚目のDFは、ボールの位置や自分の反対側の動きも頭に入れる必要があり、マークする相手の位置だけを見て、意味なく高い位置に出てきてはいけません。

第1章の繰り返しになりますが、1人ひとりの怠慢や、役割の不徹底がDFのほころびに直結します。

1人ひとりがやるべきことを忠実にできれば、間違いなく失点を減らすことができます。

【写真11～14】の動画を
QRコードから見てみよう!!

○マークの受け渡しができた例

2枚目が下がって対応し、マークを受け渡す

【写真12】

サイドDFが相手を押し上げて2枚目DFに受け渡す

【写真11】

✕ マークの受け渡しができなかった例

受け止め方、コンタクトが不充分で相手に走り込まれている

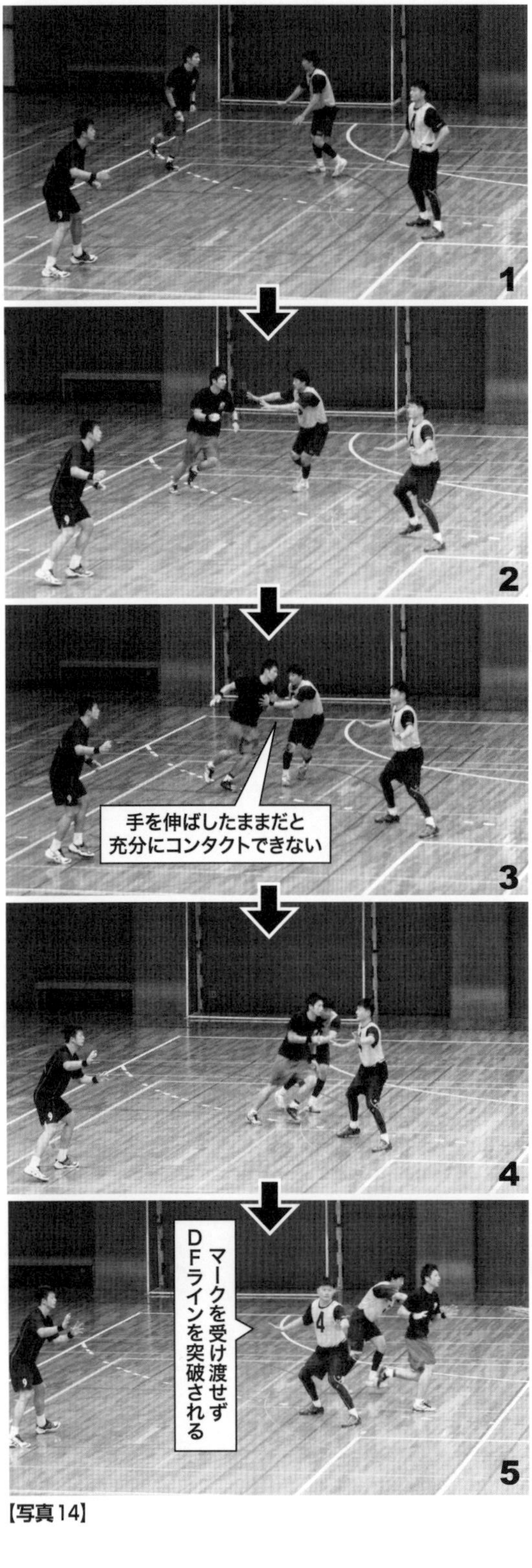
1
2
3
手を伸ばしたままだと
充分にコンタクトできない
4
マークを受け渡せず
DFラインを突破される
5

【写真14】

警戒を怠った上に、走り込むスペースを与えてしまっている

1
マークすべき相手
2
自分のマークを
ケアしていない
3
裏のスペースに
走り込まれている
4
5

【写真13】

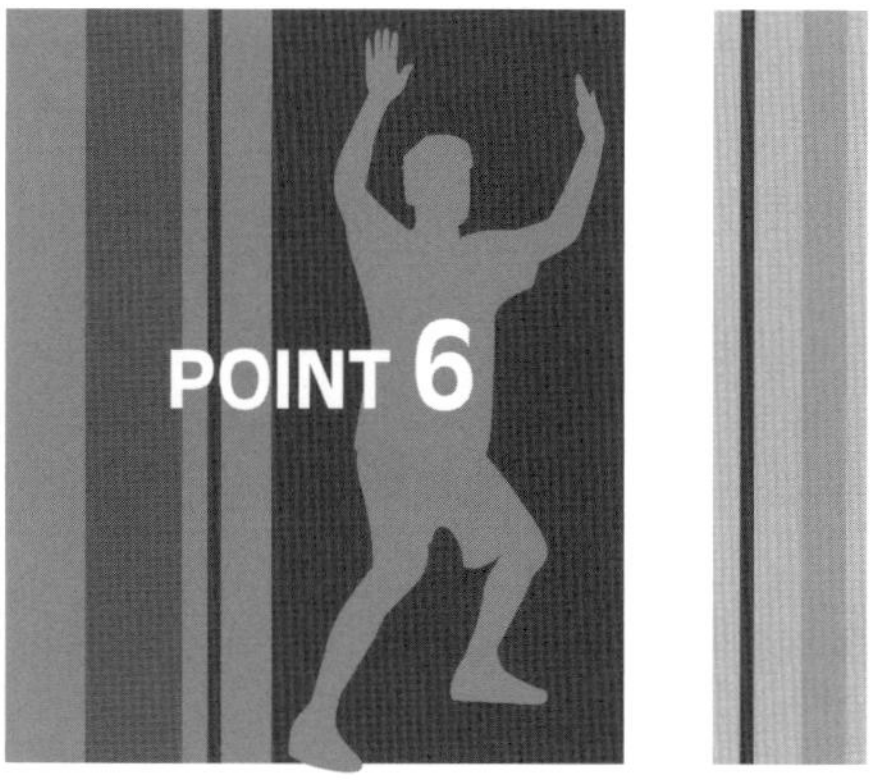

2人で協力してフリースローを取る

ここまでで、マークの受け渡しなど、2人が声をかけ合い、コミュニケーションを保ちながら守ることの重要性が伝わっていることと思います。

1人ひとりが自分の間合いをしっかりと受け持ち、素早いステップワークや力強いコンタクトを活かして相手をガッチリと受け止め、フリースローを取って相手の仕掛けてくるプレーを分断するというベースは欠かせません。

それでも、なにがなんでも「自分が止めてやる!!」と意気込んで向かっていけばいい、というものではありません。

自分が持ち場でやるべきことを果たすことはもちろんのことですが、となりの仲間と助け合って守らなければ、広いハンドボールコートを守ることはできません。

「自分が!!」の思いが強く出すぎると、相手にかわされ、チームのDFが崩れるリスクも高まってしまいます。

自分が相手の動きを止めてフリースローを取ることができなくても、相手を簡単に抜かせず、動きを制限して方向づけをしたり、スムーズにマークを受け渡すことができれば、となりにはマークを受け継いでくれる仲間がいます。

相手が動く方向を絞れたり、スムースなマークの受け渡しをすることで、となりにいる仲間がフリースローを取りやすくなります。

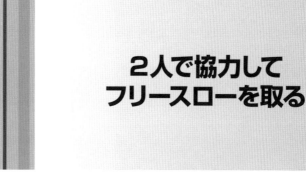

1
2
1対1で抜かれても
相手の動きを制限する
3
4
5
マークを受け渡し2人で
フリースローを取る
6
【写真15】

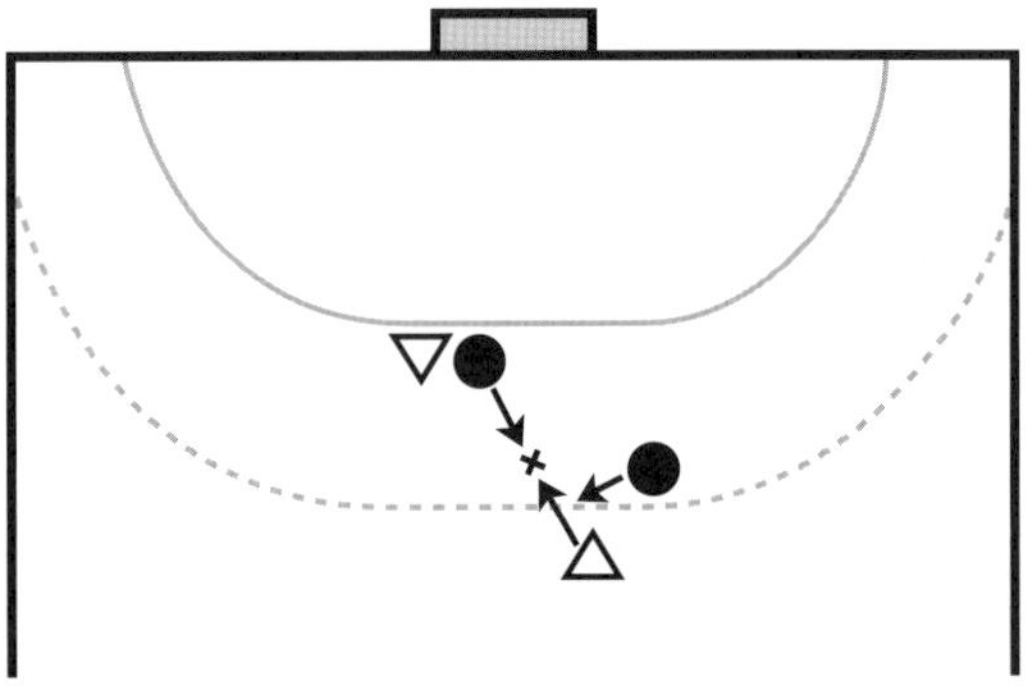

【写真15】のようにとなり同士でスムーズにマークを受け渡し、2人のコンビネーションで相手を網にかけるようにしてフリースローを取れるようになれば、DFがグンとおもしろくなります。

1人ひとりがやるべきことに徹し、2人がコンビネーションを確立していく。

2人のコンビネーションが3人、4人、5人、6人のコンビネーションに、そしてゴールを死守するGKも含めた7人によるチームDFへとつながっていきます。

自分の責任を果たすとともに「自分は自分のことをやっているから、あとは知らないよ」というスタンスではなく、つねに仲間の置かれている状況を思いやりながら、仲間と力を合わせ、お互いをカバーし合うことができるかどうか。

それがDFのポイント。そして、ハンドボールならではのおもしろさ、醍醐味になります。

【写真15】の動画を
QRコードから見てみよう!!

DFの基本 1対1、2対2のまとめ

2つの章でお伝えしたDFの1対1、2対2の基本をマスターしていれば、加わったチームが6：0DFを採用していようが、3：2：1DFを採用していようが、システムに関係なくチームに沿ったDFをすることができます。

高い位置ではボールに対してしっかりマークし、相手が9mライン内に侵入してきたり、シュートを狙ってくれば、フリースローを取ったり、シュートブロックで対応。

2対2では、ゾーン、あるいは、マン・ツー・マンで守り、マークの受け渡しを徹底する。

こうして相手にシュートを打たせず、フリースローを何回も取ることができれば、現在のルールでは相手のパッシブプレーとなって、マイボールになります。

カテゴリー、レベルを問わず、失点（得点）シーンでDFがどのような動きをしているのかを、ビデオなどで改めてよく見てみてください。

1対1、2対2ができていれば、避けられる失点ばかり、ということに気づくと思います。

DFを究めるためには、相手の動きに遅れずについていったり、相手を受け止めてフリースローを取るために、まず、土台となるフィジカルの強さを確立させることが大切です。

そして、トレーニングで回数を重ね、相手との間合いをおぼえることもポイントになります。

相手と駆け引きをしながら、間合いを覚えて守れるようになると、DFが格段におもしろくなります。

フィジカルを活かして、ただやみくもにコンタクトしているだけでは、DFの本当のおもしろさはわかりません。

DFに受け身のイメージを持つ人が多いかもしれませんが、先読みをしたり、OFが求める間合いを消したりと、先手を取ることで、いわゆる攻撃的なDFをすることができます。DFは相手を攻めさせない手段。気持ちも受け身ではなく、攻撃的でないとできません。

若年層からシュートの爽快感だけでなく、こうしたDFの基本を身につけ、DFのおもしろさを知って次のカテゴリーに進んでくるハンドボーラーが増えることを願ってやみません。

若年層からのDFレベル、意識の向上は、間違いなく日本代表のアジア、世界での躍進にも直結すると確信しています。

第3章
『基本を踏まえて チームDFへ』

ベースは1対1、2対2

第1章、第2章で学んだ、どのチームに加わっても役割を果たせるＤＦの基本、コツ（１対１、２対２）をさらに深めながら、チームＤＦにつながる考え方やトレーニングを紹介する。

撮影協力：東海大男子ハンドボール部

田村 修治

たむら・しゅうじ　1964年1月10日生まれ。東京都の国分寺一中でハンドボールを始め、明星高（東京）では主砲としてセンバツ、インターハイともに準優勝を経験。東海大では悲願の1部リーグ昇格を果たせなかったが、その悔しさを胸に指導者の道を志し、1987年から東海大男子部監督に就任。U-23代表チームスタッフや分析活動にも力を注ぎながら指導力を磨き、2015年春の関東学生リーグではチームを初優勝へと導いた。チーム指導とともに日本協会強化委員の重責も担いつつ、東海大体育学部教授として「スポーツをとおした人間教育」にも尽力している。

チームDFの原点

第1章、第2章で紹介した1対1、2対2のDFをベースに、チームDFへと進んでいくが、人の数が増えても大事なことは1対1、2対2のDFの考え方と、それをいかに実践できるかということ。U－23日本男子代表チームを率い世界学生選手権で監督を務めたキャリアを持つ田村修治さん（東海大男子部監督）に、1対1、2対2のDFの大切さを再確認してもらったうえで、チームDFへと話を進めてもらう。

ここからは、3対3、4対4のトレーニングを経て、6対6のチームとしてのDFへと入っていきます。

徐々にプレーする人数が増えていき、6：0DF、3：2：1DFといったシステムについてもお話ししていきます。人数が増えるにしたがって「覚えること、やるべきことも増える」「たいへんだなぁ」という思いを抱くかもしれません。

それでも、複雑に思えますが、6対6の攻防を局面ごとに見ていくと、じつは1対1、2対2の連続、と考えることができます。

まずは、52ページの【図1】のように、DF1人ひとりが自分の任されたエリアを責任を持って守り、自分がマークする（目の前にいる）OFに簡単にシュートを打ち抜かれたり、フェイントでかわされたりしないようにして、相手にコンタクトして動きを止めるのが原点です。

相手OFは目の前のDFのマークをかわしてシュートしたり、フェイントで抜き去ることができないとなれば、となりのOFにパスをせざるをえません。こうしてDF1人ひとりがマークするOFとの1対1でシュートや突破を許さなければ、守り切れることになります【図2】。

実際のゲームは、このように1人ひとりが前を狙って1対1を仕掛け続けるシンプルなものではありませんし、よほどの能力差がないかぎり、目の前のOFの動きを完璧に封じることはできませんが、DF1人ひとりが自分が任されたゾーンでマークするOFを守り抜くことが原点、ということをまず再確認しましょう。

OFは1対1だけでは突破できないとなれば、DFとDFの間を狙ったり、味方同士のコンビネーションを利用して攻めてきます。

それでも、OFの攻め方は、

①1人のOFがDFとDFの間に切り込みながら、パラレル（平行）で攻める

②2人のOFがクロスプレーを仕掛け、DFの2人がマークの受け渡しをできなかったり、受け渡しが遅れた状態にして攻める

③ポストのブロック（スクリーン）を利用して攻める

と大きく分けて3つのパターンに集約できます。対応しきれないほどパターンがあるわけではありません。

そして、53ページの【図3】、【図4】、【図5】のように、いずれもパスをする人とパスを受ける人、シュートや前を狙う人とブロックをする人との2対2、という考え方で守ることができます。

1対1やとなりのDFとコンビを組んでの2対2の連続、連動、組み合わせが6対6のチームDFになる、ということがイメージできたでしょうか。

そう考えると「難しい」「大変だ」というチームDFへのイメージが、少しは和らいでくるのではないでしょうか。

6mライン付近に6人が立ち並ぶベーシックな6：0DFにしても、アグレッシブな3：3DFや変則の5：0＋1DFにしても、突き詰めていくと、最後は1対1、2対2の原点に戻ってくるのです。

チームDFも、ベースにあるのは1対1、2対2のDFということを踏まえ、第1章、第2章で酒巻清治さんが解説している1対1、2対2のDFの再確認や補足、具体的なトレーニング方法の紹介に始まり、3対3、4対4と人数を増やしてのトレーニングをご紹介したうえで、次章のチームDFやバックチェックへと入っていきます。

さらに、會田宏さんが解説している第5章「チームにマッチしたDFを見つけよう」へとつながるチームDFの考え方、チームとして「どんなゲームをしたいか」という発想についてもお話ししていきます。

DFの原点（1対1）

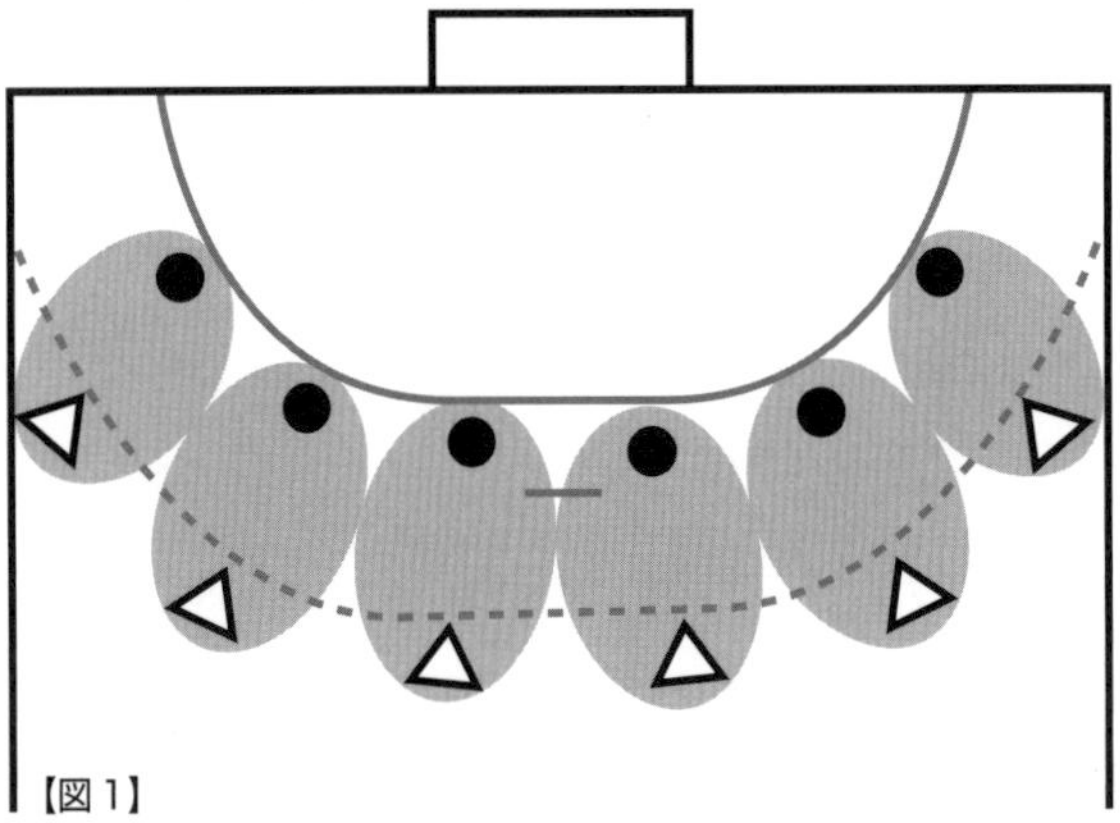

【図1】

6人のDF1人ひとりには、受け持つゾーンがあり、そのゾーンの中にはマークするOFがいる。1人ひとりが受け持つゾーンが重なっていくと、相手OFが突破するスペースがなくなることになる。

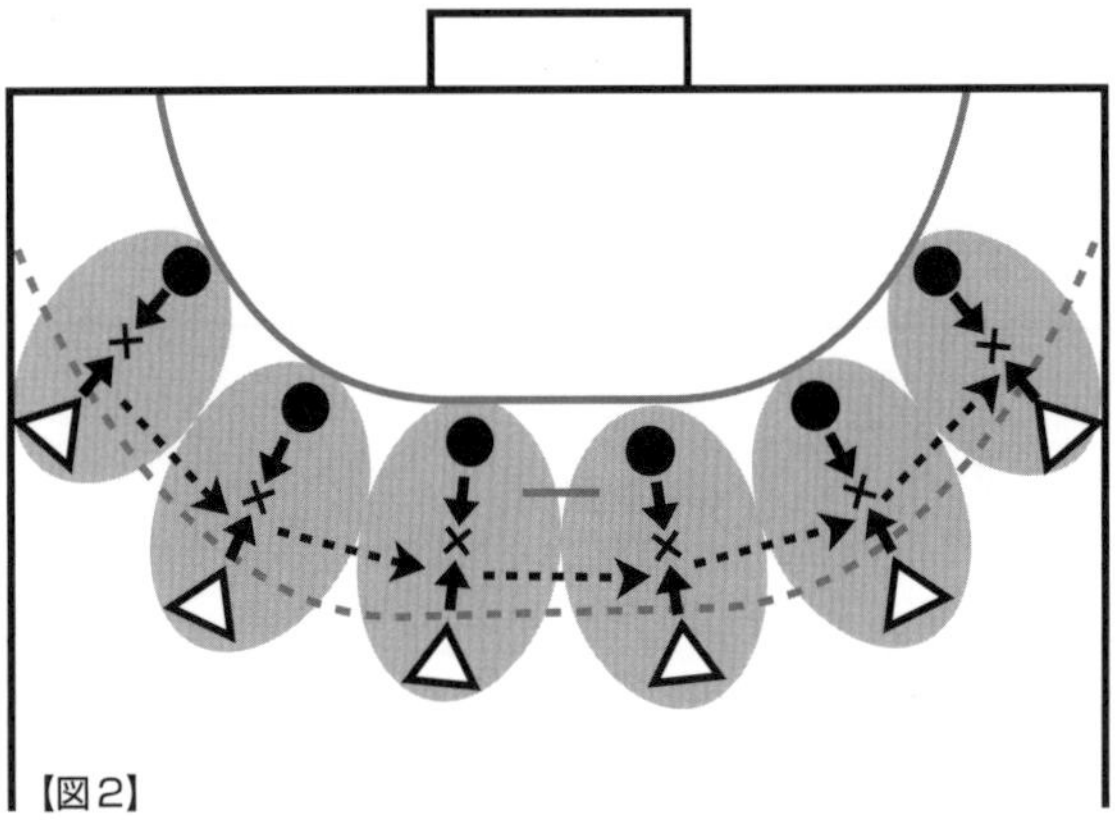

【図2】

6人のDF1人ひとりが自分が受け持つゾーンでマークするOFのシュートや突破の動きをコンタクトして封じることができれば、守り切れることになる。

●＝DF、△＝OF

6対6のDFも2対2で考えられる

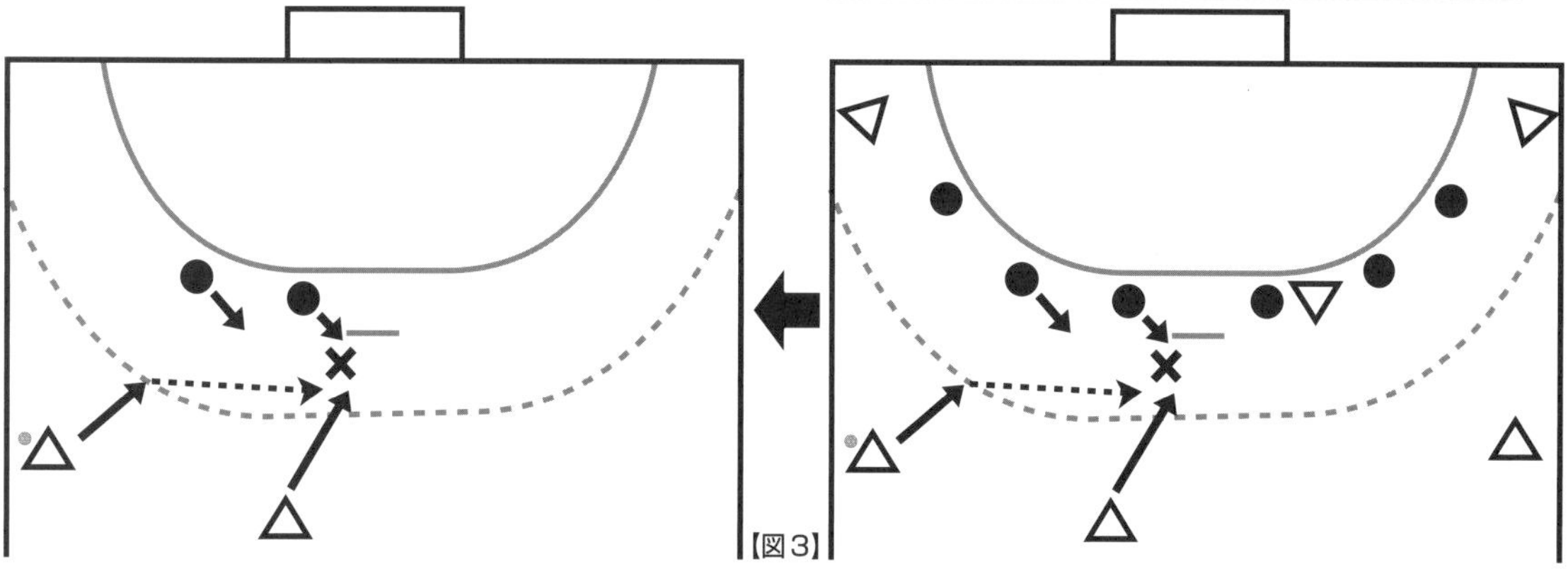

【図3】

ボールを持った左のバックプレーヤ―が目の前のＤＦと（ＯＦから見て）右側のＤＦの間を狙いながら、センターにパスを送り、パラレル（平行）の動きで攻めたのに対し、左から３枚目のＤＦが、自分がマークするセンターにそのままついていってコンタクト、というプレー。左の図のようにパラレル（平行）のＯＦに対しての2対2のＤＦと考えることができる。

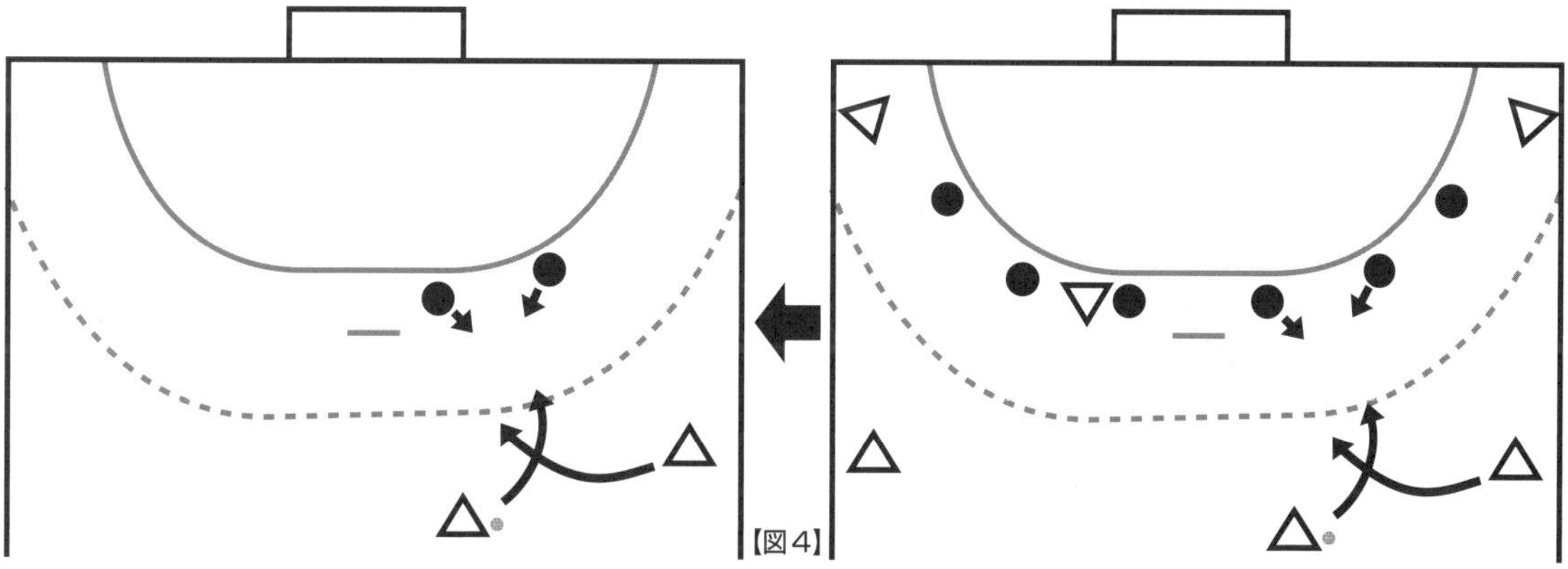

【図4】

ボールを持ったセンターと右のバックプレーヤーがクロスして攻め込もうとするのに対し、右から2枚目と3枚目のＤＦがそれぞれマークするＯＦについていくのではなく、マークを受け渡して（チェンジ）守ろうとしたプレー。このプレーも左の図のように、クロスのＯＦに対しての2対2のＤＦと考えることができる。

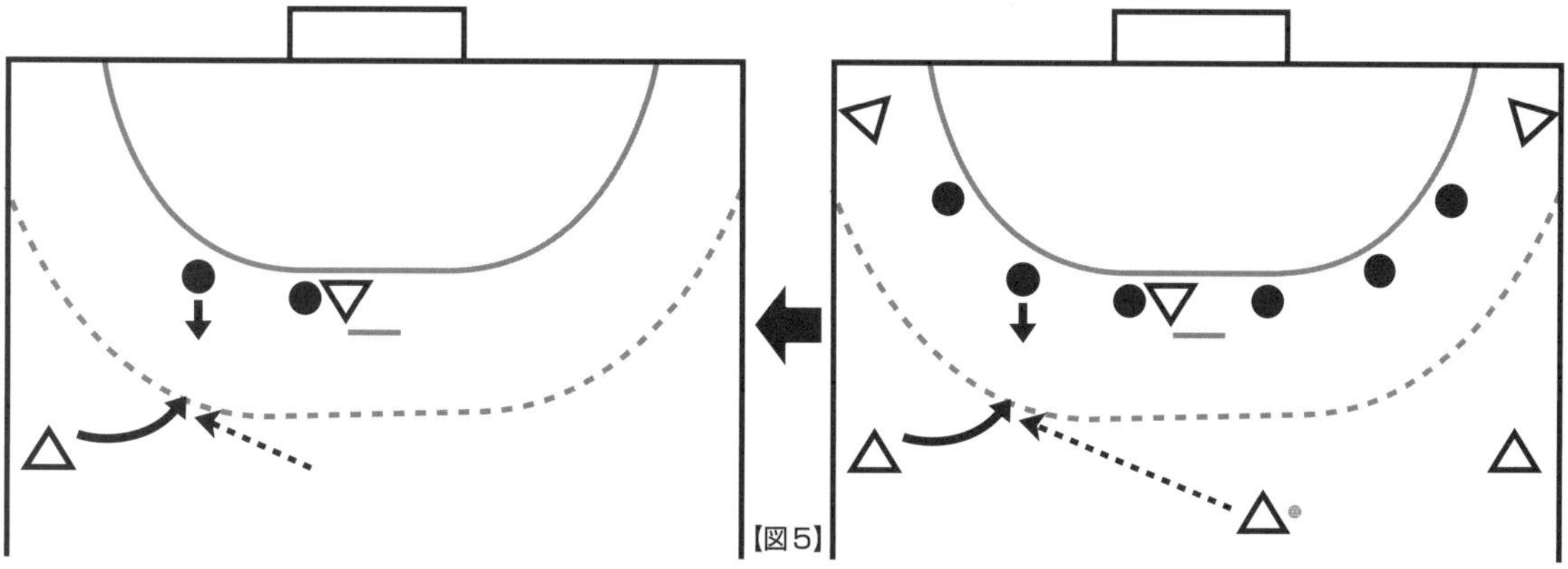

【図5】

センターからのパスを受けた左のバックプレーヤ―が左から2枚目と3枚目のＤＦの間を攻め込もうとしたプレー。この図では、マークを受け渡さずに守ろうとしているが、ポストの位置によっては、マークを受け渡し、左から3枚目のＤＦが左のバックプレーヤ―を守りにいくこともある。このプレーも、バックプレーヤーとポストに対しての縦の2対2のＤＦと考えることができる。

DFの基本はやっぱり1対1

第1章と重複することもありますが、1対1があってこそのチームDFです。大事な1対1のDFを再確認するとともに、第1章では触れられていない視点もまじえてお話ししていくことにします。

ラインコントロールにもつながるハンズアップを怠らずに心がけるとともに、マークする相手への基準は、相手の身体の中心ではなく、相手が持っているボールの位置、ということを思い返しましょう。

「相手をマークできた」「シュートブロックできた」と思っても、相手のシュートがすり抜けてゴールに到達した、ということは、相手の持っているボールをマークしきれていない証拠です。

そして、相手の持つボールを基準に、相手との距離を詰めるだけでなく、相手とコンタクトし、利き腕を抑えてボールの動きを止める（シュートやパスを封じる）ことで、初めて1対1を守り切ったと言えます。

体格に恵まれず、大きな相手に高さ、パワーで圧倒されてしまうという人も少なくないでしょう。

【写真1】

相手の身体の中心ではなく、ボールを基準に位置を取る。つねにハンズアップも心がけよう。

【写真2】

ハンドボールは相手へのコンタクトが欠かせない。身体を使って相手の動きを止め、利き腕を抑えよう。

確かに背の高さは努力ではいかんともしがたい面がありますが、フィジカルトレーニングを重ねて当たり負けしない身体を作ったり、スピードをつける、フットワーク力を磨くことはできるはずです。

最初から諦めることなく、自分の特性に応じて、最大限の努力をして挑戦していきましょう。

相手のおへそを見る感覚で

【写真3】

【写真4】

頭の動きに惑わされず身体の軸を見極めよう

相手はDFの前からシュートを狙うばかりでなく、フェイントを使い、DFを揺さぶり、かわしてから、よりゴールに近い位置でシュートしようとしてきます。

相手のフェイントに対しての動きですが、経験の浅い人は相手の頭（顔）の大きな動きに気を取られ、相手の頭の動きに応じて動いてしまい、フェイントに引っかかってしまいがちです。

【写真3、4】や映像を見てもらうと伝わると思いますが、フェイントをかける相手の頭（顔）は大きく左右に動きますが、じつはおへそ（身体の軸）は頭のようには動きません。

相手の持っているボールの位置を把握するのはもちろん、相手の視線をうかがうことも欠かせませんが、頭の動きに気を取られ過ぎることなく、おへそ（身体の軸）の位置もしっかりと見て対応することを心がけましょう。

スマホからアクセス！

相手のフェイントに対する動きの動画をQRコードから見てみよう!!

セオリーを大切にしつつ判断、選択の姿勢を持とう

1対1のDFの基準は、相手の持っているボールでした。となると、利き腕を抑えること、もし、抜かれたとしても、利き腕とは逆の側に抜かせることを心がけるべき、と思う

ことでしょう。

では、【図6】のように、右バックの位置に右利きのプレーヤー、左バックの位置に左利きのプレーヤーがいたら、例えば3：2：1DFの2枚目（ハーフDF）がそれらのプレーヤーをマークしようとすると、どう守るのが正しいでしょうか？

確かに利き腕側に行かせないようにして、シュートを封じようとする意識は大切ですが、利き腕にこだわり過ぎ、逆側に抜かれた場合、ポストパスなど、コートの中央付近での次の展開へとつながります。

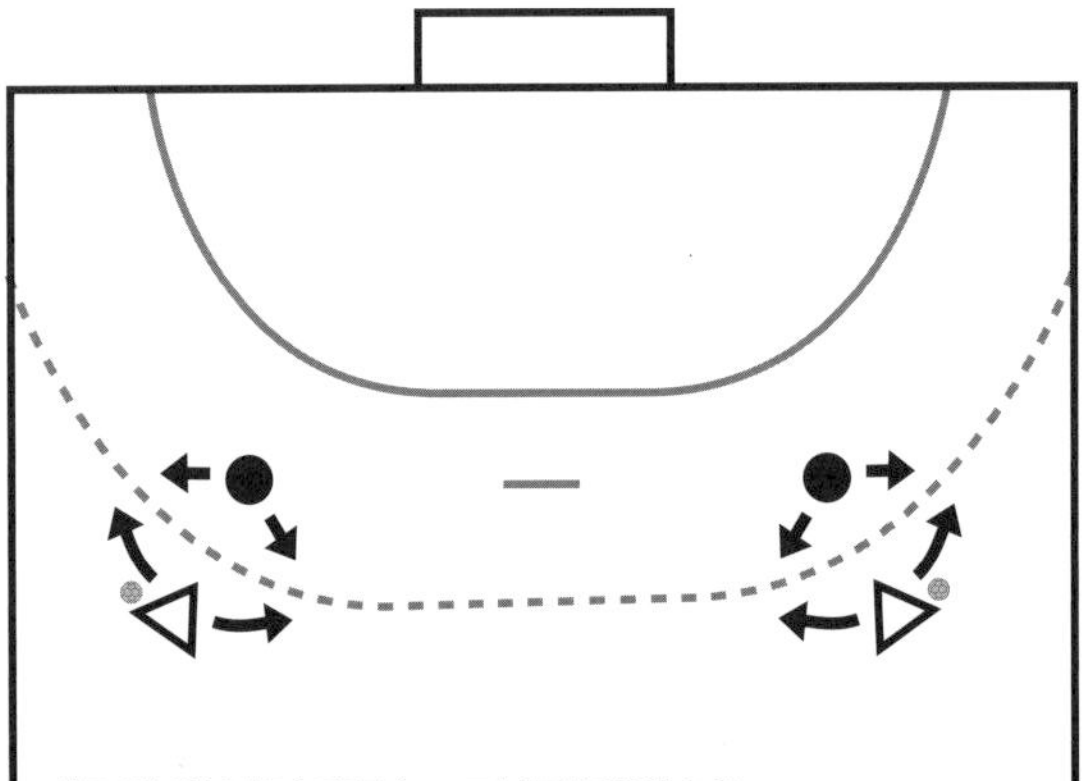

【図6】利き腕を守るか、エリアを守るか？

利き腕にこだわらず、ハンドボールコートの特徴を頭に描いた場合、利き腕側に抜かせ、角度の狭い方へと追い込んだり、角度のないところからシュートを打ってくれたらGKがキープしてマイボールにできる確率も高くなる、と考えることもできるのではないでしょうか。

そう考えると、私の問いかけへの答えは「どちらでもいい」ということになります。

相手OFの動き、ボールの流れや、守ろうとする選手が角度の狭いところからでも打ち抜くシュート力があるかないか、あるいはGKの特性、チームの約束事（3：2：1DFの2枚目は、アウト、角度の狭い方に抜かせる、など）に応じて、場面ごと、チームごとで正解がある、とも言えるでしょう。

ボール、利き腕を守る、というセオリーを忠実に実践する姿勢はもちろん大切ですが、場面ごとで判断、選択したり、チームなりの約束事を確立させていく姿勢も、DF力の向上には欠かせません。

【写真5】

利き腕側への動きを抑え、相手のシュートを封じるのがセオリー。ただし、相手を守る位置なども踏まえ、柔軟に判断、選択しよう。

【写真6】

利き腕を抑えることにこだわり過ぎず、利き腕側に抜かせ、ハンドボールコートの特性を利用して角度のない方へ追い込むのも選択肢の1つ。

1対1の強化につながるトレーニング

ここでは、1対1のDFの強化につながるトレーニングを紹介していきます。

【写真7】のメニューは、2人1組でOF役のプレーヤーの動きに合わせ、DF役のプレーヤーがサイドステップでついていく、というものです。

OF役のプレーヤーはただ走るのではなく、走る速度に強弱をつけたり、急に止まって方向転換、方向転換すると見せかけて再び同じ方向に走る、といった工夫をこらしながら動きます。

DF役のプレーヤーはこのOF役のプレーヤーのさまざまな動きに素早く反応し、粘り強くサイドステップを繰り返しながらしっかりとついていきましょう。

DF役のプレーヤーのDF力やフットワーク力向上はもちろん、OF役のプレーヤーにとってもDFと駆け引きをしたり、DFのマークをかわすコツをつかむことにつながるトレーニングです。

体力やレベルに合わせ、15秒、30秒といったように区切った時間を1

【写真7】

OF役のプレーヤーの動きにDF役のプレーヤーはサイドステップでついていく

スマホからアクセス！

サイドステップで相手についていくトレーニングの動画をQRコードから見てみよう!!

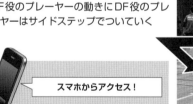

セットとして、トレーニングを重ねていきましょう。

ハンドボール競技はコンタクトしてこそ

59ページの**【写真8】**のメニューは、突破を狙ってくるDF役プレーヤーにコンタクトし、利き腕を抑えながらその動きを止めるトレーニングです。

相手とのコンタクトがあってこそハンドボール。形だけのトレーニングにならないよう、実戦を想定しての激しいコンタクトが大切です。

それでも、ハンドボールを始めたばかりの人など、慣れないうちは、まず相手とコンタクトすることへの恐怖心をぬぐい去ることからスタートしましょう。

また、画像、動画で見本を示しているのは、日本一をめざして日々トレーニングを重ねている男子大学生です。

小、中、高校生にもいずれはこうした大学生の力強さ、スピードを身につけてほしいですが、ハンドボール経験の浅いうちは、お互いの体格差や当たりの強弱にも考慮しながら、少しずつ強度を高めていくといった工夫も大切です。

加減もわからないうちから力任せにコンタクトし、自身はもちろん、チームメイトにケガを負わせてしまうといったことにならないよう、充分に注意してください。

【写真9】も同じくコンタクトのためのトレーニングですが、DF役のプレーヤーはコンタクトへと向かう前に1回腕立て伏せをしてからスタートし、低い体勢から上へ押し上げるイメージで相手にコンタクトしていきます。

腰高の姿勢ではなく、しっかりと腰を落として、相手を受け止めるコツをつかみましょう。

大型の相手に立ち向かう場合も、下から上へと押し上げていく姿勢が大切です。

体格的なハンデがありながらも本場ヨーロッパ勢からも高い評価を受け、警戒されているのが、栗山雅倫監督率いる日本女子代表・おりひめジャパン。

彼女たちもこうしたコンタクトを徹底しています。

コンタクトに慣れてきたら、相手の動きを止めたあと、**【写真10】**のように相手を左右に歩かせることにチャレンジしましょう。相撲の『寄り』の動きをイメージするとわかりやすいかもしれません。

コンタクトしたあと、だれもが止まってくれればいいですが、実戦では止まってくれる人ばかりではありません。

実戦を想定し、より確実に相手を止めることをめざします。

つかまえた相手をさらに左右に歩かせる（動かす）ためには、充分な体力、筋力が欠かせません。並行して下半身や体幹を鍛えるトレーニングも重ねていきましょう。

【写真11】と**【写真12】**は、56ページでお話ししたことの実践編になります。

相手の利き手側への動きを封じるだけでなく、ボールの流れや守る位置も想定しながら、利き手側とは逆への動きを封じ、角度の狭い方へと追い込む守り方もマスターしましょう。

コンタクトして相手の動きを止めるだけでなく、相手の動きを制限したり、方向づけをさせ、角度の狭い方へと追い込んだり、となりのDFにマークを受け渡す感覚をつかむことにもつながります。

いずれも短時間でテンポよく行なえるメニューです。

基礎固めの段階で重点的に行なうのも1つの方法でしょうし、少しずつ日々のウォーミングアップメニューに組み込み、徐々に強度やスピードを上げていく、といった方法もあるでしょう。

工夫をしながら1対1のDFに大切な要素をマスターしていってください。

スマホからアクセス！

1対1のトレーニングの動画を
QRコードから見てみよう!!

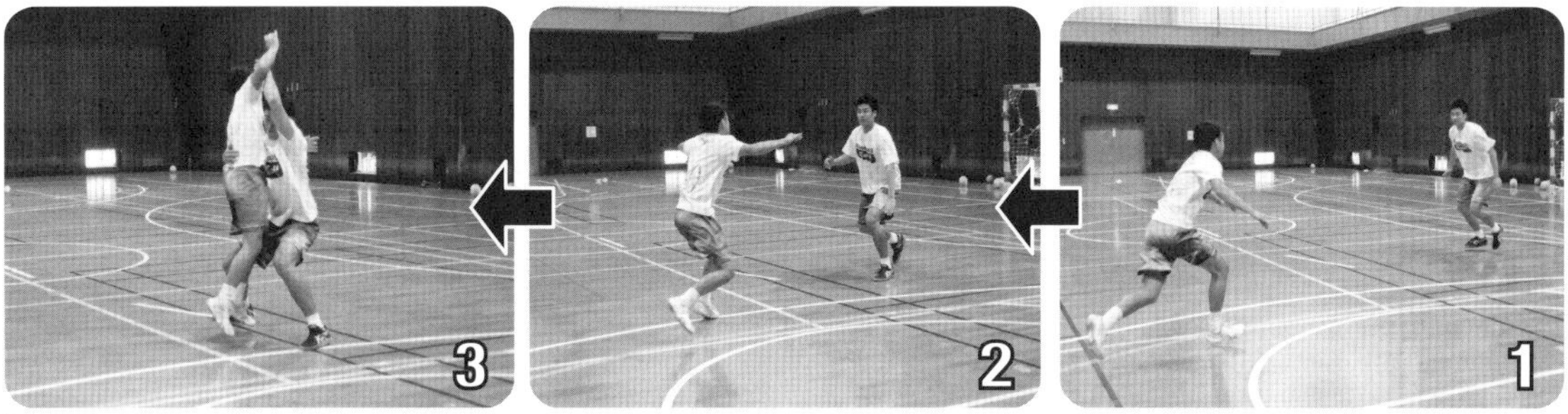

【写真8】

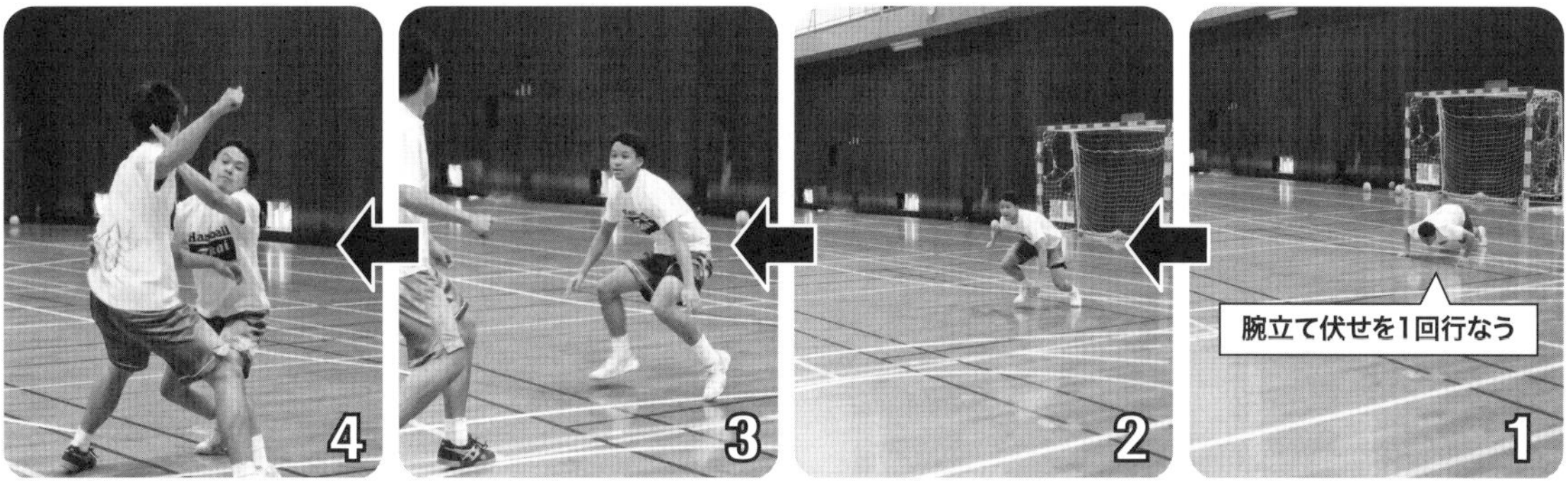
腕立て伏せを1回行なう

【写真9】

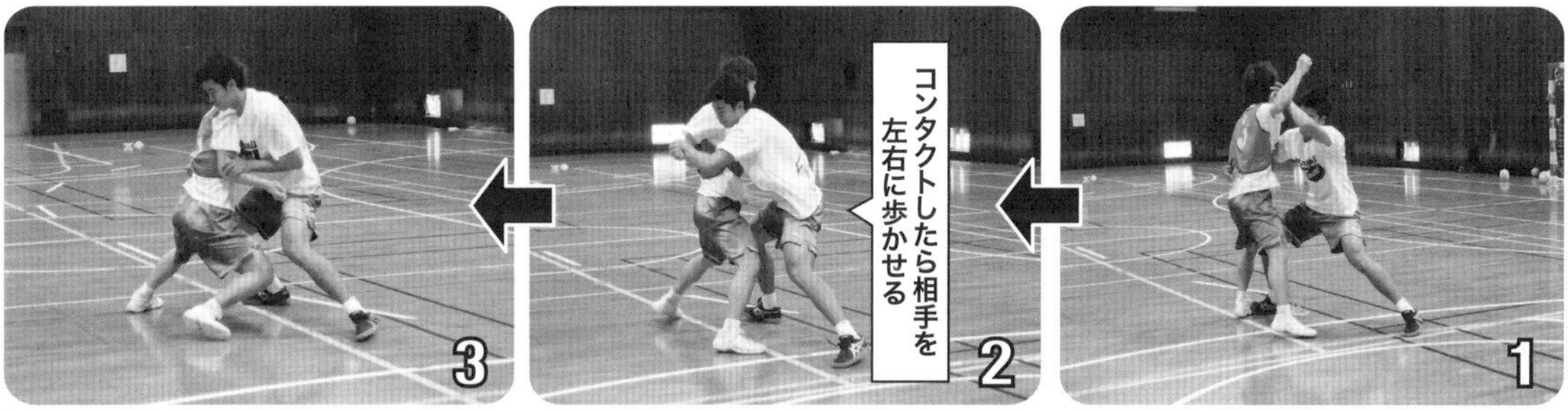
コンタクトしたら相手を左右に歩かせる

【写真10】

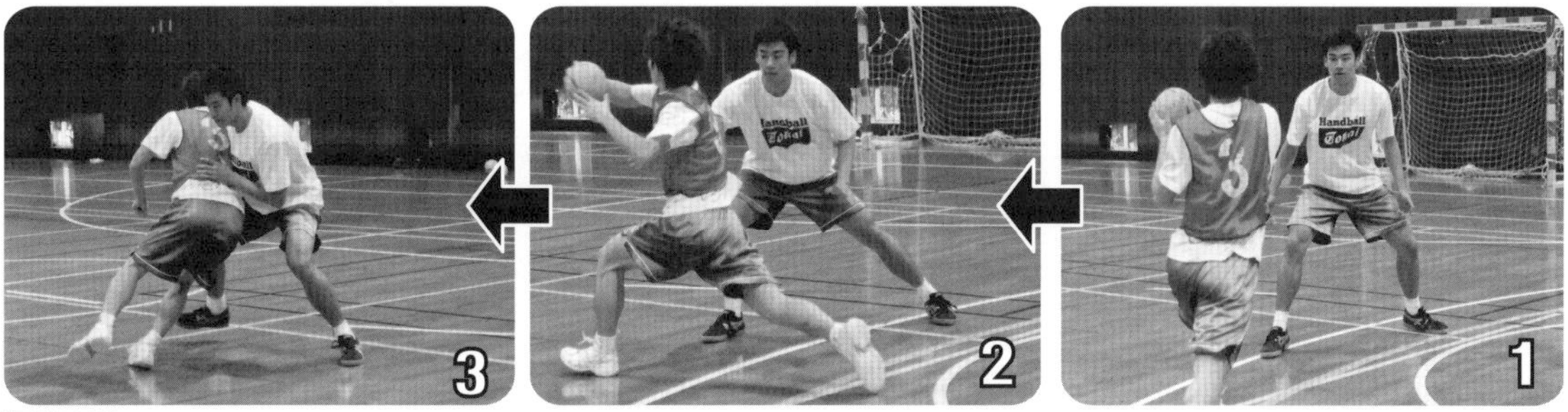

【写真11】

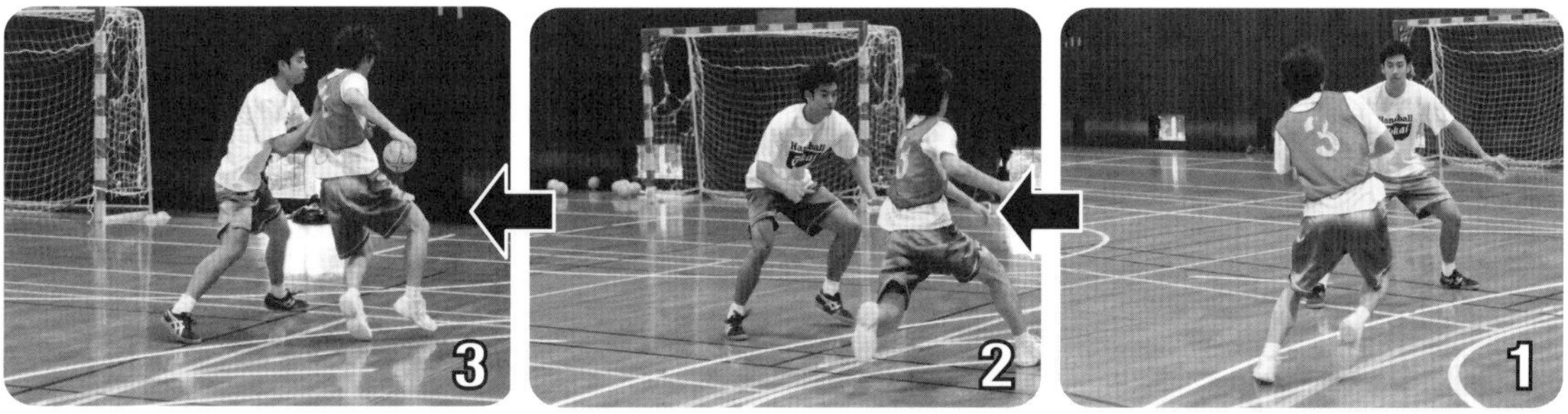

【写真12】

チームDFへとつながる2対2

1対1に続いて、2対2のDFを再確認していきましょう。

第2章で紹介されているとおり、2対2のDFの基本は、場面、場面に応じて、マークを受け渡したり、マークを受け渡さず、そのままマン・ツー・マンで守りながら、6mラインに平行に2人のDFラインをコントロールすることでした。

DFラインのコントロールは、コート中央付近でのDFばかりでなく、6mラインがカーブを描くサイドのDFでも同じことです。

そして、2対2のDFには相手がパラレル（平行）**【図7】**やクロス**【図8】**の動きで攻めてくる『横の2対2』**【写真13】**と、ポストプレーヤーを絡めて攻めてくる『縦の2対2』**【図9】【写真14】**がありました。

横の2対2が比較的、DFラインをコントロールしやすいのに対し、縦の2対2はDFラインをコントロールする難易度が上がりました。

62ページからは、このラインコントロールが難しい『縦の2対2』を、ポストのいる位置によって2つに分けて考えたうえで、さらに掘り下げ

DFラインのコントロールが重要

【写真14】

【写真13】

6mラインと平行のDFライン（仮想）を意識しながら守ることが大切。このラインが崩れ、段差ができると相手は攻めやすくなる。

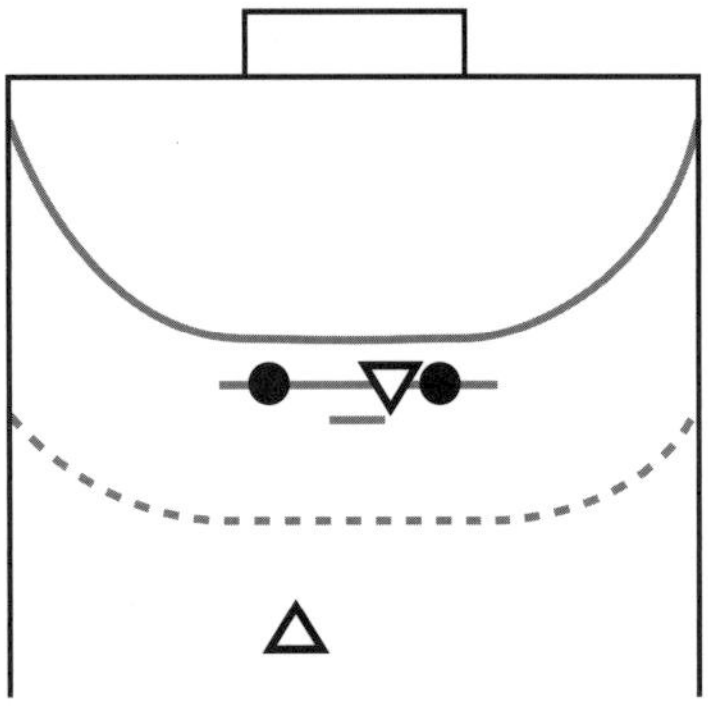
【図9】

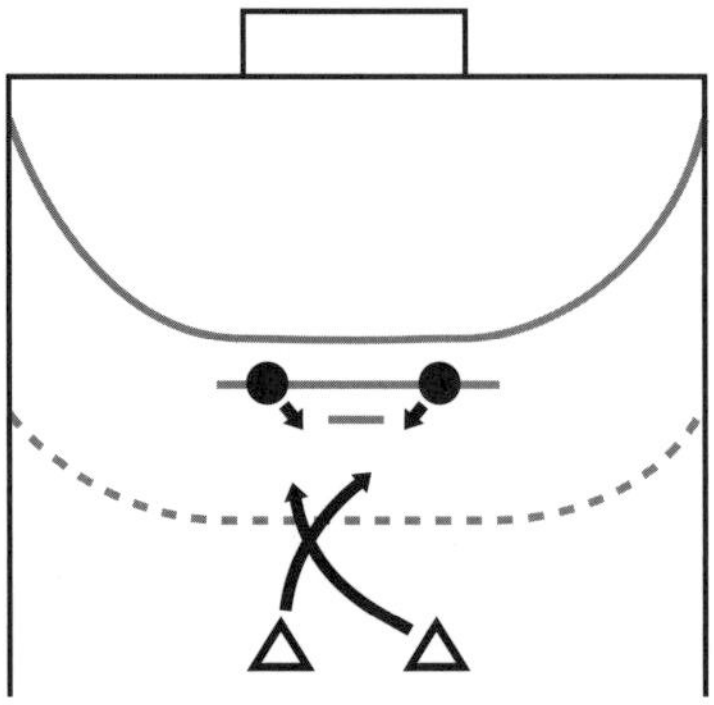
【図8】

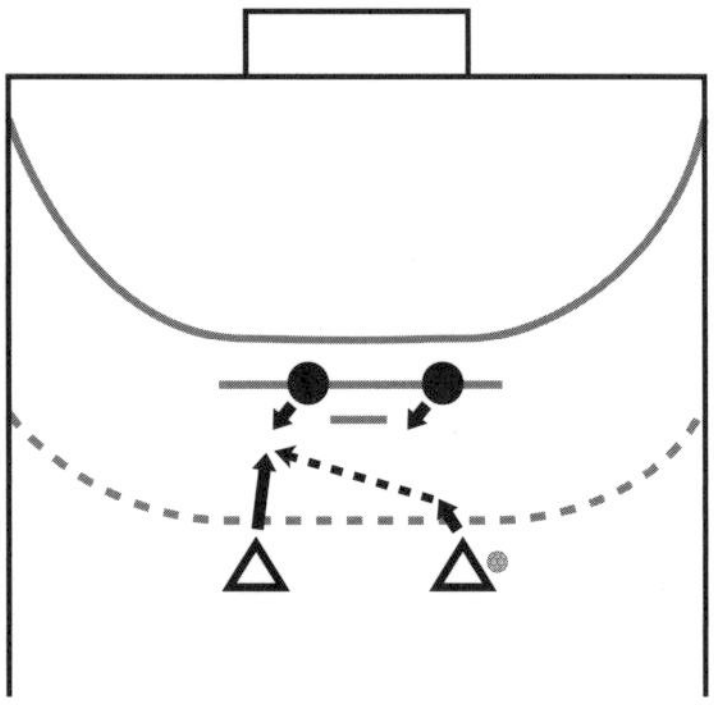
【図7】

ていきます。

DFラインをコントロールしにくい、そもそも3・2・1DFなど、システムによって最初からDFラインが崩れている状態から、いかに縦の2対2を守っていくかをマスターしていきましょう。

2対2の組み合わせがチームDFにつながる

DFラインをコントロールすることの大切さを改めて強調しましたが、66ページではあえてDFラインを崩して守り、パスのインターセプトを狙っていく考え方を紹介します。

1対1のDFと同じく、2対2のDFでもセオリーとともに、場面ごとに異なる相手の動きなどへの柔軟な判断が欠かせません。

67ページでは、トランジション（切りの動き）への対応をクローズアップします。44、45ページで紹介されているオフ・ザ・ボールの動きと共通しますが、これも大切なポイントになりますからもう一度、確認しておきましょう。

トランジションに対するDFは、70ページ以降でお話しする3対3、4対4のトレーニング、そしてチームDFや相手の速攻に対するバックチェック、クイックスタートへの対応でも重要になってきます。

たくさんやるべきことがあるように思えるかもしれませんが、OFの攻撃パターンは、**【写真15～17】**で示したように、パラレル（平行）、クロスの動き、そしてポストプレーヤーを活かしてと、大きく分けて3つになります。整理し切れないほどたくさんの攻撃パターンがあるわけではありません。

52、53ページでもお話ししたように、2対2のDFの組み合わせが6対6のDFです。

2対2のDFを充分に理解している6人の力が1つになれば、おのずとチームDFにも反映されることになります。チームDFへとつながっていく2対2のDFを、さらに深めていきましょう。

ポストの位置で『縦の2対2』を分けて考える

ポストがＤＦの横に位置を取っているケース

ポストがＤＦのうしろにいる（ＤＦがポストを背にしている）ケース

【写真17】

【写真16】

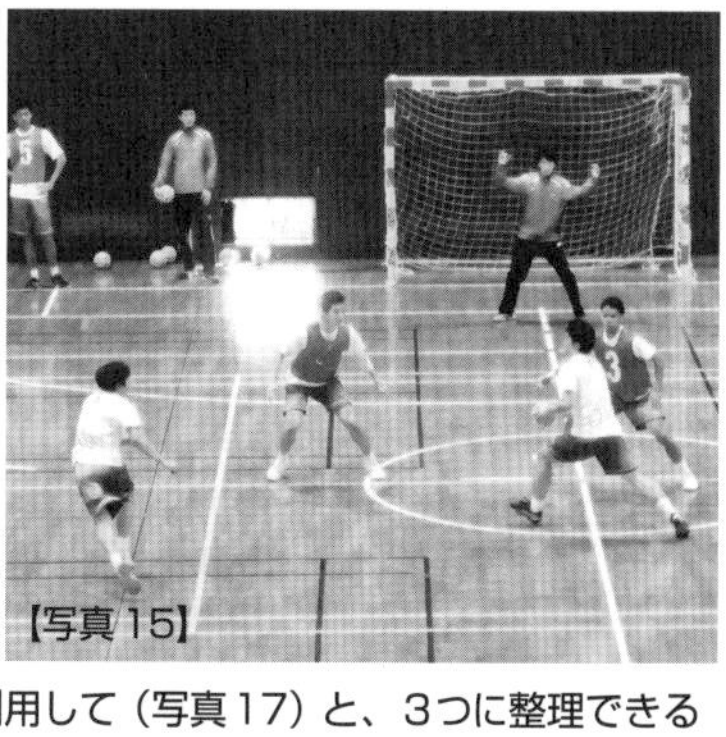
【写真15】

ＯＦの攻撃パターンは、パラレル（平行、写真15）、クロス（写真16）、ポストを利用して（写真17）と、3つに整理できる

ポストの位置に注目した縦の2対2①

ポストの位置に注目して縦の2対2を見ていきます。

最初はDFがポストを背にしている（DFとDFの間にポストがいる）場合の守り方になります。

このケースは、【写真19、20】のように、バックプレーヤーがイン（右側）に展開しても、アウト（左側）に展開しても、DF同士でマークの受け渡しをしないで守ることができます。

DFはお互いに「そのまま!!」と声をかけ合い、意思疎通をはっきりさせながら、バックプレーヤーをマークしていたDFはバックプレーヤーにコンタクト、あるいは、インやアウトへの展開についていきます。

インならば苦しい体勢からシュートを打たせる、（実戦ではとなりにいる）DFにバックプレーヤーのマークを受け渡す、アウトならばサイドへと追い込む、角度のないところからシュートを打たせる、という流れになります。

ポストの背中にいたDFは、ポストの前か横に位置を取り、バックプレーヤーからのポストパスを警戒します。苦しい体勢へと追い込まれたバックプレーヤーがポストパスを出してきたら、確実にインターセプトしてマイボールにしましょう。

6mラインに垂直になっていたDFラインが、最終的にラインコントロールできているイメージです。

あえてマークを受け渡して守ることもできますが、バックプレーヤーをマークしていたDFは振り返らなければ確認できないポストをマークするために下がらなければならないので、マークの受け渡し際など、相手にポストパスやカットインするチャンスが広がり、リスクが大きくなってしまいます。

【写真18】

DFがポストを背にして（DFとDFの間にポストが位置を取って）、最初からDFラインは6mラインに平行ではなく垂直になっている。

スマホからアクセス！

ポストを背にした縦の2対2の動画をQRコードから見てみよう!!

マークの受け渡しをせずに守る

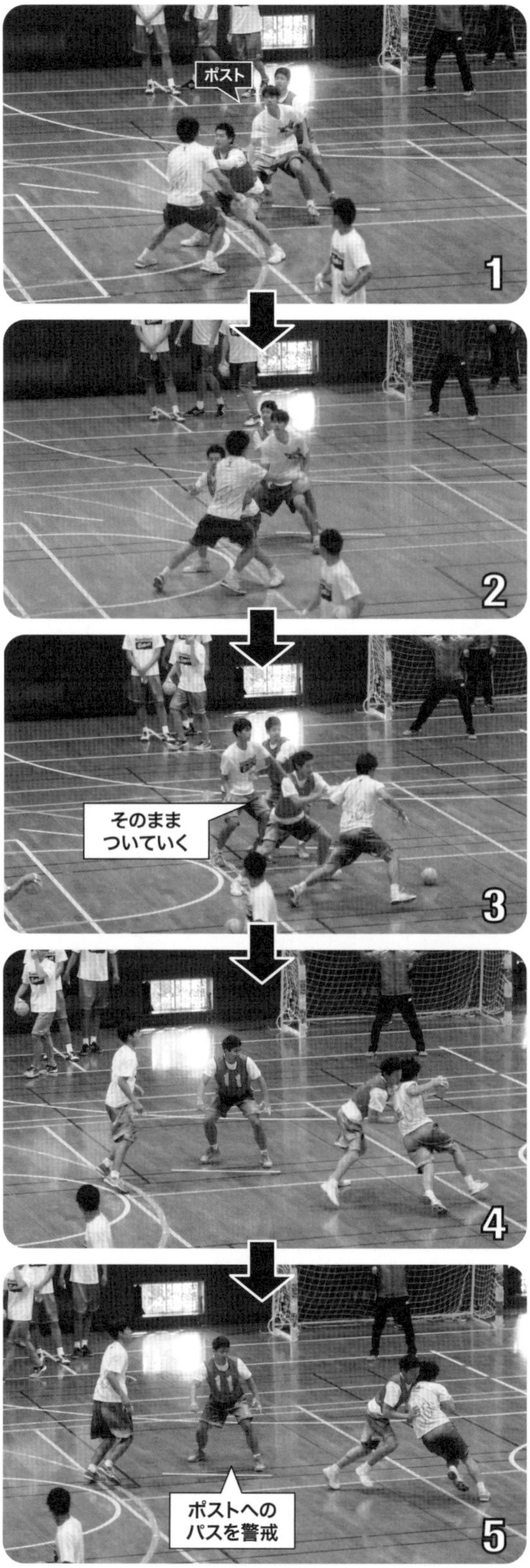

【写真20】

【連写真19】

ポストの位置に注目した縦の2対2②

　次はポストがＤＦの横（ＤＦとＤＦの間）に位置を取り、ブロック（スクリーン）をかける状態の『縦の2対2』の守り方を見ていきましょう。

【写真22】は【写真22－1】のようにＤＦがポストを背にした状態から、ポストがブロックをかけにきたので、ポストがＤＦの横（ＤＦとＤＦの間）に位置を取る形になりました【写真22－3】。【写真22－4】ではポストが（ＤＦから見て）右のＤＦにブロックをかけ、右のＤＦの上からバックプレーヤーにシュートを打たせようとしたところ、右のＤＦは左のＤＦにポストのマークを受け渡し、バックプレーヤーのシュートに対応しています【写真22－5】。

【写真23】は右のＤＦが横に押し出すようにポストのマークを左のＤＦに渡し【写真23－3】、イン(右側)に展開しようとしていたバックプレーヤーの利き腕（右腕）を着実にマークして、自由なボールコントロールをできなくしています【写真23－5】。

　いずれもポストの受け渡しに手間取ると、バックプレーヤーに突破を許しやすくなります。受け渡されたポストをマークするＤＦがポストと位置を取り合いながら、ポストにかぶさるようにしてポストパスを警戒することも欠かせません。

　【写真22】、【写真23】のケースともに、ポストのマークを受け渡さず、左のＤＦが当初の位置関係のまま、マン・ツー・マンでバックプレーヤーについていって守る方法もありますが、ＤＦとＤＦがクロスして守ることになり、コントロールできていたＤＦラインをあえて崩して守ることになります。その結果、ＤＦとＤＦの段差が生まれ、抜かれてのカットインやポストパスを許すリスクが高まってしまいます。

【写真21】
ポストがＤＦの横（ＤＦとＤＦの間）に位置を取り、ブロック（スクリーン）をかけている。

スマホからアクセス！

ポストが横にいる縦の2対2の動画をQRコードから見てみよう!!

マークを受け渡して守る（チェンジ）

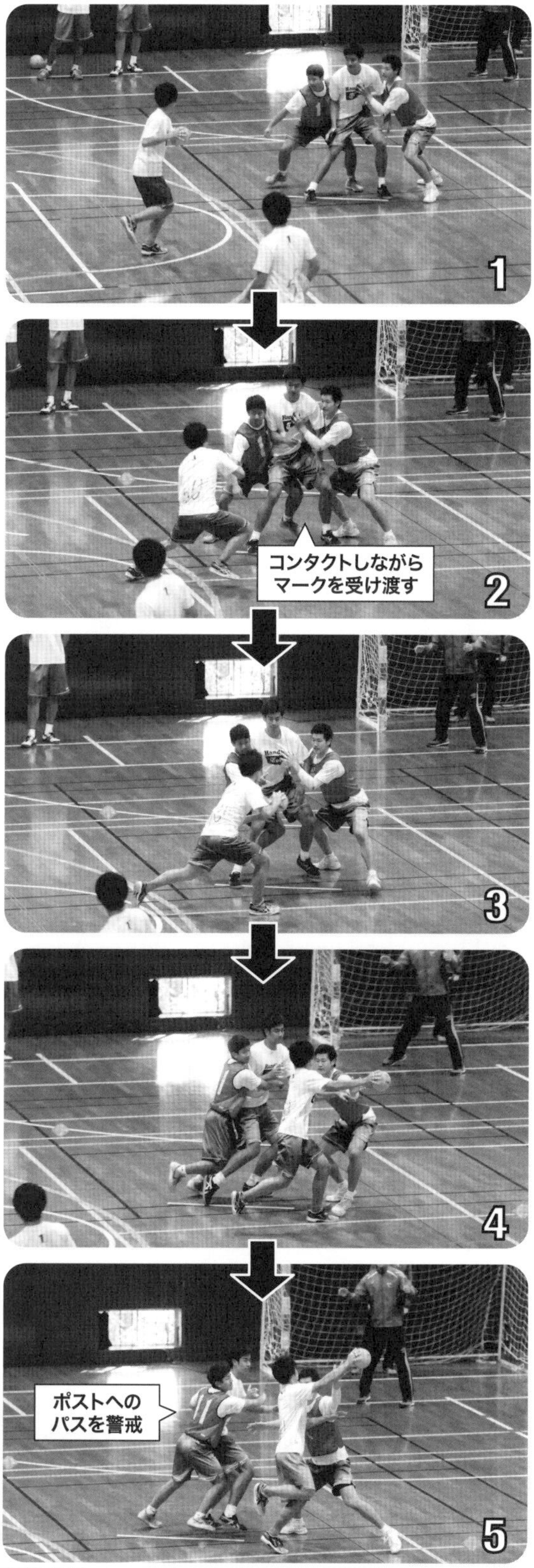

【写真23】

【写真22】

意識的にDFラインを崩して守る

1
2
瞬間的にDFラインを
崩して前に出る
3
4

【写真24】

2人のDFが形成するDFラインを6mラインと平行にコントロールすることが2対2のDFの基本。【写真24】と下の【図10】で示したケースも、基本に従えば、OFのクロスの動きに対し、DFラインを保ちながらマークを受け渡して守るべきです。

けれども、（OFから見て）左のOFにシュートやカットインを狙う姿勢がなく、明らかに右のOFにパスを出そうとしているならば、右のDFはDFラインを崩し、パスのインターセプトを狙う、という考え方もあっていいでしょう。場面に応じた柔軟な考え方も大切です。

とはいえ、【図11】のように最初からラインを崩してはいけませんし、左のDFが右のDFがマークを受け渡してくれるものと思っていると、間を割られてしまいます。

DFをおびき出そうと、シュートがないと装ってプレーする巧者もいます。

的確な判断なしにDFラインを崩すことは、リスクにつながることも心に刻んでください。

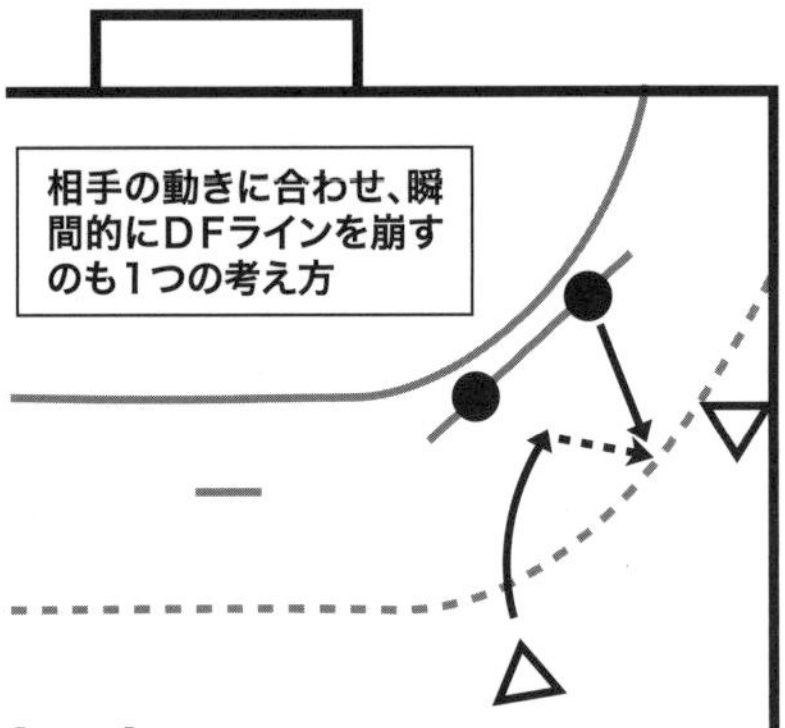
相手の動きに合わせ、瞬間的にDFラインを崩すのも1つの考え方

【図10】

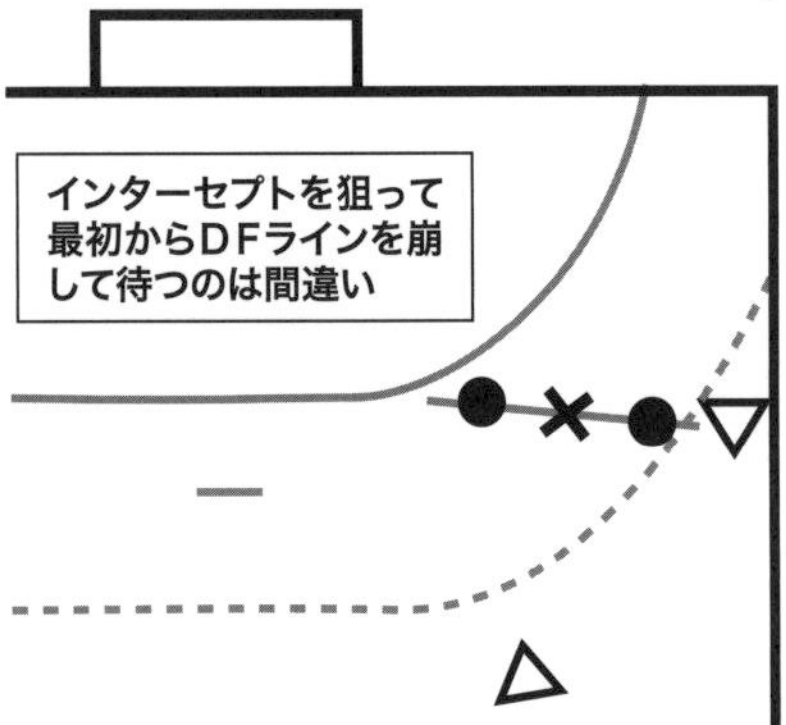
インターセプトを狙って最初からDFラインを崩して待つのは間違い

【図11】

スマホからアクセス！

意識的にDFラインを崩して守る場合の動画をQRコードから見てみよう!!

トランジション（切りの動き）への対応

トランジションの動きへの対応を見ていきます。トランジションをパラレル、クロス、ポストとともに、2対2を攻める方法の1つと考えてもいいでしょう。

トランジションに対して、マークする相手から目を離さず、相手が走り出したと同時に反応し、押し上げながらとなりのDFへマークを受け渡すことが理想です【写真25】。

いつもこのように守れるわけではないので、となりのDFへとマークの受け渡しができなければ、そのまま走らせるのではなく、【写真26】のようについていきましょう。

最悪なのは【写真27】のように自分のマークから目を切ってしまい、裏を走り抜けられてしまうケース。こうしたミスは失点に直結しますから、慎まなければいけません。

写真はサイドからのトランジションをイメージしていますが、この対応はバックプレーヤーがポストに入る動きなどに対しても同じです。3対3、4対4のトレーニングでも出てきますから、しっかり頭にインプットしておいてください。

スマホからアクセス！

トランジションへの対応の動画をQRコードから見てみよう!!

1
相手を押し上げて
となりのDFへ受け渡す
2
3
【写真25】

1
そのままついていく
2
3
【写真26】

1
自分のマークから
目を離している
2
裏を取られている
3
【写真27】

チームDFへとつながるトレーニング①
サイドでの2対2

ここまでお話ししてきたことを踏まえ、チームDFへとつながるトレーニングに入っていきます。

まずはサイドでの2対2のDFトレーニングを紹介しましょう。

サイドでの2対2にしたのは、片側にコート上の制限があり、整理がしやすいからです。45度で、あるいは、中央で行なってもまったく問題ありません。

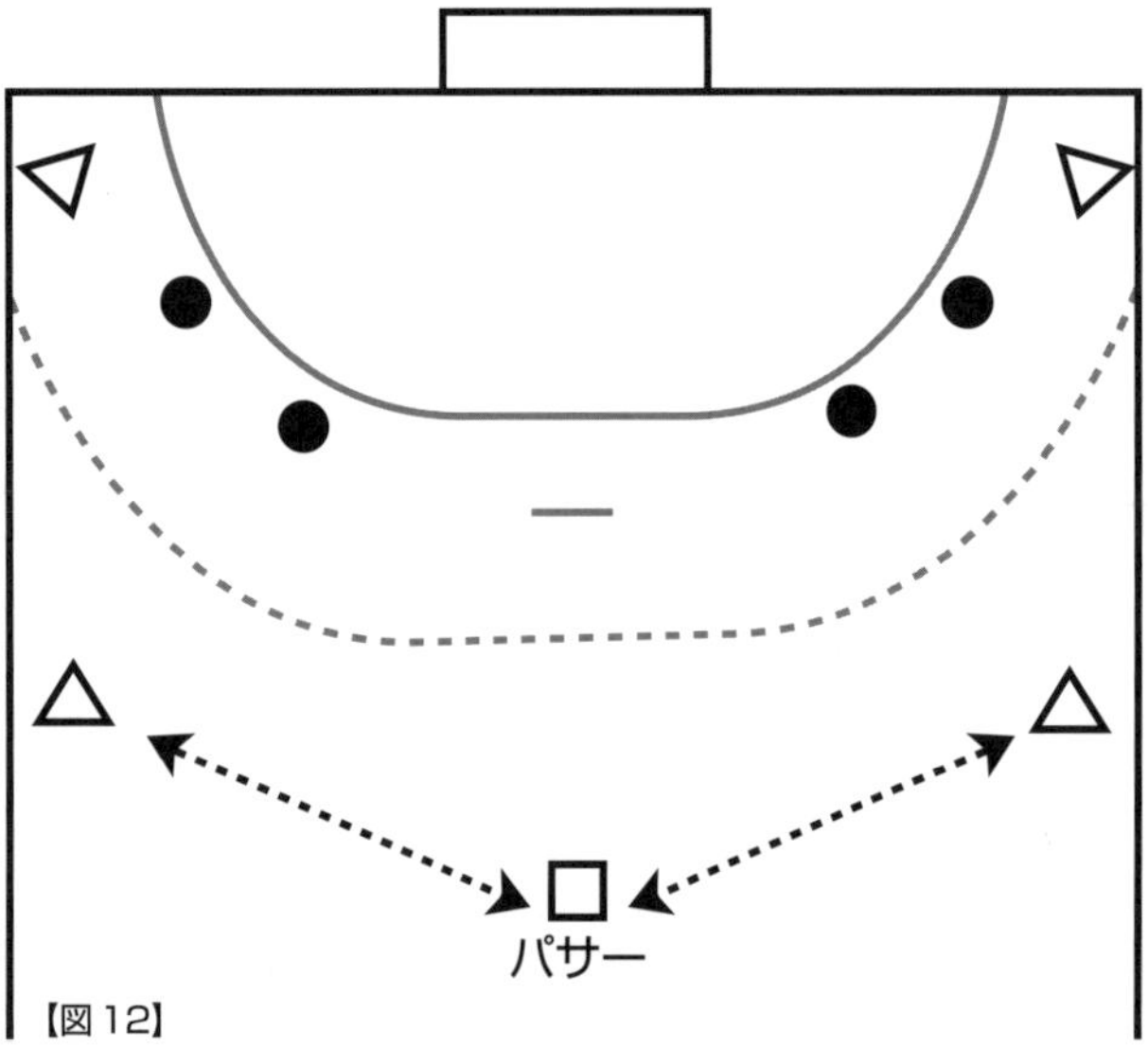

【図12】

相手のパラレル（平行）の動きに対しては、マークどおりに【写真28】、クロスの動きにはマークを受け渡して（チェンジ、【写真29】）守る感覚をつかんでいきましょう。

コンタクトして相手、ボールの動きを止めるのが理想ですが、相手もコンタクトできるかどうかのギリギリの間合いのところで攻めてきますから、コンタクトにこだわり過ぎると抜かれるリスクも高くなります。

コンタクトできなくても、サイドに対してはより角度の狭いところへと相手を追い込む、バックプレーヤーに対しては、実戦ならばとなりにいるDFにマークを受け渡すイメージで、相手の動きを制限しながら守っていきましょう。

最終的にOFにシュートを打たれてもかまいません。OFにより苦しい、厳しい体勢でシュートさせることを心がけ「ここまでは守る」「ここからのシュートは頼む」と、ゴールを守るGKともコンビネーション、信頼関係を築いていきましょう。

パラレル、クロスの動きとともに、注意してほしいのが、動画には盛り込まれているサイドのトランジションの動きです。

サイドDFがサイドプレーヤーから目を離したスキにバックプレーヤーをマークしているとなりのDFの裏を走られたり、DFとDFの間を走り抜けられて裏を取られた、というプレーも許さないようにしてください（動画ではトランジションを許してしまったシーンを収録しています）。

スマホからアクセス！

サイドでの2対2のトレーニングの動画をQRコードから見てみよう!!

パラレル、クロスの動きに対応しよう

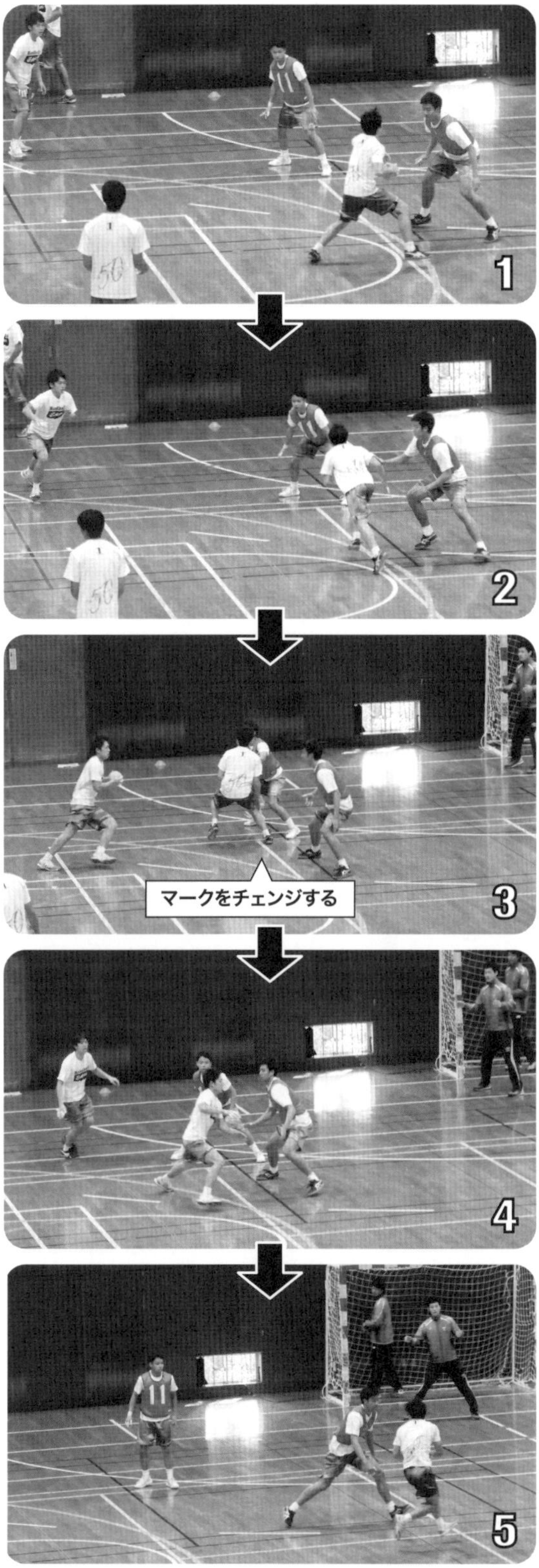

【写真29】

【写真28】

チームDFへとつながるトレーニング②
3対3（ポストプレーなし）

OFはドリブルや切り込んでポストに入る動きをしないで攻める

【図13】

ここからは3対3のトレーニングに入ります。

1対1、2対2の再確認を経て、ようやく到達した3対3のステージでは、また違った考え方があると思うかもしれませんが、この章の冒頭からお伝えしているとおり、人数が増えてもあくまでベースは1対1と2対2です。

ここで紹介する3対3のトレーニングは、OFがドリブルや、切り込んでポストに入る動きをしない制限を加えて行ないます。

OFはドリブルが使えないうえに、ポストプレーやDFの裏に走り込んでパスをつなぐといったこともできないので、パラレル（平行）とクロスの動きで攻めるしかありません。DF有利のトレーニングと言えるでしょう。

【写真30】ではまずクロスの動きに対して、セオリーどおりマークを受け渡して守っています。写真を中央で分割してみると、右半分での2対2の攻防になっていることがわかるはずです。

クロスをして右側から中央へと位置を変えたOFが左側への展開を試みたことで、今度は中央のDF、OFと写真の左半分にいたDF、OFによる2対2へと移ります。

そして、今度は中央のOFから左のOFへとパラレルの動きでの攻撃が展開され、（OFから見て）左のDFはやはりセオリーどおり、マークを受け渡すのではなく、自分のマークについていって守ろうとしています。

この短い時間のプレーの中にも、これまでお伝えしてきたことが詰まり、2対2の考え方で守れることがイメージできるでしょうか。

OFはパラレルとクロスで攻めるしかないので、**【写真31】**の4、5、6のように「パスしかない」と判断してインターセプトもしやすくなります。

2対2の考え方でパラレル、クロスをぬかりなく守りつつ、積極的にパスをインターセプトするチャンスをうかがいましょう。

スマホからアクセス！

ポストプレーなしの3対3のトレーニングをQRコードから見てみよう!!

人数は増えたがベースの考え方は同じ

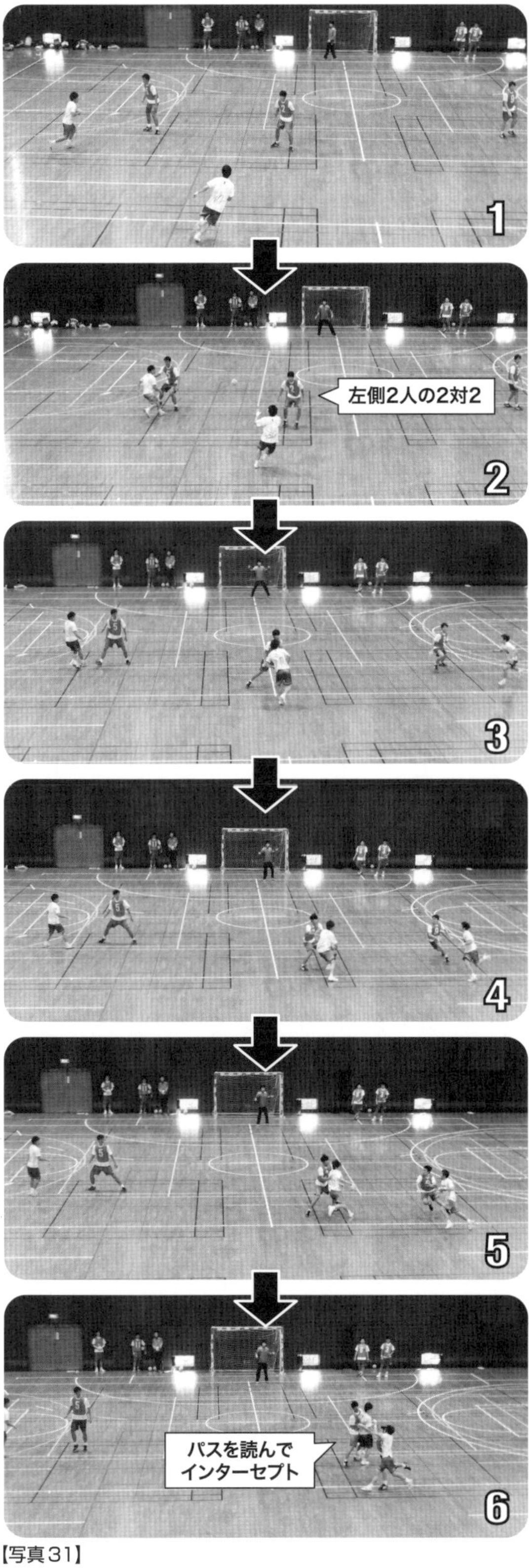

【写真31】

【写真30】

チームDFへとつながるトレーニング③
3対3（ポストプレーあり）

70、71ページで紹介した3対3のトレーニングに、切り込んでポストに入る動きを加えた3対3のトレーニングを説明していきます。

73ページの連続写真は、12枚で一連の流れになっています。

ボール回しのあと、中央のOFが（OFから見て）左と中央のDFの間へと切り込み**【写真32－2、3】**、そのままポストに入ります**【写真32－4】**。

中央のOFが切り込み際の**【写真32－3】**で、左と中央のDFが確実に中央のOFにコンタクトしていることがポイント。DFの裏ではなく、DFとDFの間にポストをはさむ形になり、64、65ページでお話しした縦の2対2②の状況になりました。

そして、左と中央のDFの間でポストに入った中央のOFへのマークの受け渡しが行なわれ、左のDFにポストのマークを託した中央のDFが左のOFにマークに行きます**【写真32－5、6】**。

中央のDFからコンタクトを受けた左のOFは、右のOFにパス**【写真32－7】**。このパスに合わせ、ポストに入っていた中央のOFが右のOFに合わせ、パスを受けようと右側に走りましたが、この中央のOFをマークしていた左のDFがそのままマン・ツー・マンで追いかけ**【写真32－8、9、10】**、右 のOFから出されたパスをポストにかぶさるようにしてインターセプト**【写真32－11、12】**という流れになります。

最終局面も、写真右半分にいる4人で形成された2対2を手堅く守った、ということになります。

ポストプレーが許されたことで縦の2対2を意識しなければならず、難易度はグンと上がりましたが、1つひとつのプレーは、たとえDFとDFのスペースが大きく広がっていても、2対2のDFで考えることができます。

画像や映像とは違い、コートで瞬時に整理、判断し、さらに身体を動かすことはとても難しいですが、トレーニングを重ね、少しずつ判断力、対応力を上げていきましょう。

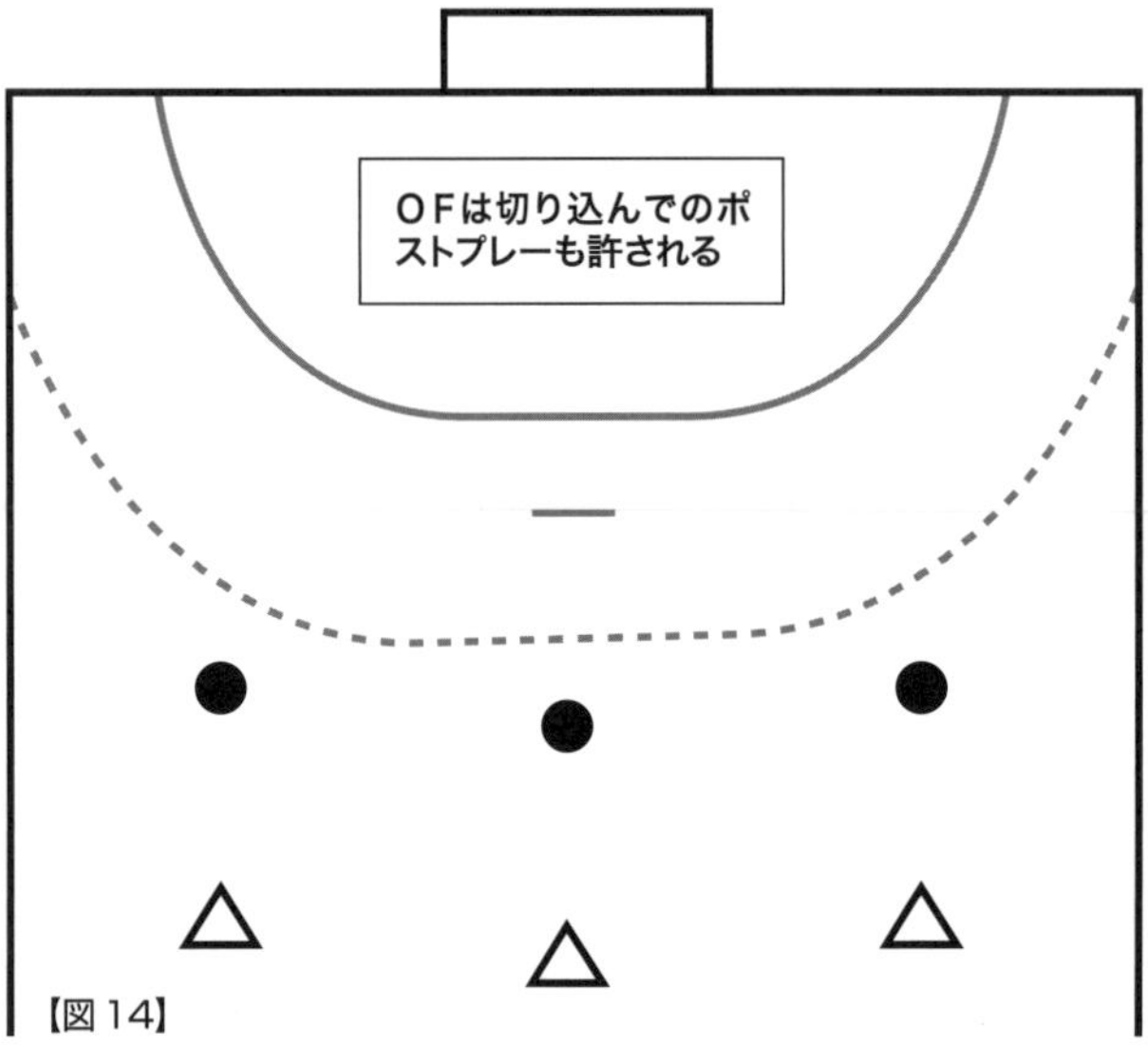
OFは切り込んでのポストプレーも許される
【図14】

スマホからアクセス！

ポストプレーありの3対3のトレーニングの動画をQRコードから見てみよう!!

ポストへ切り込む動きへの対応がポイント

【写真32】

チームDFへとつながるトレーニング④
3対3（パサーを入れて）

ここでは、72、73ページで紹介したトレーニングに、両サイドにパサーを加えて行なうトレーニングを紹介していきます。

パサーとともに、【図15】のように6mライン付近の左右2ヵ所にマーカーA、9mライン付近の左右2ヵ所にマーカーBを置きます。

マーカーAはシュートエリアを制限するもので、ここより外からシュートしてはいけません。マーカーBはパサーにボールが入った時、左右のDFはマーカーB（薄く平らなもの）を踏むことにします。

パサーは動きませんが、左右のDFはパサーにボールが入るとマーカーを踏みにいかなければなりません。

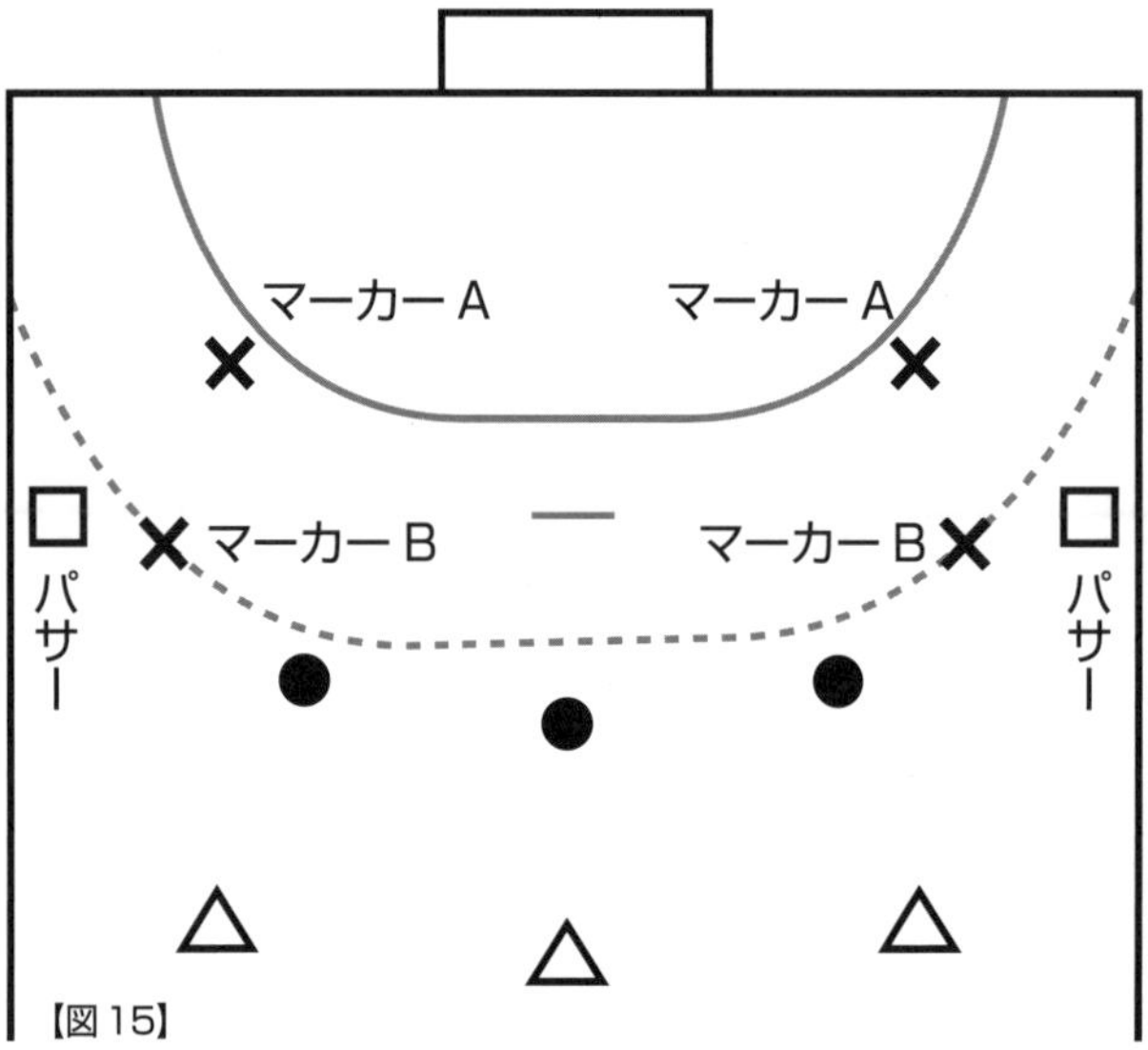

【図15】

OFが有利で、DFは運動量が多くなり、よりカバーを重視しなければならなくなりますが、やはりベースにあるのは2対2の考え方。スペースが広くても場面ごとでは2対2のDFと理解し、ともに、自分がどの2対2を守っているのかを素早く判断することにつながるトレーニングです。

【写真33】では中央のOFから右のOF、右のパサーへのパスにともない、中央のDF、右のDFのマークが変わっていきます。

そして、右のパサーから右のOFへのリターンパスに対し、中央のDFが右のOFにコンタクトし、右のOFのパスを封じています【写真33－5、6】。動きを止めたプレーとともに、左のDFが中央のOFへ、右のDFが左のOFへとカバーにいこうとしているようすに注目してください。

【写真34】は、中央のOFを中央のDFと右のDFの2人でマークしたことで右のOFがノーマークになりかけましたが、中央のDFが素早くカバーに走り、マーカーがある地点のすぐ手前で右のOFへのコンタクトできています。

動画の中も含め、カバーをしようと大きく動くことで、クロスアタック（※）の動きをしている点も見逃さないでください。

スマホからアクセス！

パサーを入れた3対3の動画を QRコードから見てみよう!!

※注…自分がマークしている選手のとなりのOFにプレスをかけること

視野を広げ予測しながら守ろう

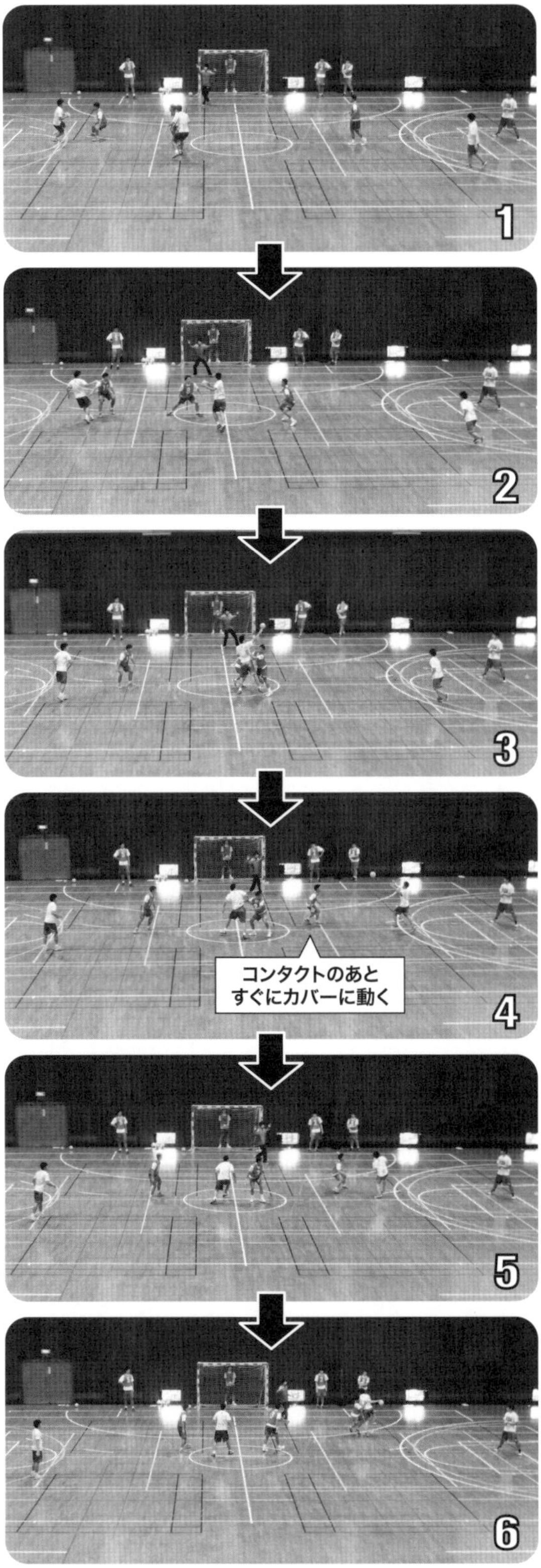

【写真34】

【写真33】

チームDFへとつながるトレーニング⑤
4対4（ポストありから・なしから）

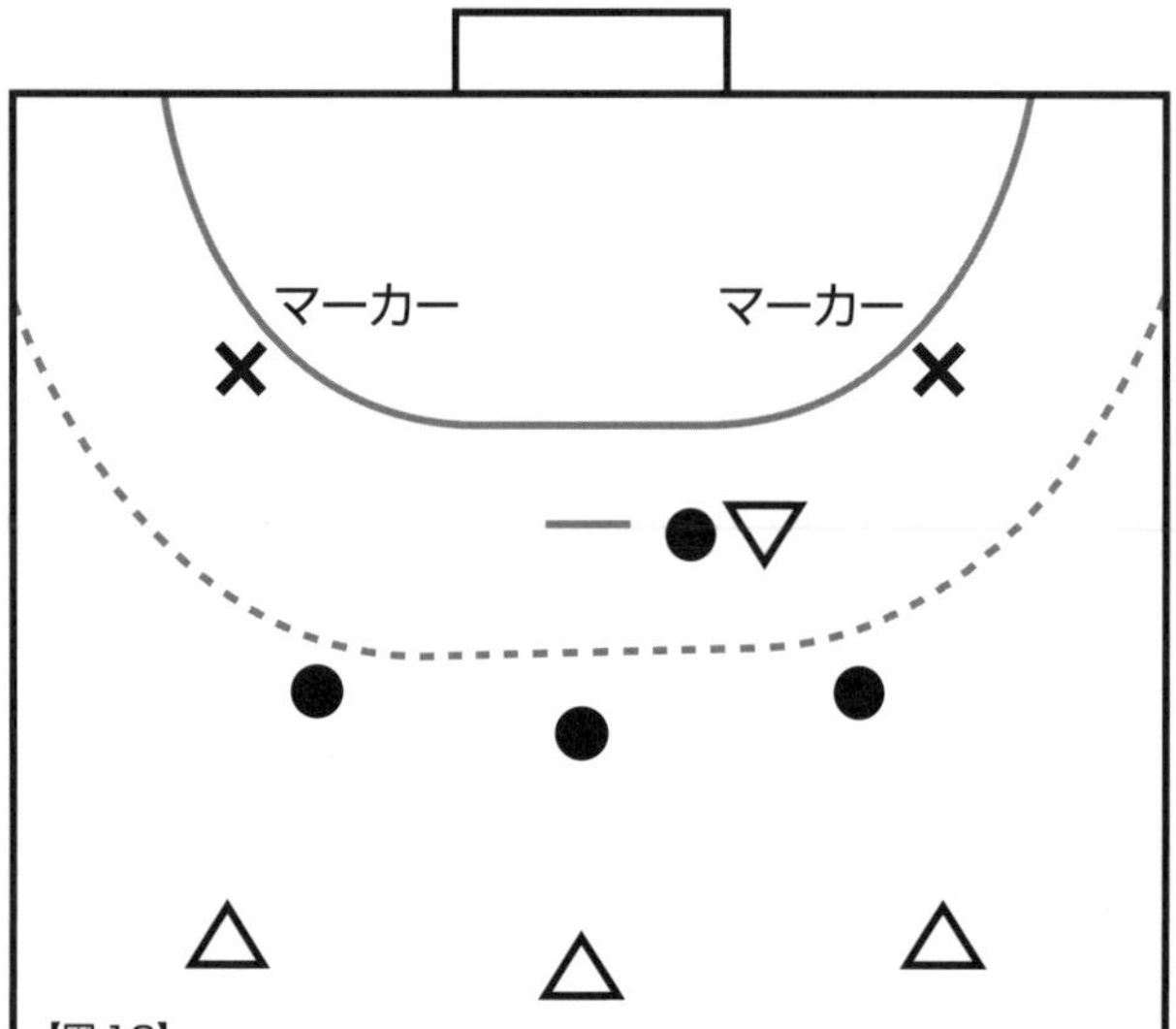

【図16】

第3章の締めくくりは、4対4のトレーニングです。

最初からポストがいる4対4と、最初はポストなしでスタートし、断続的に切り込んで縦の2対2を生み出してくるOFを守る4対4と、2つのパターンを紹介します。

前者はポストが展開の起点となり、DFの裏を移動したり、高く浮きながらポジションを変え、違った位置で縦の2対2を作り、DFの混乱やマークミスを誘い、後者は4人が断続的に切り込みながらポストに入り、攻め切れなければ再び高い位置へと浮き上がり、「ポストがいなくなった」と気づいた別の1人が切り込んで縦の2対2を作ってチャンスをうかがいます。

ともに縦の2対2をいかに守るかがポイントで、その守り方もここまでお話ししてきたように、ポストの位置に応じて判断して守る、ということも同じです。チャンスがあればパスのインターセプトを狙い、シュートは制限地域ギリギリまで追い込んで打たせることをめざすのは3対3と同じです。

ポストが位置を変えたり、断続的に違う位置からOFが切り込んでくることで、DFは自分のマークがだれなのか、味方のだれとコンビでの『縦の2対2』なのかを瞬時に確認、判断することが求められます。

最初は背中、今度は横と、ポストはスペースだけでなく、DFに対する位置も変えてきます。

ただでさえラインコントロールが難しい縦の2対2が、そのつど、状況を変えて断続的に続くのですから、慣れないうちはパニック状態に陥ってしまうかもしれません。

それでもベースが1対1、2対2、ということに変わりはありません。整理、判断しながら動くスピードを少しずつ高めながら、1回、2回と縦の2対2に対応できる回数を増やしていきましょう。

ベースの大切さをかみ締めたうえで、次章、チームDFへと入っていきます。

スマホからアクセス！

4対4のトレーニングの動画を
QRコードから見てみよう!!

縦の2対2を適格に守ろう

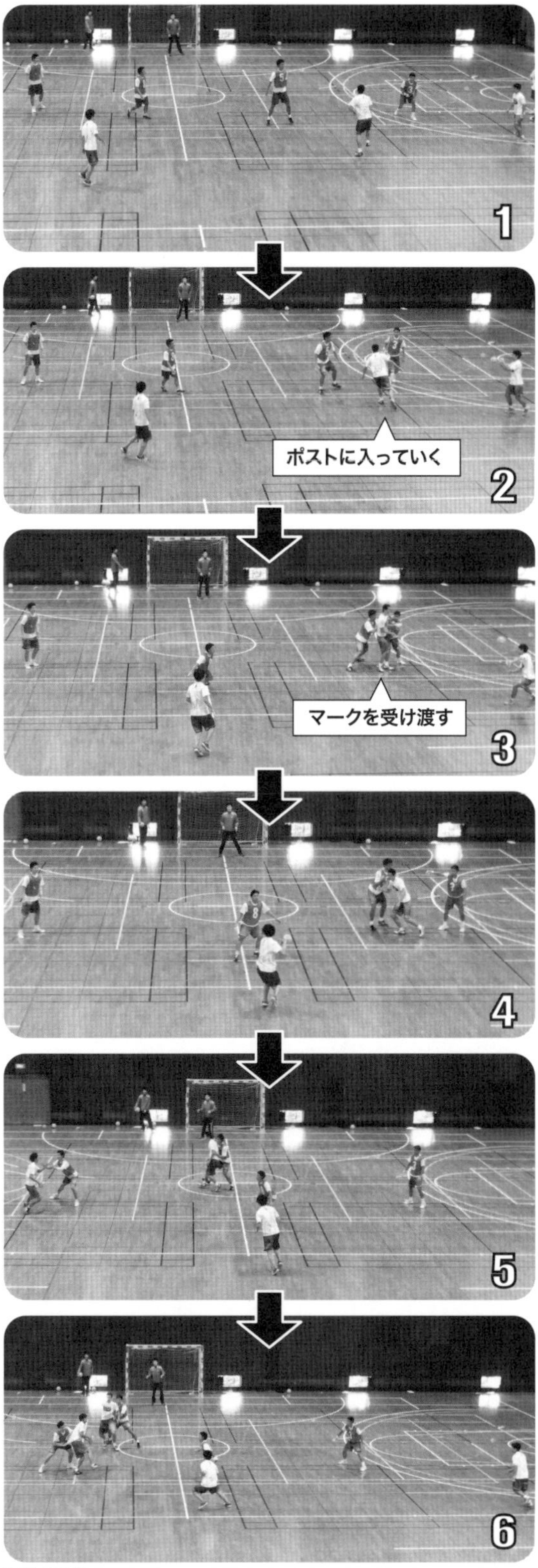
1
2
ポストに入っていく
3
マークを受け渡す
4
5
6

【写真36】

ポスト
1
2
3
4
移動してきたポストの
マークを受け渡す
5
6

【写真35】

TIME OUT

DFの変遷を知ろう 下

7人制への移行とサイドシュート研究でDFシステムに変化

日本のハンドボールは11人制主体で球史を紡いでいきました。

1956年（昭和31年）9月に11人制の世界男子チャンピオン・西ドイツが国内各地をまわり、その豪快さ、スピードから生まれる爽快感を全国のファンに印象づけましたが、7人制への転機はいやおうなくやってきます。じつにその1ヵ月後、翌年から女子と中学生はすべて7人制で行なうことを申し合わせたのです。

1950年代、ヨーロッパから伝わる情報は「11人制の衰退→7人制の台頭」でしたが、日本は11人制へのこだわりを捨て切れません。すでに国内でも7人制は「室内ハンドボール」として行なわれてはいました。しかし、東京、関西での11人制の大学対抗ナイターは1万人以上の観客を集めるほどの人気があり、「スピードとフェイント力で、11人制ならば日本も世界で通用するのでは」、といった声も11人制堅持を後押ししたのかもしれません。

男子は、女子に遅れること6年、1963年（昭和38年）4月から7人制に転じます。

1970年代の学生界はサイド攻撃が急激に進歩した（写真は70年ごろの関東学生リーグ、立大の攻撃＝撮影・杉山努氏）

7人制になったものの、初期のDFは11人制の戦法そのままでした。つまり、攻撃になればフォワードの6人が、守備になればバックスの6人が交代してコートに立ったのです。DF隊形も11人制と同じゴール側から1人ー2人ー3人と並ぶチームがめだちました。しかし、攻防で交代していたのではスピード感は生まれません。そこで、同じ6人が攻防ともに戦うシステムになるのに時間はかかりませんでした。速攻の魅力も出てきました。

そして、ゴール側に5人、トップに1人という5：1システムが主流となります。

しかし、サイド攻撃で立大の中根敏男ー野田清が開発したアクロバティックシュートがDFをも変えていきます。野田は「空中逆立ちシュート」を生みだし世界さえも驚かせました。その影響は学生界を中心に広がり、サイドでの得点力が増しました。これに対応するため、1970年代に入ると、サイドへ広がったDF、6：0システムが台頭していきます。

しかし、日本のプレーヤーも大型化が進み、10m、11mからもディスタンスシュートを打ち込めるようになってくると、ただ、ゴールエリアに6人が並ぶシステムだけでは対応しきれなくなり、ゴール側から数えての3：2：1システムや、3人がアグレッシブに前に出た3：3DFも現れます。

現在ではこのようなアグレッシブなDFスタイルは「オープンスタイル」、反対にゴールライン際に6人並び、ピストンを繰り返す6：0DFは「クローズドスタイル」と呼ばれています。

第4章

『チームDFとバックチェック・速攻』

チーム独自のDFを作ろう

第4章ではチームＤＦへと入っていくが、6対6のＤＦもベースは1対1、2対2の考え方、守り方になる。第3章を思い返しながら、各チームならではのＤＦを確立させていこう。チームＤＦに続き、バックチェック（戻り）、速攻への切り替えも紹介していく。

第3章では、3人、4人とプレーヤーの数が増えても、OFの攻め方が大きく変わるわけではなく、それに対するDFも1対1、2対2の考え方で守っていることをお伝えしてきました。

人数が5対5、そして実戦と同じ6対6となったとしても、1対1、2対2の考え方、守り方で守ることは同じです。

章が変わり、チームDFへと入りましたが、特別なことをするわけではありません。第3章でお話ししてきた考え方、守り方を6対6に当てはめるだけ、ということになります。

81ページからは、5つのDFシステムをおおまかにご紹介していきますが、システムの違いそのものには大きな意味はありません。最初に並んでいる形が違うだけで、局面ごとの考え方、守り方は、1対1、2対2の考え方、守り方がベースになっているのです。

重ねて1対1、2対2のDFの大切さを確認し、チームDFの考え方、守り方に入っていきます。

チームを見つめ直して方向性を定めていこう

私が指導している東海大学男子ハンドボール部が所属している関東学生1部リーグでの1試合平均の攻撃回数は60回です。

めざすハンドボールの違いや伝統もあり、1試合平均の攻撃回数が50回、70回とチームごとにばらつきがありますが、東海大の攻撃回数は平均に近い数値となります。

60回の攻撃のうち、成功率はというと50パーセントです。

2回に1回しか得点できないのか、と思われるかもしれませんが、学生日本一を争うレベルのチームも、データを取るとそういう数字が出てきます。

60回の攻撃で半分が成功ということは、1試合の平均得点は30点。

試合に勝つためには、1本のシュートにとことんこだわり、1パーセントでも攻撃成功率を上げるとともに、DFで相手のOFを封じ、失点をどう抑えるか、ということが大切になってきます。

そして、60回の攻撃のうち、パスミスやオーバーステップ、チャージングなど、ターンオーバーとなったミスは20パーセント。

60回の攻撃のうち、12、13回のミスが発生することになるとともに、50本近いシュートが放たれることになります。

そのシュートにどう対応するか。同時に、50本近いシュートをどう打つか。

さらに、チームとして、どんなゲームをするのか。

数字、確率を見つめながら、そう思い描き、考えていく姿勢が大切で、その姿勢があればおのずとチームが変わってきます。

試合のスコアも、得点経過、だれが何点ということや警告・退場の管理だけでなく、チームの攻撃回数やシュートの本数、GKのセーブ率、ミスの回数までチェックし、数字として残して振り返ってみると、自分たちのチームがよりはっきりと見えてきます。

私が紹介した数字は、全日本インカレで頂点を争うレベルのチームが示している数字ですから、全国の多くのチームは、よりミス発生率が高く、攻撃成功率は低くなるのが現状でしょう。

そうした数字、確率に向き合い、自分たちのチームを見つめ直すとともに、対戦する相手を事前に分析することも欠かせません。

もう1点、DFの目的はというと、ボールの獲得です。

そのためには

①パスをインターセプトしたり、ドリブルをスティールする

②相手のミスを誘う（オーバーステップやチャージングの反則や、サイドラインを割ってターンオーバーとなるパスミスを誘発させる）

③シュート（GKがキープしたり、DFとの連係で枠外へと打たせる、あるいはシュートブロック）

という手段が考えられます。

どの手段をメインにボールを獲得していくか、という視点でもDFは変わってきます。

自らを、そして、相手を的確に分析したうえで、どんなゲームをして試合に勝ちたいのか、どのようにボールを獲得していくか、というテーマに向かう姿勢を大切に、チームDFを考えていきましょう。

6:0 DF

6人が一線に立ち並び、DFとDFの間を狭くすることで、6mライン際を固めて、カットインやポストプレーを封じることができるシステムです。

【写真1】

スマホからアクセス！

6：0DFの動きの動画をQRコードから見てみよう!!

ロングシュートを打ち込まれやすいものの、シュートの中でも決定率の低いロングシュートを打たせて守る、という考え方もできます。

ハンドボールを始めたばかりだったり、経験の浅いプレーヤーの集まったチームにも入っていきやすい、入門的なシステムとも言えるでしょう。

ただ、このシステムを追っていくだけではDF戦術能力は高まっていかないので、「（このDFシステムで）ハンドボールがわかった」と思わず、他のシステムにも積極的にチャレンジしていきましょう。

5つのシステムを解説

ここまでお話ししてきたように、DFは場面ごとの1対1、2対2のDFが重なり合っていき、チームDFとなります。

6：0、3：2：1、3：3といったDFシステムは、あくまで最初の形にすぎず、相手の動き、仕掛けに応じて、刻々と変わっていきます。

DFシステムを理解していれば実戦でも守れるというわけではありませんが、OFの視点からも、さまざまなDFシステムを知ることは意味があります。

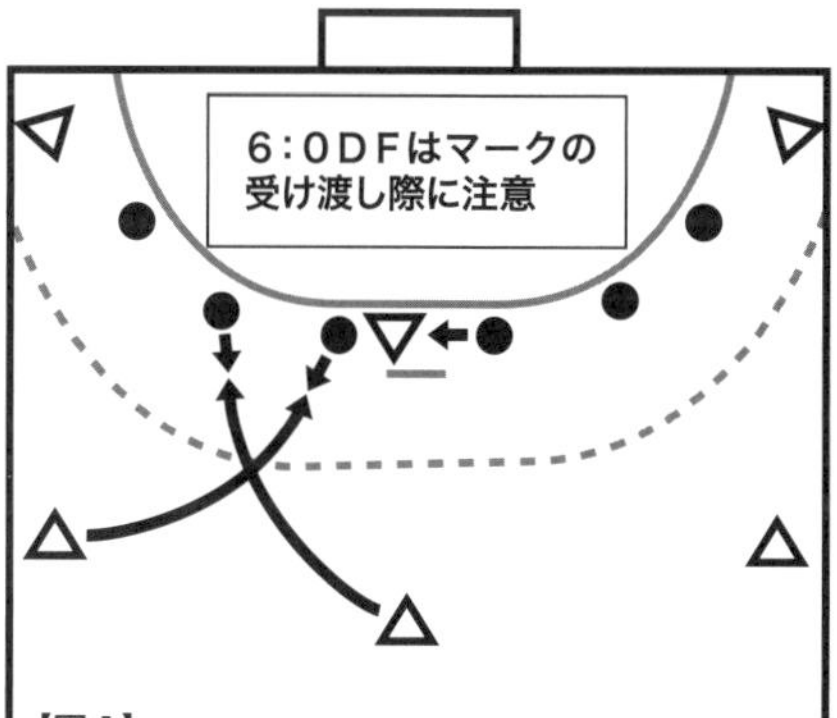

【図1】

DFシステムの中で、いちばん合理的なシステムは、やはり6人が6mライン際に立ち並ぶディフェンシブな6：0DFでしょう（ラインを上げて守るオフェンシブな6：0DFもあります）。

6mライン際を固め、マークを受け渡しながら（スイッチとも言われます）守るのが、最もシンプルです。ライン際に立ち並び、ディフェンシブになればなるほど、守るゾーンも限られます。

6mライン際を固めるディフェンシブな6：0DFは相手のカットイン、ポストプレーを排除できますが、マークを受け渡しながら守るために、DF相互が近くにいて守る必要があり、ポストがいると8mあたりまでしか出ていけません。

そのため、ロングシュートを打ち込まれるリスクは高く、マークの受け渡し際でのシュートやポストへのパスも狙われがちです。

とはいえ、いちばん決まる確率が低いのがロングシュート。カットイン、ポストプレーを封じながら、確率の低いロングシュートを打たせて守る、というのは、理にかなった守り方です。

5:1 DF

【写真2】

6：0DFから1人がトップDFとして前に出た形。6mライン際に残る5人の間のスペースは広がり、カットインやポストプレーを狙われやすくなりますが、そのリスクをトップDFが相手の動きやパスを制限することでカバーしていきます。

トップDFは、ボールを追ってただやみくもに動き回ればいいというものではなく、しっかりと機能することができなければ、どれだけ動き回っても意味がありません。

かつては小柄ですばしっこいプレーヤーも多くトップDFで見られましたが、現在はスピード、脚力を兼備した大型選手の高さを利用し、より相手へのプレッシャーをかけていくのがトレンディーです。

スマホからアクセス！

5：1DFの動きの動画をQRコードから見てみよう!!

パスや動きを制限する

6人が一線に立ち並んだ状態から、1人が前に出たのが5：1DFです。

そして、左右2枚目のDF（ハーフDF）も少し前に出たのが3：2：1DFです。

トップDFやハーフDFは「前に出て、とりあえず動き回る」といった漠然とした役割が与えられているわけではありません。

相手のOFの流れ、パス方向を限定させる、という重要な役割があります。

トップDFが有効に機能しないと、1人が前に出ている分、ライン際のプレーヤー同士の間が広くなっているので、その間を攻め込まれるリスクが高まります。

左右の2枚目も前に出ている3：2：1DFはなおさらです。

トップDFがOFのパスの方向を限定したり、距離の長いパスを出させるように仕向けることができれば、インターセプトなどでボールを奪えるチャンスが多く出てきて、決定率が高くなる速攻へとつなぐことができる確率も高くなります。

これは6mライン際を固めるディフェンシブな6：0DFにはない利点です。

この最大限の利点を活かすため

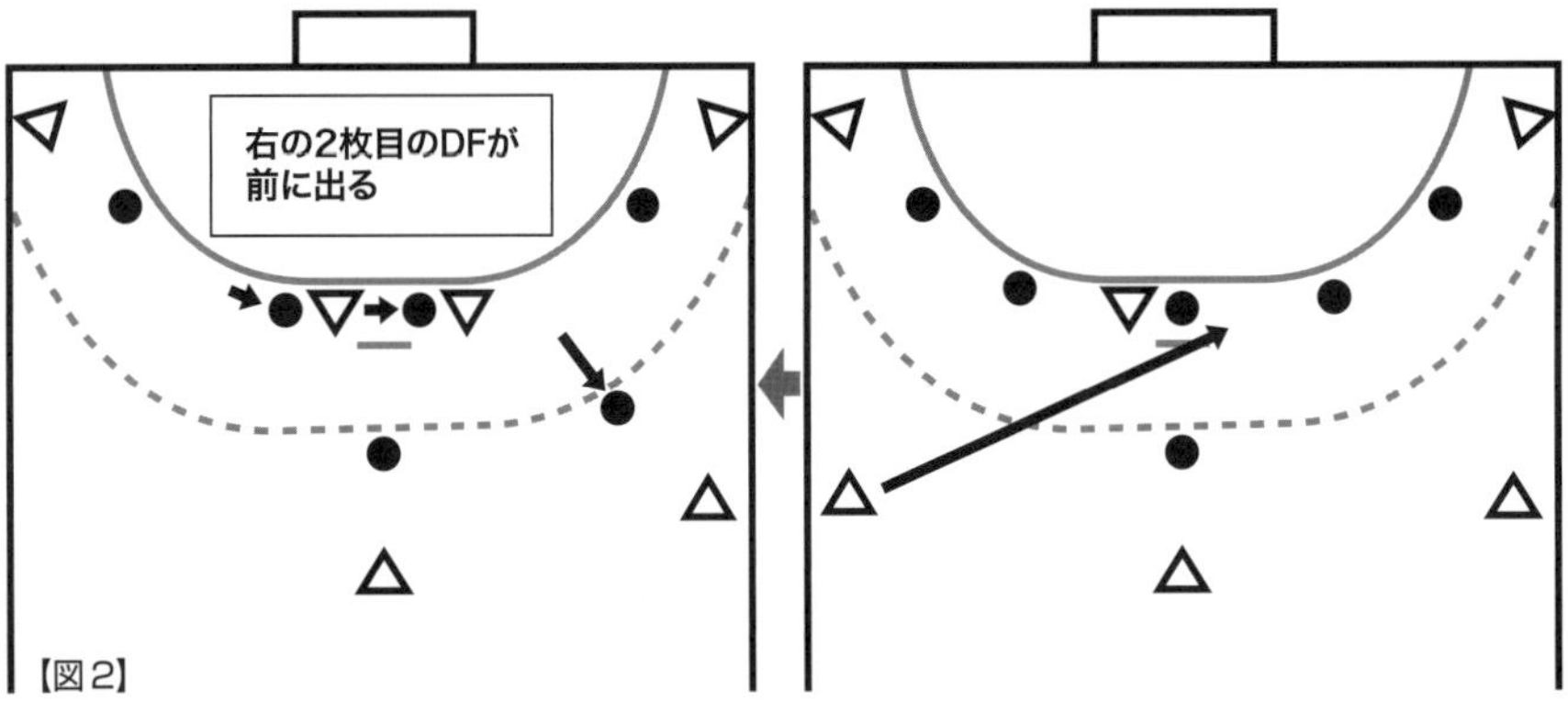

【図2】

3:2:1 DF

5：1DFから左右の2枚目のDFも前に出たシステム。前に出た左右の2枚目のDFをハーフDFとも呼びます。

3人が前に出ていることで5：1DF以上に運動力が求められるため、本当にこのDFの持ち味を活かすためには、かなりの脚力、フットワーク力がベースとして求められます。

前に出ている3人は、つねにポストを守るフルバックとの『縦の2対2』も意識しなければならないなど、個々に課された役割も多くなります。

5：1DFとともに、相手がダブルポストになって攻めてきた時、どう守るのかなど、チームとしての約束事も多くなりますが、ボール獲得にもつながりやすいシステムです。

【写真3】

3：2：1DFの動きの動画をQRコードから見てみよう!!

に、トップDFには動けるだけでなく、背の高いプレーヤーを置くチームが多くなっています。

大きなトップDFが立ちはだかるほど、OFはパスをとおしづらくなり、ボールを奪える確率が高くなるからです。

5：1DFや3：2：1DFで注意したいのは、OFがダブルポストになった時。

【図2、3】は、5：1DFでのダブルポストになった時の対応を示していますが、【図2】では右の2枚目のDFが前に出て、一時的に4：2DFとなって右のバックプレーヤーからのポストパスを封じ、【図3】ではトップDFが1人のまま守り続け、6mライン際を厚く守っている、となります。

これ以外にもトップDFが右のバックプレーヤーをマークしに行く、といった守り方なども考えられるでしょう。

こうしたケースを想定して、チームとしての約束事を徹底しておく必要があります。

3：2：1DFでも、左右の2枚目のDF（ハーフDF）が、バックプレーヤーをアウト（サイド）へと追い込むのか、イン（中央）へと向かわせるのか、といったことをチームとして決めておかなければなりません。

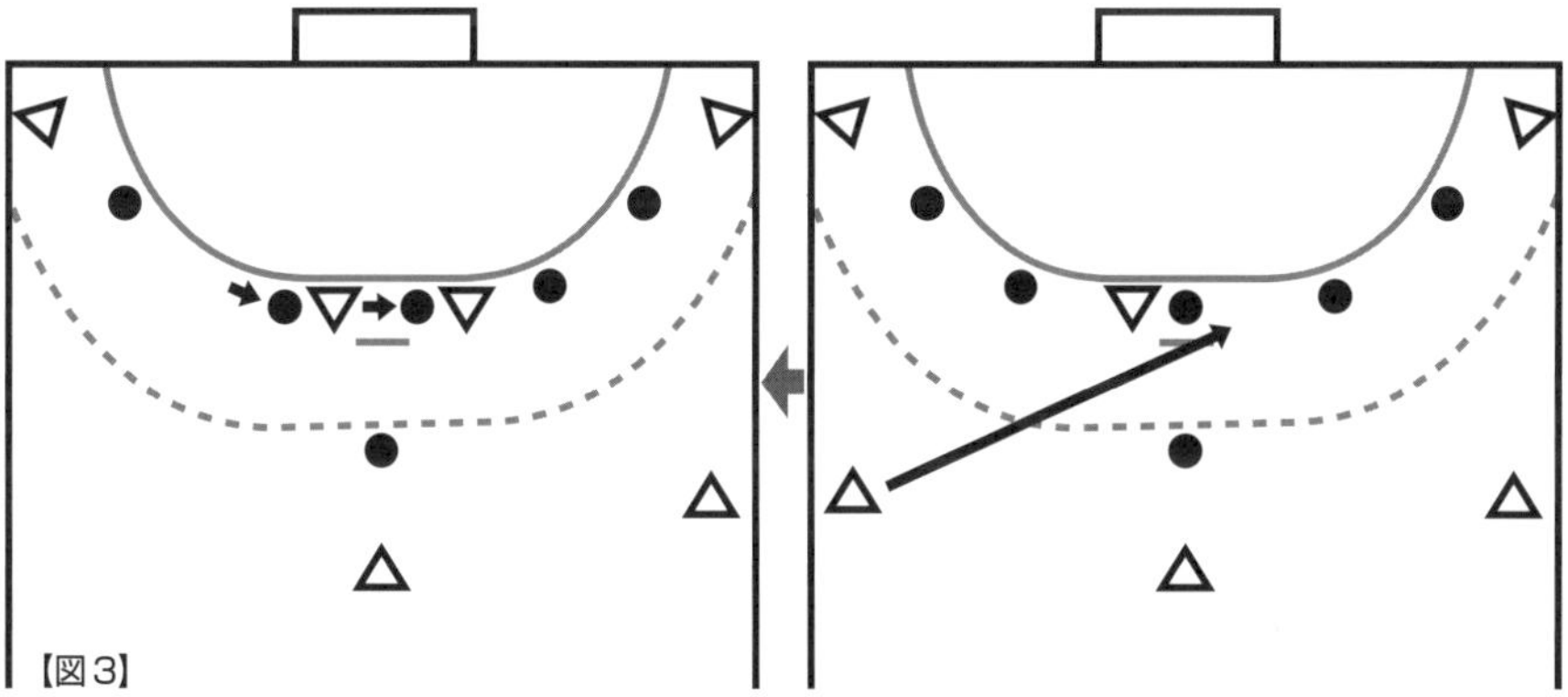
【図3】

4:2 DF

【写真4】

前に出た2人がバックプレーヤーの動きやパスを制限していきます。相手のキープレーヤー2人へダブルマン・ツー・マンをあてて守るために近い形となり、残るCP4人に展開力や突破力が欠ける場合は、いっそう有効度が増します。

ただ、6mライン際のスペースは5：1DFよりも広がる分、間を割られてのノーマークシュート、そして罰則につながるリスクも大きいので、流れを変えたり、先手を取って相手にプレッシャーをかけるための、場面に応じた選択肢の1つとして考えたほうがいいでしょう。

また、5：1DF、3：2：1DFがダブルポストで攻められた時、一時的にこのシステムで守っているケースもよく見られます。

4：2DFの動きの動画をQRコードから見てみよう!!

よりアグレッシブに

上で紹介している4：2DFを長い時間、行なっているチームはほとんどないでしょう。

82、83ページの5：1DFで相手がダブルポストになって攻めてきた時の対応のように、「4：2DFで守ろう」と意識してではなく、場面ごとに判断や約束事の中で、結果的に4：2DFの形になっていた、ということが多いと思います。

東海大の学生たちも4：2DFとして守った経験がなく、上のQRコードから視ることができる動画も、5：1DF、3：2：1DFからの発展、という動きになっています。その点、ご了承ください。

【写真5】流れの中で4：2状態になることが多い

6mライン際のDF間のスペースが広く、リスクも大きいですが、左右ともに強力なバックプレーヤーを擁するチームなど、相手に応じて選択肢の1つとして持っていてもいいDFシステムではないでしょうか。

5つ目は3：3DF。アグレッシブな6：0DFと同じく、ラインが高くないディフェンシブなものもありますが、やはり3：3DFといえば高い位置でのアグレッシブなDFを思い浮かべる人が大半でしょう。日本リーグ男子の琉球コラソンをはじめ、沖縄の各カテゴリーのチームが得意としているのも有名ですね。

3：2：1DFや4：2DF以上にDFとDFの間が前後左右ともに広くなり、当然、リスクも高まりますが、その分、パスのインターセプトや激しくプレッシャーをかけてオーバーステップ、イリーガルドリブル、オーバータイムといった反則を誘うなど、ボールを獲得できるチャ

3:3 DF

6mライン際を固めたディフェンシブな6：0DFとは対をなすアグレッシブなDFです。

1人ひとりが頭の中でパスコースを消しながらボールに寄っていき、ボール獲得をめざします。

高い位置でプレッシャーをかけるDFが抜かれてしまうとリスクは高いですが、ボールを獲得し、速攻につなげるという点では、もっとも確率の高いシステムになります。

速攻で点を取りたいチームには魅力的ですが、充分な脚力、フットワーク力の裏づけなしに、このシステムを仕掛けるのは無謀です。

また、1対1の強い力とともに、1人が抜かれた時にカバーを怠らない、広い2対2を粘り強く守り抜ける力も必要です。

【写真6】

スマホからアクセス！

3：3DFの動きの動画をQRコードから見てみよう!!

ンスも広がります。

そして、とくに高い位置で守る3人には、速攻でスピーディーに相手陣内に攻め込めるメリットもあります。

3：3DFで注目したいのは、1人のOFが出せるパスの可能性です。

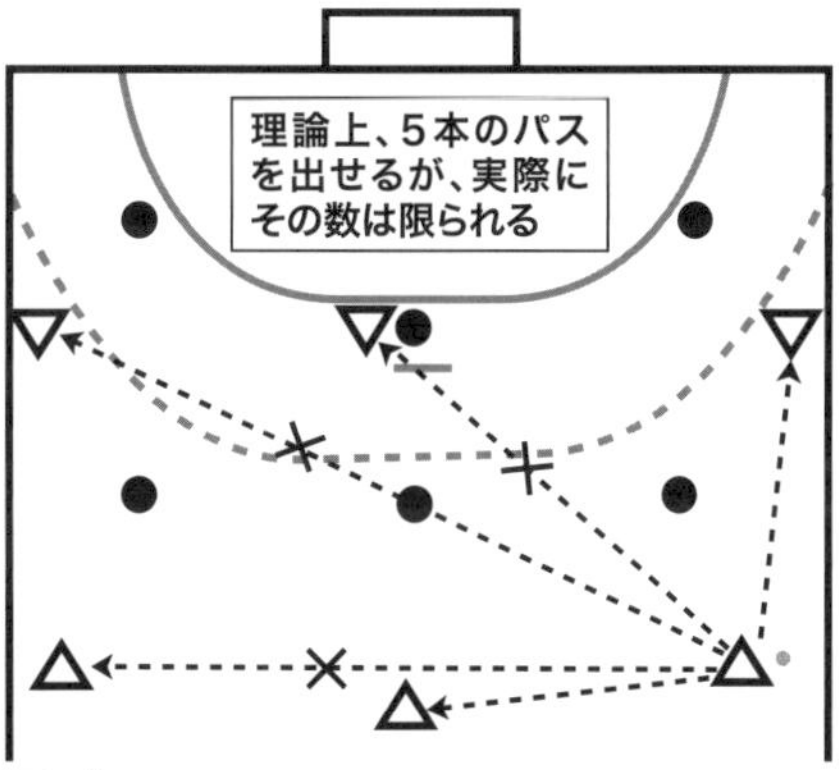
理論上、5本のパスを出せるが、実際にその数は限られる

【図4】

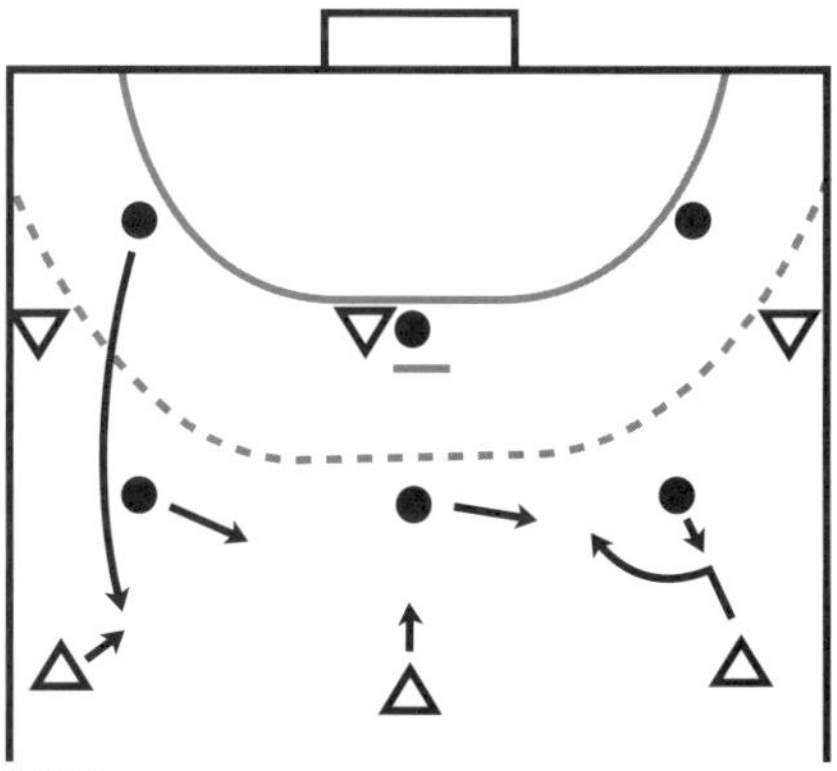

【図5】

【図4】で示したように、右のバックプレーヤーがボールを持っていたとして、理論上、パスを出せる味方は5人います。

けれども、実際のコートでは、世界のトップに君臨するスーパースターでも5人すべてにパスを出すことはできません。

相手DFにマークされている味方もいますし、長い距離のパスはインターセプトされてしまいます。

となれば、【図4】のように右のバックプレーヤーが出せるパスは、近くにいる2人への2本のみ。

来ないパスは捨て、ボールに寄ることができます。

【図5】のように、1人が抜かれても、となりのDFがカバーしていけば、サイドへと追い込むこともできます。

形はなく、個々の判断力やフットワーク力によるところが大きいDFですが、DF戦術能力を向上させるためにも取り組みたいシステムでしょう。

約束事を積み重ね 個の能力の強化も

6:0DFをはじめ5つのDFシステムを動画とともに紹介しましたが、この動きが正解、というわけではありません。

1試合あたり50本近く放たれるシュートを、どこで打たせるか? GKの特徴や力量などによっても、シュートを打たせたい、ここで勝負したい、という場所は違ってくるはずです。

相手のエースに10点取られてもいいから、ほかの5人の得点を最小限に抑えようという考え方もあれば、相手のエースの得点はとにかくゼロに抑えようという考え方もあるでしょう。

アグレッシブなDFにも取り組もう

それによって、当然、守り方も変わってきます。

56ページでお話しした左右のバックプレーヤーを、どちら側に厚く守るかということも、チームDFと深くかかわっています。

勝負したい場所により、インに行かせようとして守るのか、アウトに行かせようとして守るのか、違ってくるからです。

1対1、2対2のDFをベースにDFシステムの特徴を踏まえたうえで、チームとしての約束事を確認し合い、そのチームならではのDFを作っていくことが大切です。

チームとしての約束事がなく、ただ漠然と、その時、その時、思いおもいの対応をしている、というチームは、まずチームとしての約束事を作る意識を持ちましょう。

発展途上で試合には勝てなくても、チームとしての約束事があることが大事です。

試行錯誤を重ねながらオリジナルの約束事を作っていくと、チームDFはいっそうおもしろいものになってきます。

DFでも個の力を強く

81ページでディフェンシブな6:0DFが合理的とお話しました。

指導者の多くが、ハンドボールを始めたばかりの子どもたちにまずこの6:0DFから教えていくこともうなずけます。経験の浅いプレーヤーで形成されたチームも、試合に勝てる確率は高くなるでしょう。

ただ、確率、勝利を追うことで、DFはライン際を固めるディフェンシブな6:0DFだけ、となってしまっているケースが多いのが気になります。

これ1つだけ、ではなく、選択肢、引き出しは多く持っている方が有利です。

また、ディフェンシブな6:0DFだけでなく、より個々の機動力、判断力、予測力が必要となるアグレッシブなDFにも取り組まなければ、DF戦術能力は育ちません。

ディフェンシブな6:0DFから次のステップに進めないでいるチームが多い現状が、DF面での個の力の成長を妨げ、アジア、世界を相手に勝負する日本代表選手たちのDF力、DFでの判断力、発想力の不足にも影響を及ぼしているような気がします。

そういった意味では、昨春から小学生にアグレッシブなDFを推奨する「Jクイックハンドボール」が導入されたことは意義深く、将来、日本ハンドボール界全体でのDF戦術能力向上につながっていくことが期待されます。

0DFばかりでなく、DF面でも個の力の強化を意識しましょう。

速攻に対するバックチェック

チームDFに続き、バックチェック（相手の速攻に対する戻りのDF）について解説していきましょう。

　敵陣に攻め込んでいる時、シュートをGKにセーブされた、パスミスをした、オーバーステップなど反則をしたとなると、相手は速攻へと転じます。

【図6】のように、素早く自陣に戻ってから、相手の速攻に備え、組織的に守るのが基本です。

　現在は大型選手がひしめく世界選手権やオリンピックといった世界最高峰の戦いでもかなり戻りが速く、かつ、DFも組織的なので、なかなか速攻で得点するのが難しい状況です。

　ミスや反則に瞬時に気持ちを切り替えて反応するのはもちろん、味方がシュート体勢に入ったら、シュートの行方を見守るのではなく、戻りの準備をして、とにかく素早く戻ってDFラインを作ることを心がけましょう。

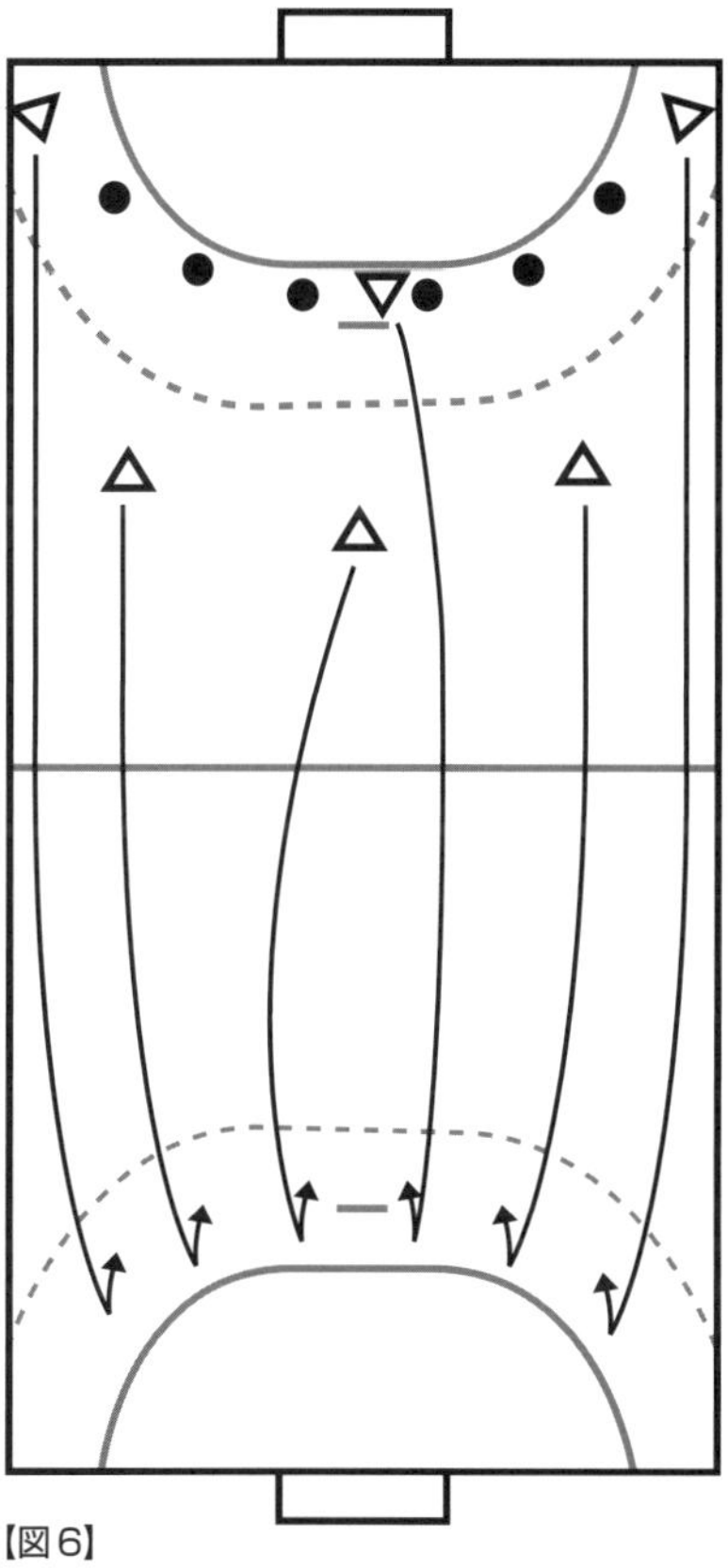

【図6】

　バックチェックの原点を確認したうえで、相手チームが脚力を武器にとてもスピーディーな展開を得意としていたり、相手に大きなプレーヤーが揃い、体格的なハンデがある場合は、戻り切って守ることにこだわらず、相手がボールをつないで攻めてくる中盤を厚く守るのも1つの考え方です。速攻にも1次、2次があるように、バックチェックも**【図7】**のように1陣、2陣に分けて考えてもいいでしょう。

　次のページからは、その1陣、2陣に分けて戻りながら守ったり、相手のボールをつなぐ時のキーマンを厚くマークするバックチェックを紹介していきます。

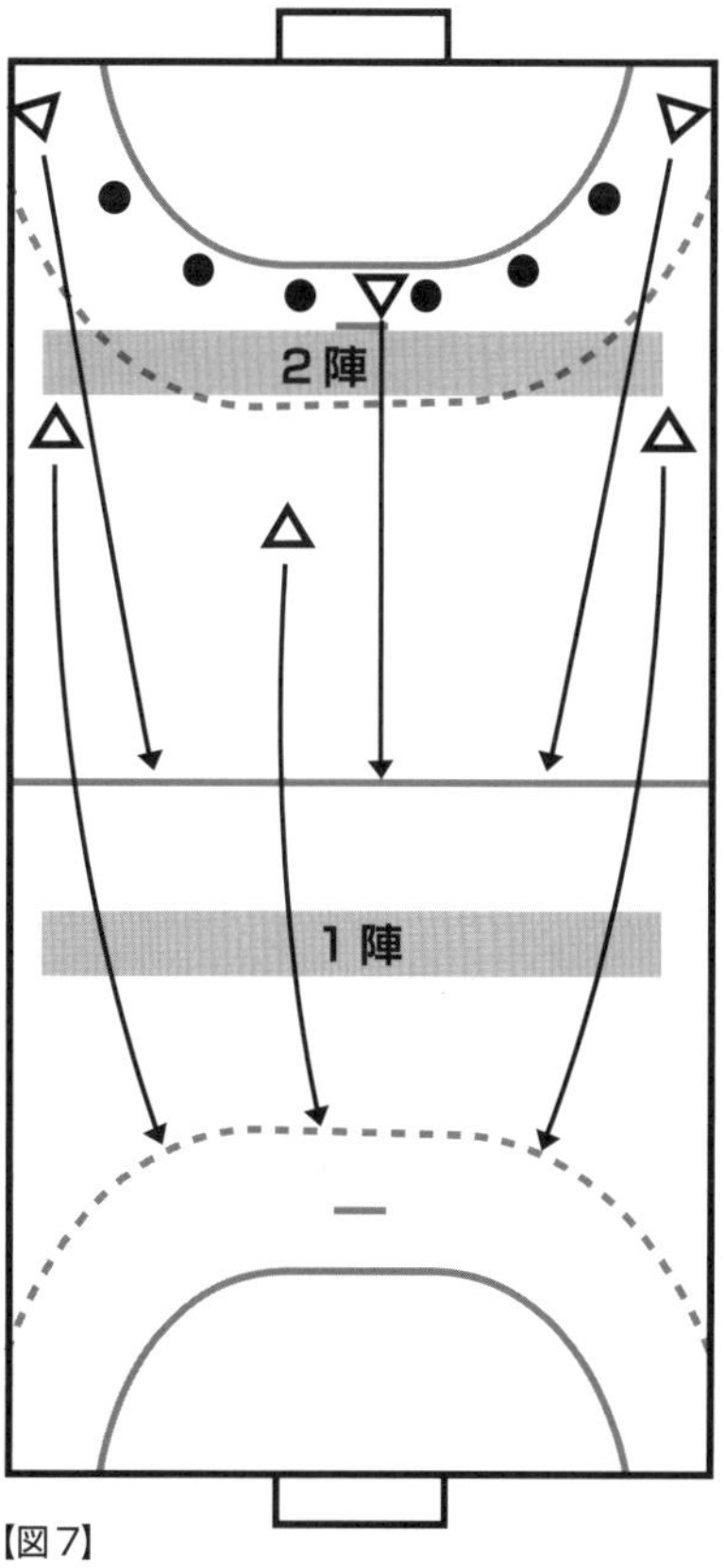

【図7】

中盤を厚く守る

【写真7】

1陣、2陣に分けて戻る、ということで、2陣のプレーヤーがハーフライン付近の中盤で速攻を仕掛けようとする相手にプレッシャーをかけ、先に自陣奥に戻っていた1陣のプレーヤーが中盤でのマークをすり抜けてきた相手へのフォローに回ります。

　中盤の2陣は、切り込んでくる相手にしっかりとコンタクトし、マークを受け渡しながら、パスをインターセプトするチャンスもうかがいます。

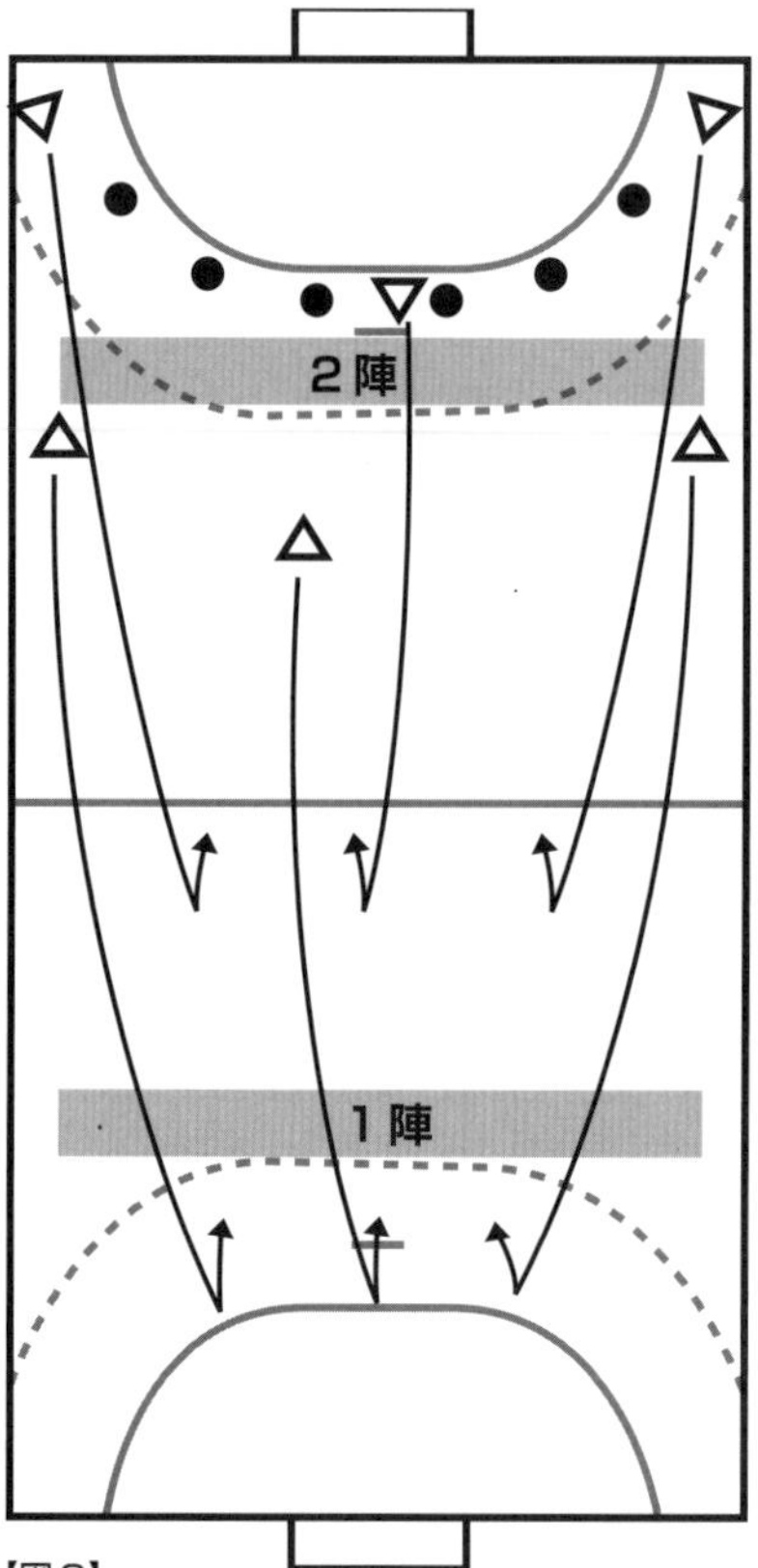

【図8】

　ここでも1対1、2対2のDFの考え方、守り方が活きてきます。

　3：3DFのように、抜かれてのリスクは高くなりますが、走りながら中盤でうまくボールを運ぶことができるプレーヤーが揃っているチームは、まずありません。

　コート中盤でフリースローを取っていったん人、ボールの動きを止める、あるいは抜かれたとしてもフォローのDFがいるスペースへと追い込んでいき、相手の速攻を封じましょう。

スマホからアクセス！

中盤を厚く守るバックチェックの動画をQRコードから見てみよう!!

キーマンをマーク

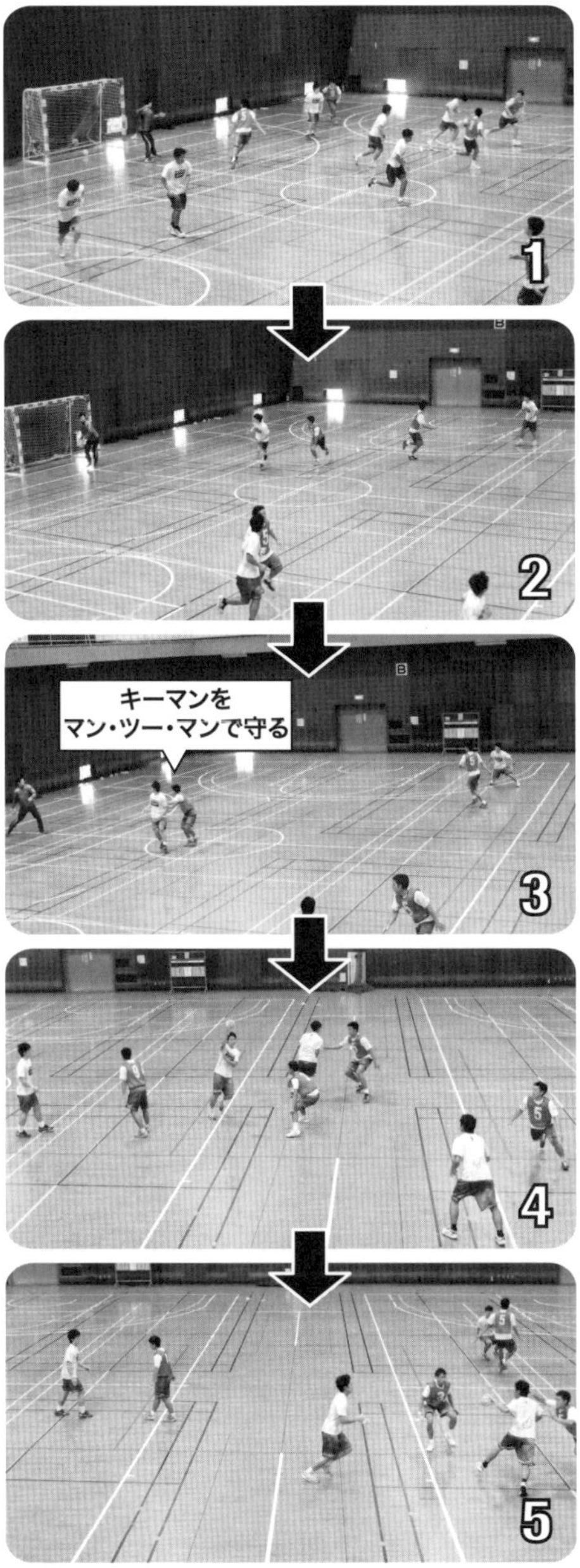

【写真8】

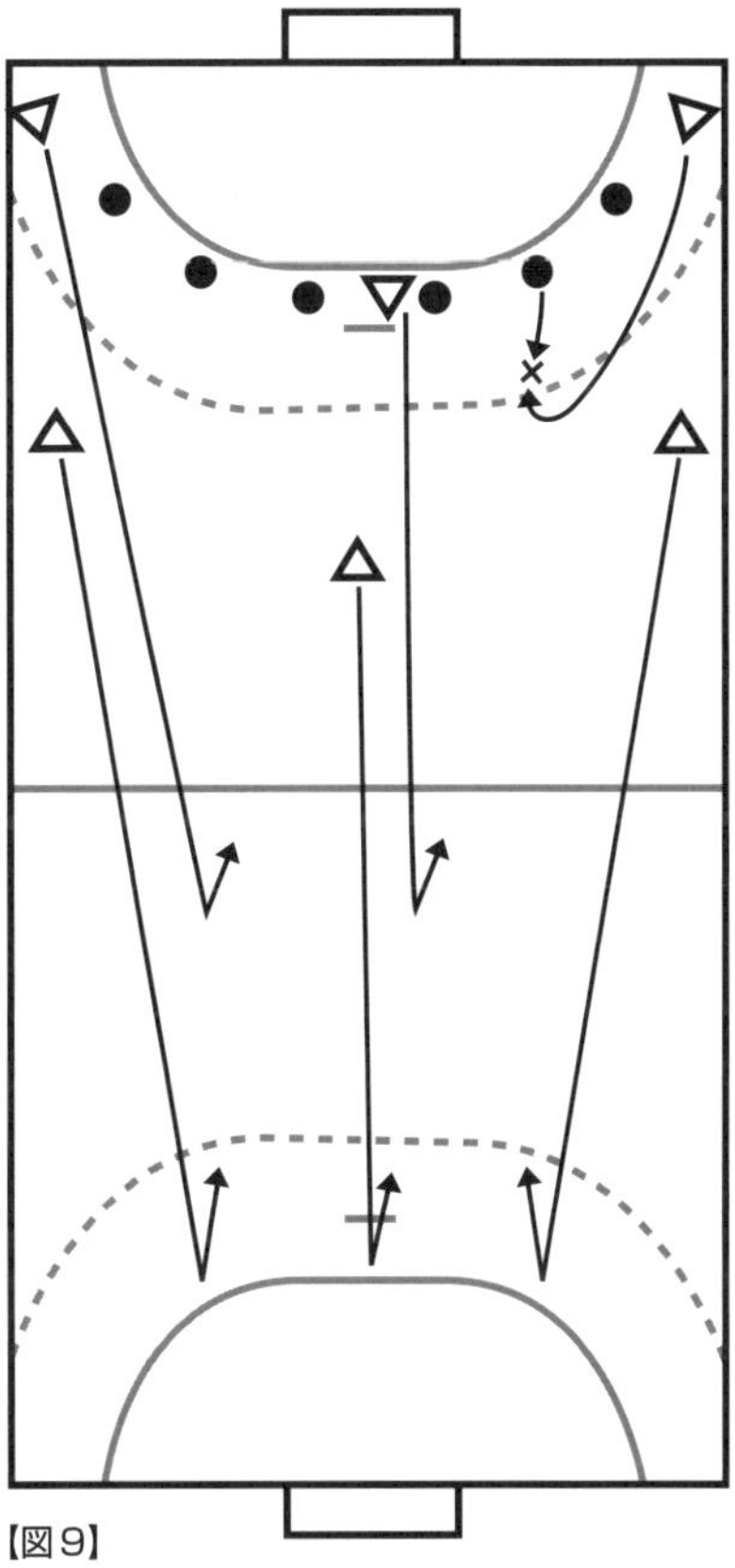

【図9】

もう1つの守り方は、ターンオーバーとなったら速やかに中盤でボールを運ぶ時のキーマンとなるプレーヤーを、マン・ツー・マンで守る方法です。

88ページでもお話ししたように、走りながらスペース、ノーマークを見つけてボールを運べるプレーヤーは限られています。

帰陣が遅れることで、自陣では5対5の攻防となるリスクもありますが、キーマンの動きを封じることで、キーマンが展開する時よりパスを1本多く出させるだけでも、DF側は戻って体勢を整える時間を稼ぐことができます。

また、展開のキーマンではなく、あとから走り込んできてディスタンスシュートを打ち抜く力を持つエースをマークする、という方法もあります。

相手チームの力をしっかり分析し、自分たちのめざすハンドボールも考え抜いたうえで、チームとしての方針、約束事を決めて試合に臨みましょう。

スマホからアクセス！

相手のキーマンをマークするバックチェックの動画をQRコードから見てみよう!!

クイックスタートに対する守り方

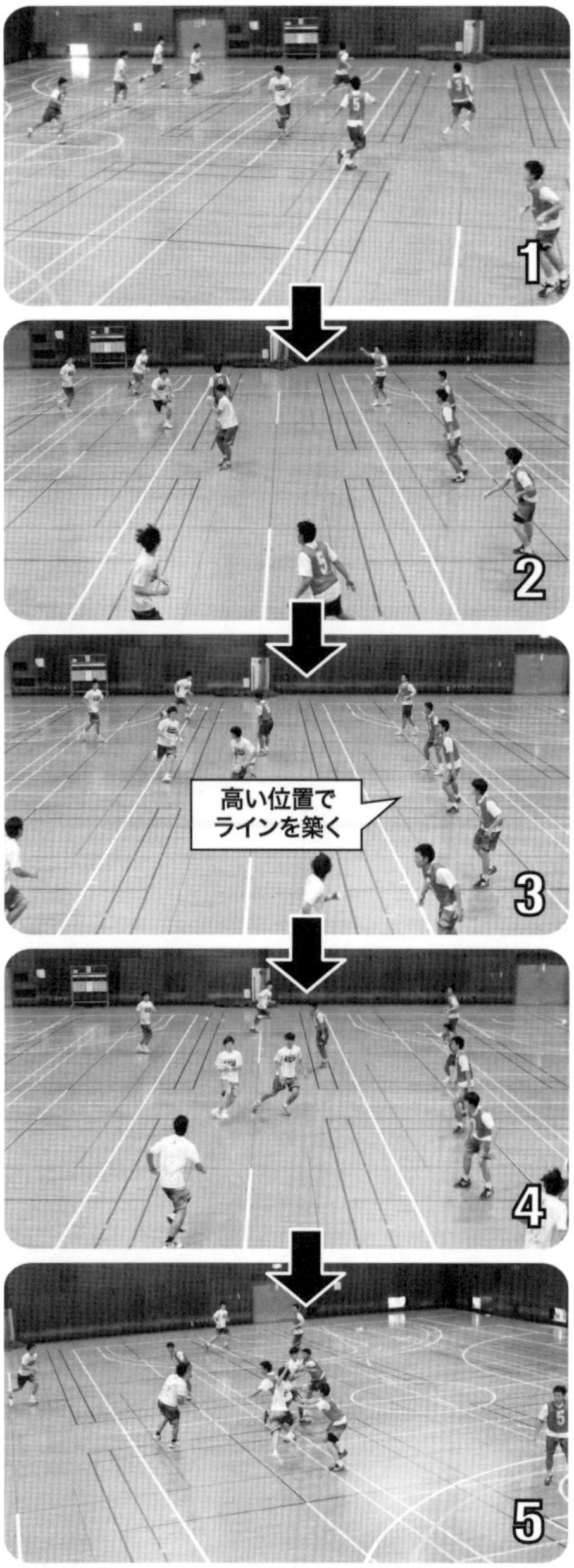

【写真9】

次に相手のクイックスタートへの守り方を見ていきます。

クイックスタートを受けるということは、得点をしたということ。得点を決めたプレーヤーが戻り遅れ、5人で持ちこたえながら得点を決めたプレーヤーの戻りを待つ、ということが想定されます。

5人がいったん下がって相手を待ち受けるか、高い位置（ハーフラインに近い位置）でラインを築いて対抗するか。

それぞれのチームの考え方にもよりますが、1人が突っ込んでくるようなチームには、下がって守ってもいいですが、組織的に攻撃を仕掛けてくるチームには高い位置でラインを築いて守る方がより効果的でしょう。

たとえ得点した1人の戻りが遅れていたとしても、工夫してDFラインを築き、持ちこたえることができます。

切り込んでくるプレーヤーへのコンタクトなど、これまで学んできたこともしっかりと活かしながら守っていきましょう。

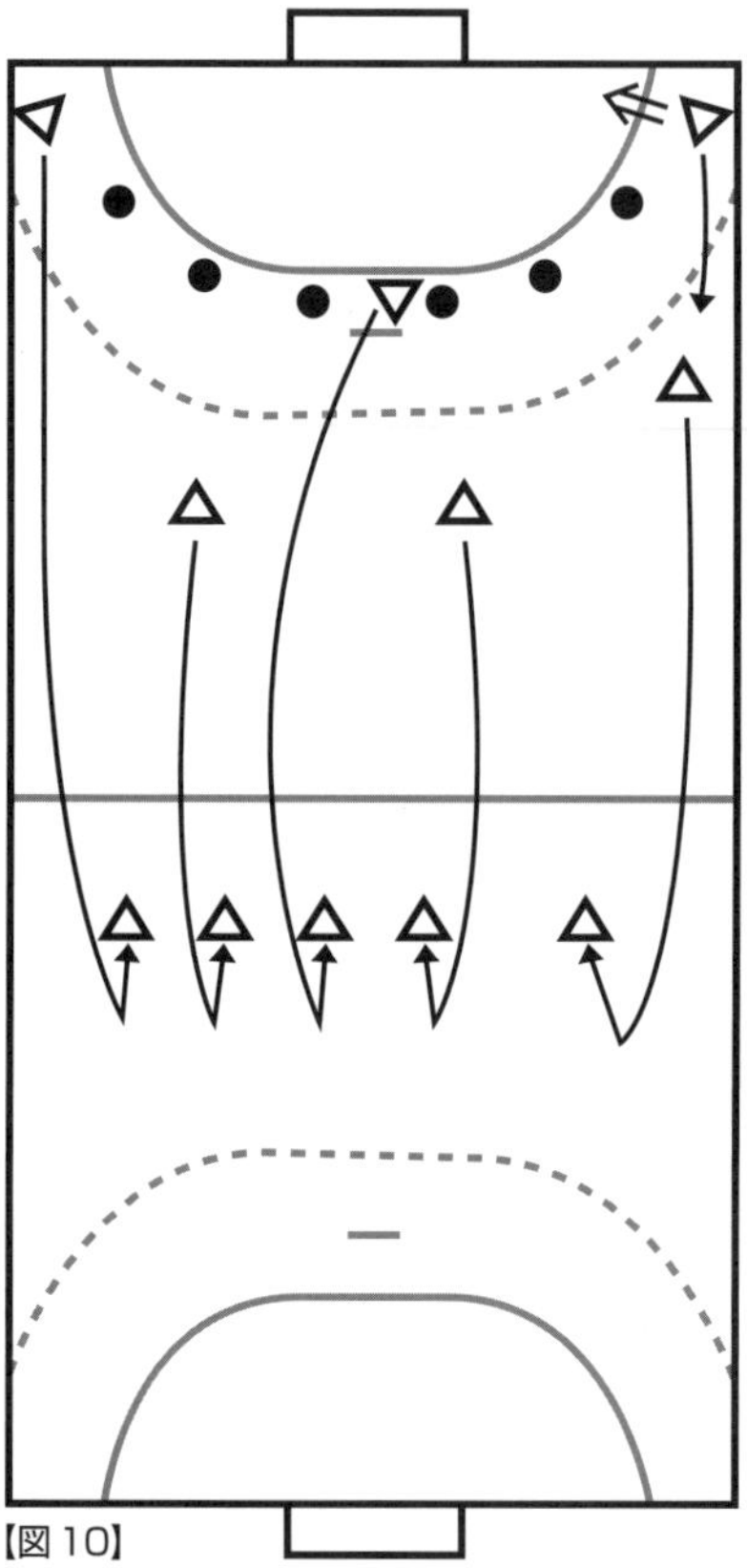

【図10】

スマホからアクセス！

クイックスタートへの守り方の動画をQRコードから見てみよう!!

バックチェック ミニ知識

相手の速攻を受けやすいのが、OFでミスをした時です。

OF6人は攻撃時、全員が身も心もゴールに向かって準備をし、パスミスなどが起こると予測して動いていません。

そこでパスミスをしたり、パスをインターセプトされてしまうと、どうしてもバックチェックのための1歩が遅れてしまい、理論上、戻る方法はなく、GKに任せるしかありません。

ほかに相手の速攻を受けやすいケースとしては、ダブルポストになってからのシュートをGKにキープされた時もワンマン速攻を受ける確率が高まります。バックチェックできるプレーヤーが減るからです（動画参照）。ポストへのパスもインターセプトされて速攻のリスクをともなうものです。

ただ、そうしたリスクを恐れてディスタンスシュートを増やすとなると、ミスは減りますが得点も減ってしまいます。

スポーツはリスクをおかさず点を取ることはできませんから、リスクとの兼ね合いになります。

戻り遅れた速攻はGKに任せるしかないと言いましたが、GKがシュートを止めてリバウンド、というケースも少なくありませんし、相手もミスをしたり、もたつくケースもありますから、GKに任せるにしても全力で戻ることを怠ってはいけません。

リバウンドと言えば、これは統計を取ってのものではありませんが、サイドシュートのリバウンドが逆のサイドに行くケースが経験上、多いと感じます。みなさんはどう感じますか？

サイドを守るプレーヤーは速攻の中心となるケースが多いですが、私は逆のサイドからのシュートに対しては速攻に出ないほうがいい、と指導しています。

ここから派生してサイドを守っていたプレーヤーがワンマン速攻に出た時ですが、この速攻を守るのはだれがベターでしょうか？

マークの関係にあったサイドプレーヤーだという意見をしばしば聞きますが、これはやはり距離的に近いバックプレーヤーの役目【図11】、と考えています。

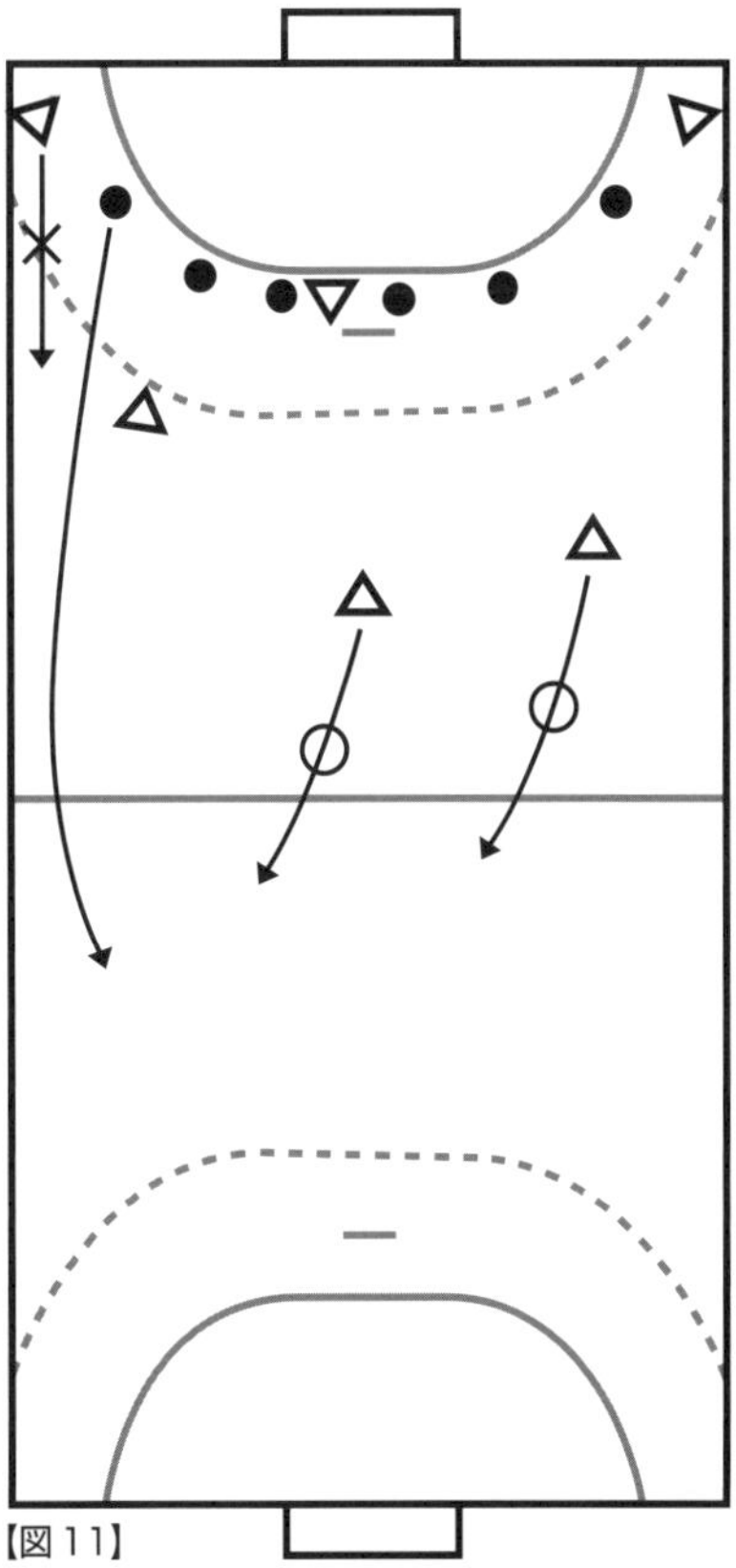

【図11】

独自で体得したことや積み重ねたことから生まれたみなさんなりのセオリーがあることでしょう。

そうしたみなさんなりのセオリーも織りまぜながら、それぞれのチームならではのDF、約束事を確立させていってください。

スマホからアクセス！

ワンマン速攻をやられた例の動画をQRコードから見てみよう!!

DFからの速攻

DFの目的は、ボールの獲得、そして、高い確率で得点が望める速攻へとつなげていくことです。

93ページの【図12、13】で示したように、速攻へとつながるスピードだけを考えると、6mライン際を固めて守るよりも、DFラインを上げて高い位置で守った方が、距離的なアドバンテージがあり、いち早く相手陣内に攻め込めるのは間違いありません。

だからと言って、速攻のことだけを考えて、高いDFラインを敷くシフトで守ろう、という考え方はおすすめできません。

【図13】のようなラインを上げての3：3DFは、相手のパスをインターセプトしたり、ミスを誘えるチャンスは大きくなりますが、いったんかわされれば、6mライン際のDFとDFのスペースが広く、簡単にノーマークシュートを許してしまうリスクも大きくなります。

【図12】のように6mライン際を固めて守れば、速攻への仕掛けは遅くなりますが、簡単に抜かれたり、広いスペースを利用されてのノーマークシュートを許すリスクは低いです。

速攻を多く出したいからと、高いDFラインを敷いて守っても、プレーヤー個々に相手の動きに対応できるスピードや判断力、読みの力が備わっていなかったり、相手に展開力、判断力に長けたプレーヤーがいて自在に6mライン際にボールを運ばれてしまうというケースでは、ボールを奪えないまま失点を繰り返し、出したかった速攻を繰り出せないままタイムアップを迎えることになりかねません。

まずは、高い確率でボールを獲得できる守り方を優先させたうえで、より効果的な速攻を考えていきましょう。

また、チームとしての守り方とともに、1人ひとりのDFポジションもさまざまな要素から考えたいものです。

サイドを守るプレーヤーは真っ先に速攻に飛び出す役割を担うことが多いですが、実力が拮抗した相手との対戦で1次速攻（ワンマン速攻）から得点を量産、というケースはまず考えられません。

マイボールにしたあと、中盤でボールをつなぎながら攻め込んでいく2次速攻、3次速攻のチャンスのほうがはるかに多くなります。

そう考えると、中盤でボールを運ぶ能力は高いけれど、DF力が心もとないというプレーヤーが、サイドを守り、1次速攻には飛び出さず、中盤でのボールの運び役を担う、といった選択肢も出てきます。

DFの2枚目、3枚目を任されるDF力はあるけれど、中盤で走りながらボールをつないでいくのが苦手、というプレーヤーは、DFからマイボールとなれば、中盤の展開にはかかわらず、とにかく相手陣内に走り込み、展開力のあるチームメイトからのパスを待ったり、相手DFを引きつけてチャンスメイクに徹するといった役割を担うのもいいでしょう【図14】。

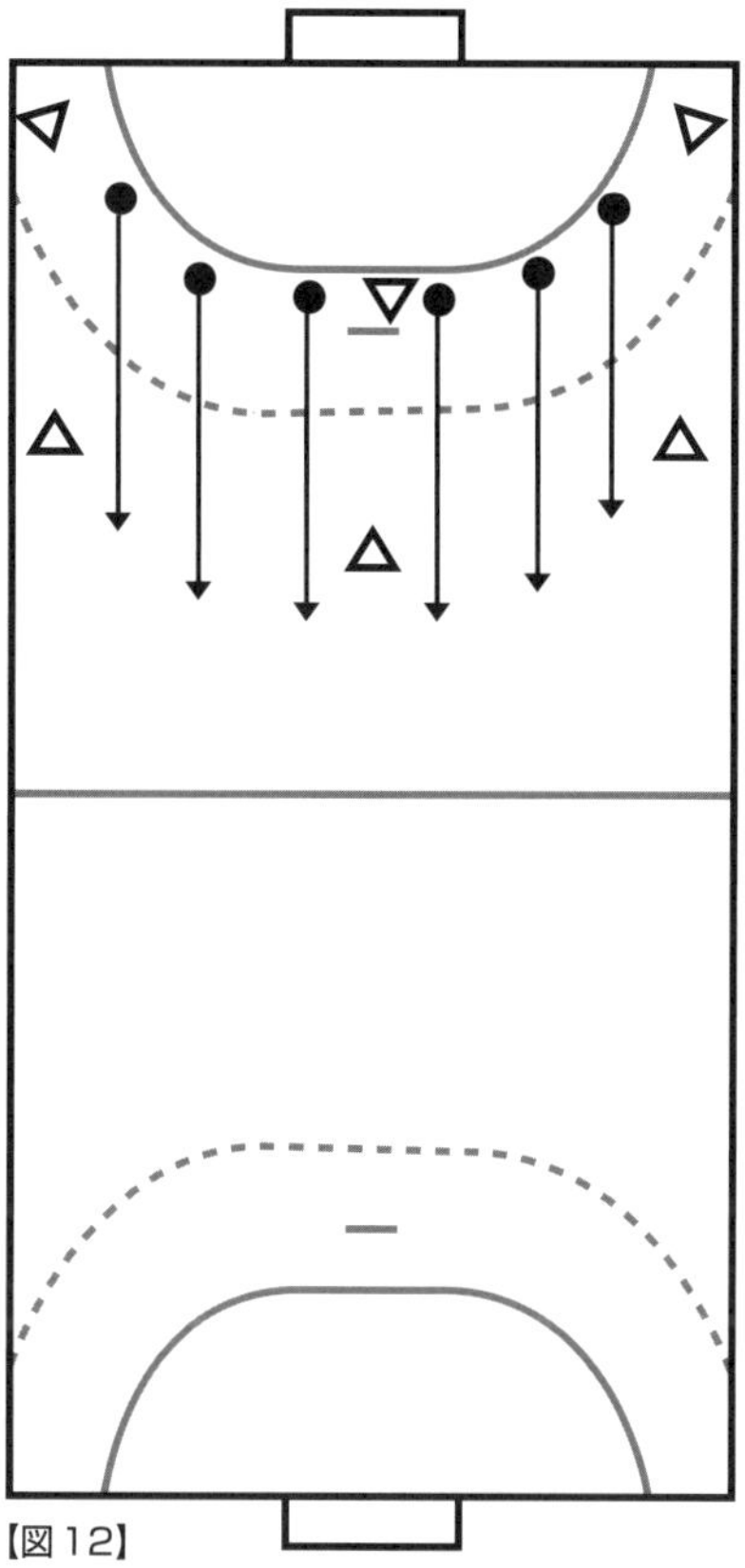
【図12】

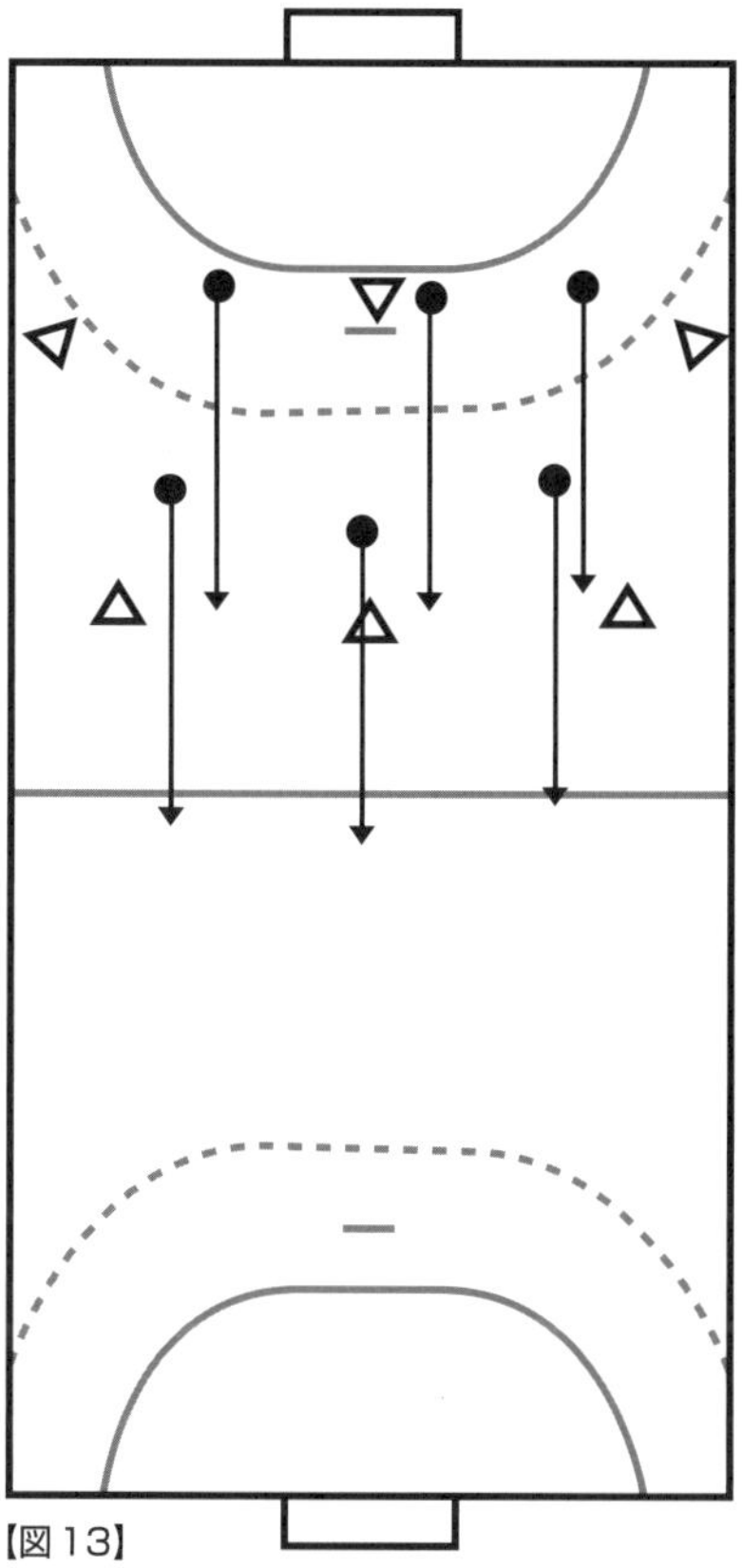
【図13】

メンバー全員が同じように高い能力を身につけていくことが理想ですが、人には得手《えて》、不得手《ふえて》があるもの。適材適所で個々の力を最大限に引き出すための工夫も大切です。

そうした1人ひとりのトータルの力も考えたうえで、DFシステムやDFポジションを考えていけば、よりよいチームへと進化できるはずです。

速攻の成功につながる攻防の切り替えの速さ

バックチェックにも言えることですが、速攻に大切なのは攻防の切り替えの速さです。

守っている時、自分から遠い位置で相手が放ったシュートの行方をその場で立ったまま見守っているようでは、速攻に行けません。

同じように、攻めている時、自分から遠い位置で味方が放ったシュートの行方を見ていては、戻りが遅れ、わずかな時間が勝負のDFラインを作ることもできません。

94、95ページで紹介する3対3のオールコートを使った攻防練習は、攻防の切り替えを速くし、判断力を高めていくためのトレーニングになります。

攻防の切り替えが速いか遅いかで決定的な差が出てしまいますから、切り替えの速さを身につけていきましょう。

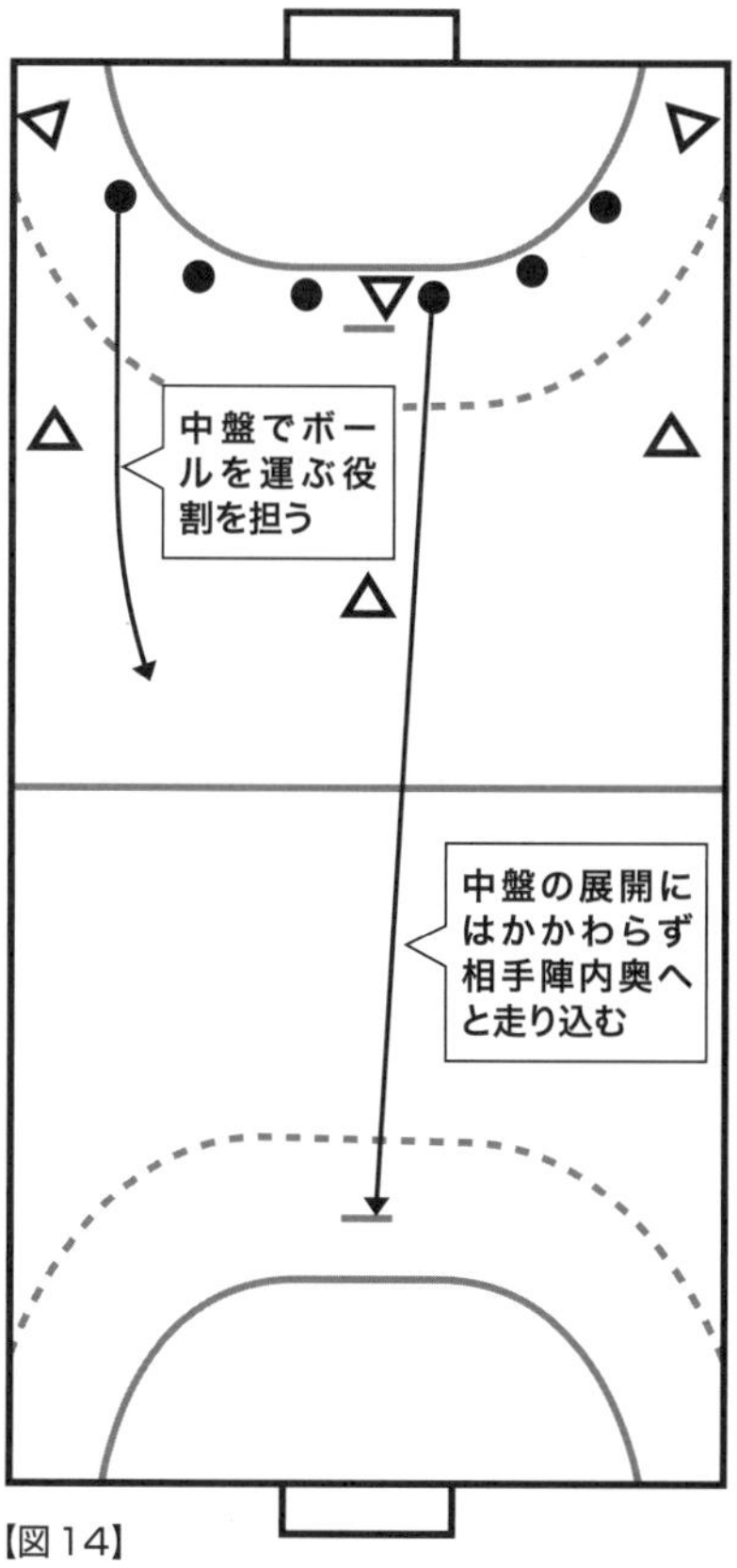
中盤でボールを運ぶ役割を担う
中盤の展開にはかかわらず相手陣内奥へと走り込む
【図14】

切り替えの速さを身につける3対3の攻防トレーニング

ここで紹介する3対3でのオールコートを使った攻防練習は、攻防の切り替えを速くし、判断力を高めていくことを目的としたトレーニングになります。

基本的に攻めてから戻って守るのがワンセットになります。

まず、OF3人が攻め込んでいき、シュートまで持ち込んでも、途中でパスをインターセプトされたり、ミスをしても、戻りながらバックチェックします。シュートが入った、入らなかったにかかわらず、GKはOFに転じる側にパスを出して動きを止めません。

DF側ですが、最初は1度守って次に入る3人と交代です。相手がシュートを打てばGKから、相手のパスをインターセプトしたり、相手がミスをすれば、そのボール出しだけ最初のDFの1人が担当し、新たにコートに入った3人につなげていきます。

以降、攻めて守ってワンセットで攻防を繰り返していきます。

新たにコートに入って速攻にいく3人は、スタートのタイミングがポイントです。OFがシュートを打つ前から予測して飛び出すと、ワンマン速攻ばかりになってしまいます。

ワンマン速攻も大切ですが、このトレーニングはワンマン速攻を繰り返すためのものではありません。

スタートはシュートを打ってから、といった約束事を決めておいた方がいいでしょう。

OF側からDF側となった3人は、新たにコートに入って攻め込んでくる3人にバックチェックします。

シュートを打ったプレーヤーが戻り遅れることが多いですが、ここでバックチェックする2人は、2対3の状況をいかに持ちこたえ、遅れているもう1人の戻りの時間を稼ぐことができるかが大切になります。

DFは相手をコート中央ではなくサイドライン沿いに行かせたり、1本でもパスを多くさせる工夫をしましょう。**【写真11】**ではシュートを打ち、戻り遅れていたプレーヤーが追いつき、DF体勢に入っています。

OF、DFともにシュートの行方を見守っていては、まったく対応できません。先を読んだ素早い判断、行動が必要です。

また、速攻の展開の中で、いかにOFは3対2を攻めるか、という要素も含まれています。

動画ではドリブルありのケース、なしのケースと両方行なっていますが、ドリブルを入れると速攻での縦の突破が増えてきます。

攻防の流れ、3人が入ったり出たりのようすは、動画を参照してください。休む時間はもちろん、コート上ではゆっくりと考え、判断する時間もありませんが、アップテンポの攻防の中から判断力を磨いていきましょう。

体力やレベルに応じて、時間で区切ったり、5点先取、10点先取といった条件を設けてトレーニングしていきましょう。

画像、動画ともに3対3の攻防を紹介していますが、3対3にこだわることなく、4対4、5対5とプレーヤーの数を増やして行なう方法もあります。人数などチーム状況に合わせた方法を選択してください。

【写真11】

【写真10】

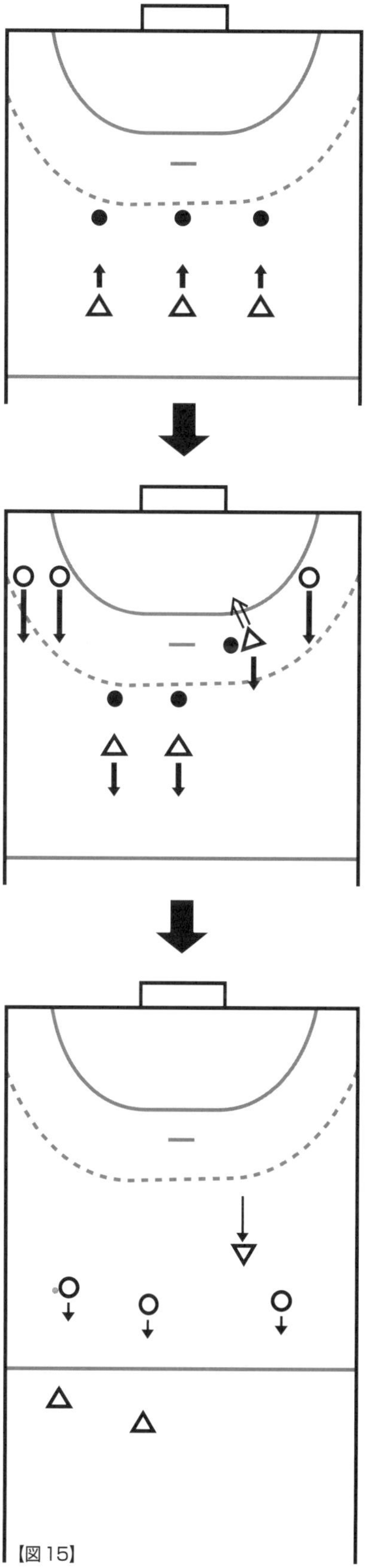

【図15】

スマホからアクセス！

3対3の攻防トレーニングの動画をQRコードから見てみよう!!

　ＯＦ側は３対２の数的有利な局面をどう活かせるかがポイント。ドリブルありでトレーニングした時は、縦への突破がしやすくなるので、ドリブルを有効に使って攻め込もう。

　ＤＦ側は２対３の局面を持ちこたえ、戻り遅れている１人のための時間を稼げるように工夫が大切。パスを１本増やすだけでも時間を稼ぐことができる。

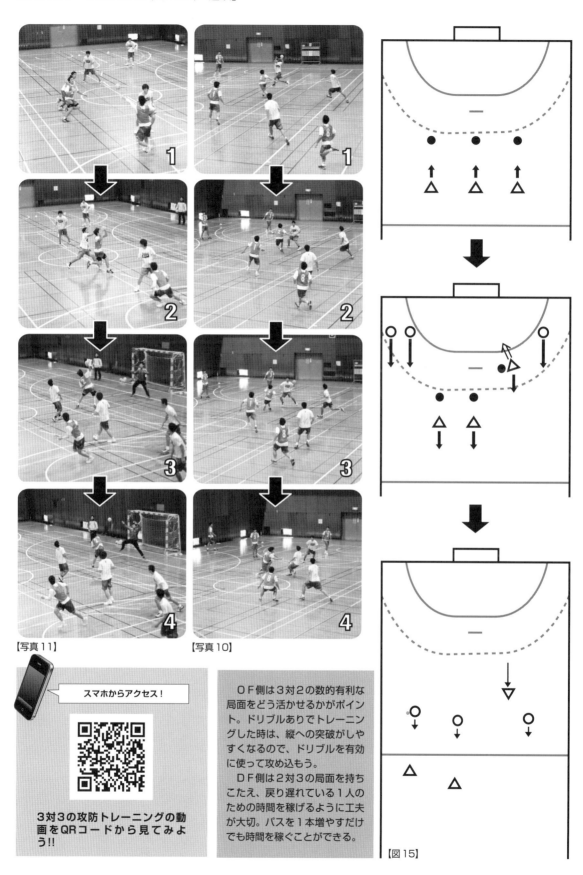

さまざまな工夫をこらし DF戦術能力を高めよう

第3章から第4章にかけ、チームDFとバックチェックや速攻についてお話ししてきました。

ハンドボールを始めたばかりの選手はもちろん、まだ経験の少ない選手は、全体をなかなかイメージできないものです。

そのために、2対2や3対3のトレーニングとゲームをつなげるための作業、工夫が必要になってきます。

縦の2対2を重点的にトレーニングしたいという時は、4対4のトレーニングを、OFのきっかけを1つに限定して行なうなど、条件設定の工夫をしてみましょう。

紹介してきたトレーニングに、ドリブルなし、ポストプレーなし、マーカーにタッチする、といった制約や約束事を設定していたのも、2対2、3対3、4対4のためのトレーニングで終わらず、実際のゲームへとつなげていくための工夫です。

速攻やバックチェックのためのトレーニングで考えてみても、2対2の攻防を制約や約束事なしに進めていくと、パス1本で決着してしまいがちですが、ドリブルなし、という制限を加えることで、2人目のプレーヤーがボールをもらいに行く動きが必要になってきます。

3対3、4対4と人数が増えても、ドリブルなしとすれば、中盤でパスをつないでいく状況が出てきます。

ドリブルなしのトレーニングをしたうえで、今度は縦への動きの意識を強くするために、ドリブルを入れてトレーニングする、といった考え方になります。

また、2対2の攻防トレーニングも、普通にDFが6mライン際を固めるディフェンシブな守りを展開すると、OFはパラレルの展開を繰り返すケースがほとんどです。少し気が利いてくれば、クロスをするぐらいで、発展的なOFがまず出てきません。

そこで、あえてディフェンシブな状態からDFラインを上げさせると、トランジションの動きなど、アイデア、創造的な展開が出てきます。

第3章、第4章でご紹介した以外にも、攻守両面で、みなさん独自で工夫を重ねてトレーニングをしていってください。

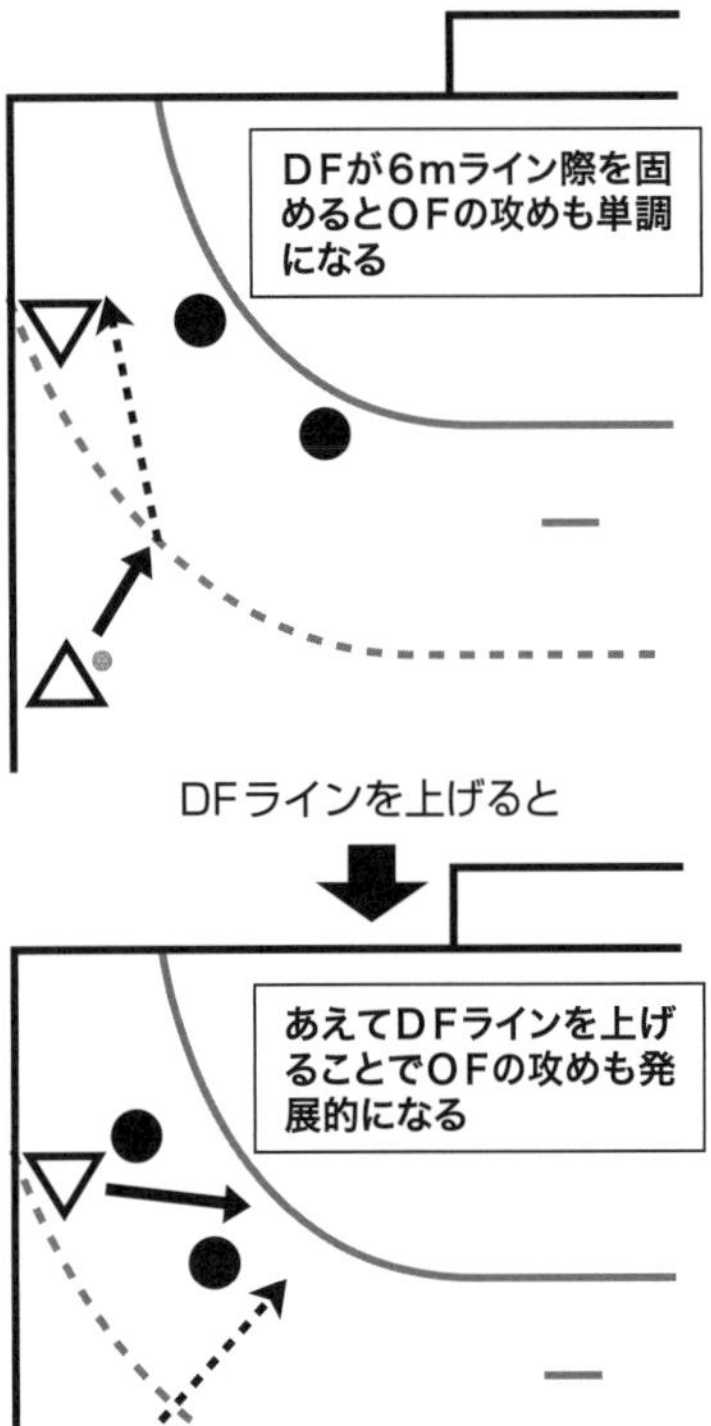
DFが6mライン際を固めるとOFの攻めも単調になる
DFラインを上げると
あえてDFラインを上げることでOFの攻めも発展的になる
【図16】

動画をフル活用して イメージをつかもう

こうした工夫とともに、経験の少ないプレーヤーにおすすめしたいのが、動画を観ることです。

動画はイメージをふくらませるためには最適のツールです。

とりわけ、人数が少なく、部分、部分のトレーニングしかできない、というチームには、動画を活用してほしいと思います。

また、コートの中の目線とコートの外からの目線は違うものです。プレーヤーの目線で見えないところを、イメージするためにも、動画を観ることは大切です。

コートの外から見ている指導者は、プレーヤーの目線を正しく評価し、受け入れあげてください。

コートの外から「絶対に見えているだろう」と思えることが、往々にしてコートの中のプレーヤーには見えていないものです。

とくに最近は動画の進歩が著しく、かつ、気軽に観ることができる時代です。

カテゴリーやレベルが上のチームの動画を観て参考にするのはもちろん、チームの試合や日ごろのトレーニングでも動画を活用し、分析したり、課題やその解決法を見つけていってください。

㊤コートの中にいるプレーヤーの目線と
㊦コートの外からの目線は違う

プロセスを大切に粘り強いDFを!!

動画といえば、QRコードから観る動画としてご紹介してきたものの中には、最終的にシュートを決められてしまっているシーンがいくつもあります。

いくら一生懸命に守っても、最後に相手に得点を許してしまっては、その守りは失敗だった、ということになるのでは。

そんなふうに思えてしまうかもしれません。

それでも、相手のシュートを止められた、入れられたという結果以上に、どのような位置から、どのようなプレーで、どのような体勢で相手にシュートを許したか、という点を気にしてほしいと思います。

フェイントに引っかかって1対1を突破されたり、割られてはいけないDFとDFの間を割られ、ノーマークシュートを打たれてしまったり、「シュートされるならここ!」とコンビやチームで約束していた場所とは違うところからシュートを許してしまった。

それでもGKがファインセーブで防いでくれた。得点を許さなかったから、守れたんだ。

という結果オーライの考え方は、次にはつながりません。

たとえ、結果的にシュートを決められてしまったとしても、チームやコンビで力を合わせ、角度の狭い方へ追い込んでからのシュートだった。いつもなら2本のパスでシュートまで行かれてしまうところ、1本多く、3本のパスをさせてからのシュートだった。

このように、少しでも粘り強いDFができたなら、たとえ失点したとしても、そのDFを評価したいです。

地区予選の1回戦突破もままならないチームが、全国大会常連の強豪と対戦し、あっさりと1対1で抜か

たとえシュートを打たれても、角度の狭いほうへと
追い込めたのなら守りは成功と言える

れたり、1つのパスでシュートを許して失点を重ね、30点差をつけられて敗れたとしましょう。

そこから2ヵ月後、再びその強豪と対戦し、たとえ同じ30点差で敗れたとしても、失点の内容がパスを2つ、3つとつながせたうえでのものだったならば、同じ大差での敗戦で進歩なしとするのではなく、1歩前進できたＤＦを称えたいです。

日ごろから結果よりもプロセスを大切にしたトレーニングを。

指導者の方々も、パス1本を増やさせたり、1つのパスコースを消すことができたり、角度の狭い方に追い込むことができたといった点を、的確に評価してあげてほしいと思います。

6人のチームＤＦも個々の力があってこそ

チームＤＦでは、失点をより少なくするため、相手にどこでシュートを打たせるか、という考え方、チームとしての約束事が必要でした。

その考え方をもとに、ディフェンシブな6：0ＤＦで、6ｍライン際を固め、カットインやポストシュートを封じ、すべてロングシュート勝負ができた、とします。

それでもロングシュートを止め切れず、前半をリードされて終えた、というならば、後半に向けて修正したり、対策を立てられます。

けれども、ディフェンシブな6：0ＤＦで、6ｍライン際を固めたのに、チームとしての約束事を守り切れず、ロングシュートだけでなく、カットインもポストシュートもサイドシュートもみんなやられてしまった、となると修正したり、対策の立てようがありません。

1対1、2対2のトレーニングから出直し、となってしまいます。

第3章の始まりから一貫してお話ししているように、6対6のチームＤＦも1対1、2対2のＤＦがあってこそです。

1対1を確実に守れなかったり、場面ごとの2対2で1人ひとりが役割を果たせないと、失点に直結してしまいます。

1人、2人の力不足やミスをチームメイトがカバーできるのも団体スポーツならではのよさですが、レベルがあがるごとに、カバーも難しくなってきて、わずか1点に泣くケースも出てきます。

ＯＦでも言えることですが、ＤＦも1人ひとりがレベルアップしていくことが欠かせません。

また、86ページでもお話ししたように、ディフェンシブに6ｍライン際を固める6：0ＤＦからスタートしていくことに異論はありませんが、ライン際で仲間との間を狭くして守らなければ、協力し合ったり、カバーし合ったりできない、というわけではないはずです。

ＯＦの動きに対応するだけでなく、1人ひとりが機動力、判断力、予測力を高めながら、ＯＦよりも先手を取ってプレッシャーをかけたりと、アグレッシブなＤＦを仕掛け、仲間同士のスペースが広くなったとしても、仲間と協力し、カバーし合うことができます。

スピードやフットワーク力といった身体を鍛えていくことはもちろん、瞬時に状況を見極め、最適な方法を選択できる頭を鍛えていくことも欠かせません。

1人ひとりが身体も頭も鍛えてＤＦ力、ＤＦ戦術能力を高めながら、さまざまなＤＦに取り組んでいきましょう。

1対1、2対2のＤＦが瞬間的、断続的につながっていくことでチームＤＦとなることをイメージしよう

第5章

『チームにマッチしたDFを見つけよう』

より効果的なDFで試合に臨もう

第１章～第４章で見てきたDFの基本をもとに、締めくくりとして「チームとしてのDF」をクローズアップしていく。

協力：筑波大学男子ハンドボール部

ＯＦと比べると、地味でつらいイメージのあるＤＦだが、ここまで見てきた基本を踏まえ、チームの特性に合ったスタイルを見つけ出し、相手と駆け引きをして、相手の持ち味を封じることができるようになれば、グッとおもしろみが増してくる。

この章では、世界の最先端の動きにも明るい會田宏さん（筑波大男女部部長）にチームの特性に合ったＤＦを見つけ出すポイントを伝えてもらおう。

會田　宏

あいだ・ひろし　1965年1月28日生まれ。千葉県・東邦大東邦高校からハンドボールを始め、筑波大ではキャプテンとして活躍。大学卒業後は研究と指導の道に進み、西ドイツ（当時）にも留学。現地でドイツ協会Ｂ級コーチ資格も取得した。93年からは武庫川女大に赴任し、監督としてチームを95年の全日本インカレ準優勝に導くなど手腕を発揮。2009年からは母校・筑波大に戻り、教授としてコーチング学の研究を深めるとともに、男女部部長として、後進の指導にあたっている。

チームとしてのＤＦの考え方

第１章、第２章で酒巻清治さんが、第３～４章で田村修治さんが解説、紹介されたＤＦの基本を踏まえ、その大切さを改めて確認するとともに、基本から一歩踏み込んだ応用の技術も紹介しながら、チームとしてのＤＦを考えていきます。

チームのＤＦというと、６：０、５：１、４：２、３：２：１といったシステムが頭に思い浮かぶかもしれませんが、それぞれの特徴や守り方をお伝えしていくわけではありません。

ここでは、個人のＤＦ活動をどのように組み合わせて守るのか、そして、相手のセットＯＦのどの局面を守るのか、という視点をクローズアップして、お話を進めていくことにします。

まず、個人のＤＦ活動を３つに分類してみます。

１　消極的か積極的か

【図１】で示したように、６ｍラインから９ｍラインの間で守るならば消極的、９ｍラインまたは、それよりも高い位置で守るならば、積極的としていきます。

体格に恵まれた選手が揃っていたり、1人、2人、長身選手がいるチームならば、チームとして消極的に守った方が、逆に、大型選手が不在のチームは、積極的に守った方が理にかなっています。

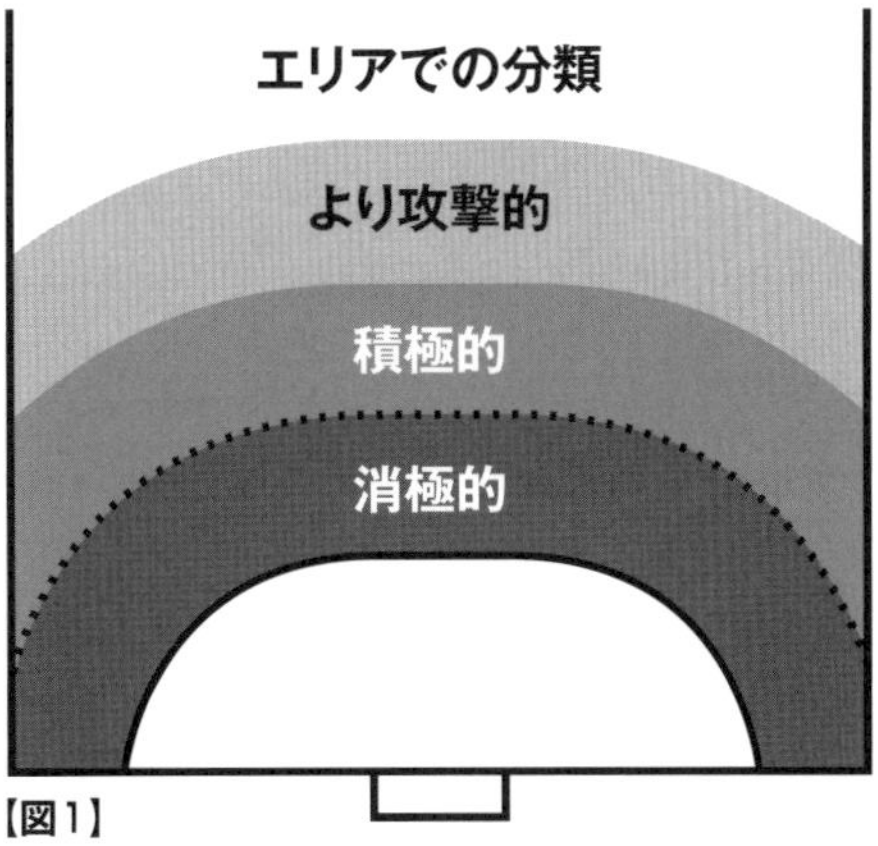

【図1】

2 ボール中心に守るか、人(マーク)中心に守るか

相手が保持するボールに寄って、味方が抜かれた時のカバーを優先するならば、ボール中心、カバーよりもまず自分がマークする相手を優先して守るならば、人（マーク）中心としていきます。

ボールを中心に守れば、DF同士の間は狭くなります。

逆に人（マーク）を中心に守れば、DF同士の間は広くなります。

個々のフットワーク力や予測力が優れていれば、人（マーク）を中心に守ることができますが、個々のフットワーク力、予測力に自信がない場合は、人（マーク）を中心に守ると、相手に抜かれたり、かわされるリスクが高くなるので、ボールを中心に守った方がベター、ということになります。

3 反応的に守るか予測的に守るか

「さあ、来い」という姿勢で相手を待ち構え、相手が来たらチェンジしたり1対1で守るのが反応的DF、相手のプレーを先読みして、けん制を仕掛けるなどして、相手がやろうとしていることをさせないのが予測的DFとなります。

フットワーク力や相手のOFに対する予測力に優れた選手が揃っていれば予測的に、逆にフットワーク力や予測力に自信がないという選手が多ければ、反応的に守った方がベターです。

【図2】個人のDF活動

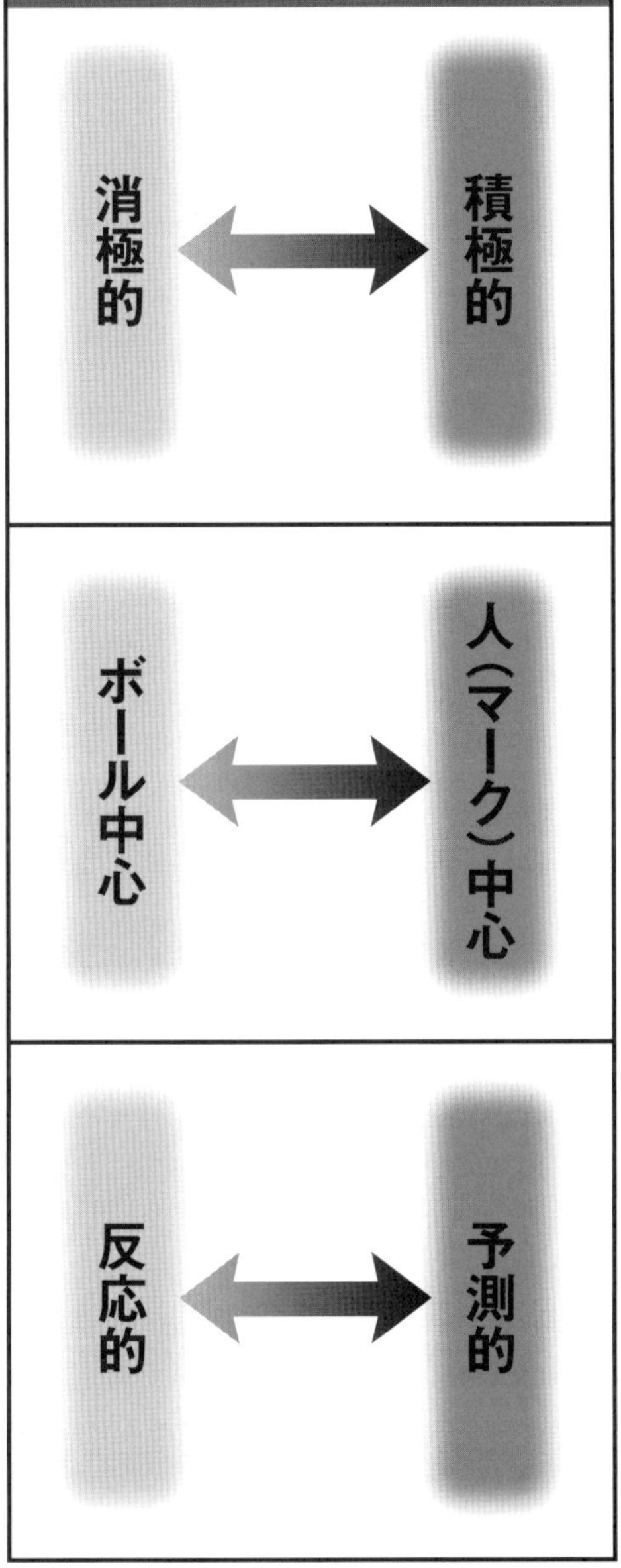

このように見てくると、消極的、ボール中心、そして反応的に守るのが、従来からのオーソドックスな6：0DFということになりますが、チームの特徴や戦術によっては、消極的、反応的だけれど、人（マーク）を中心に守る、消極的、ボール中心だけれど、左右の2枚目は相手のプレーを先読みしてけん制を仕掛け、予測的に守る、というチームもあります。

いずれの守り方もシステムとして表現するならば、6：0DFということになります。

従来のように6：0DFはこう、というように、単純にひとくくりにできなくなっていることも、システムありきでお話ししないことにつながります。

相手OFをどこで止めるか

次に、相手のセットOFのどの局面を守っていくか、という視点に移ります。

セットOFは、【図3】のように①ゆさぶり②均衡打破③展開④シュートと、4つの局面に分けられます。

①は『ユーゴ』と呼ばれるボールなしのクロスチェンジやパスしたあとのバックステップなどで、DFのマークミスやずれを誘う動きになります。

②は1対1、2対2を仕掛け、2対1や3対2といった数的有利な状況を作る動きになります。

③は3対2やDFが詰められない状況を前を攻めながらシューター（プラスワン）までパスをつなぐ動きです。

そして④はシュートを打つ局面になります。

【図3】セットOFの局面

①ゆさぶり

⇩

②均衡打破

⇩

③展　開

⇩

④シュート

※どの局面を守るか（守りたいか）で守り方が変わってくる

セットOFを、このような4局面に分けたうえで、では、チームとしてどの局面を守りたいのか？　を考えます。

①から②の局面に行かせないようにして守りたい、つまり、OFに効果的な導入をさせたくないのならば、DFラインを上げていく必要があります。

③の局面で中央を守る長身選手の高さを活かしたシュートブロックや頼りになるGKとの連携で守りたいのならば、DFラインを下げたり、ボールを中央へ中央へと持ってこさせる必要があります。

自分たちのチームのGKの力や、相手のシュート力を把握したうえで、どの局面で勝負するのかを考え、判断していきます。

シュートを打たれてしまったら分が悪いと判断したならば、④よりも1つ前の局面までで食い止める守り方をしなければなりません。

効果的なDFを見つけよう

このような2つの視点で自分のチームを、そして、対戦相手（勝ちたい相手）を分析し、ターゲットとなる試合のゲームプランを固めていきます。

最初から「ウチは6：0で守りたい、3：2：1で守りたい」とシステムありきで考えるのではなく、自分のチーム、勝ちたい相手のそれぞれの特徴、力から、取り組むべきシステムが導き出される、という流れになります。

はじめに、自分たちのチームの特徴から、その次に相手の特徴に応じて、より効果的と思われる守り方を紹介していきます。

103ページの【図4】で提示した大まかな3つの条件から枝分かれしてたどり着く守り方を参考にしてみてください。

もちろん、正解は1つではありません。この章を読んで、自分たちのチームに最適なオリジナルのDFを見つけ出していってください。

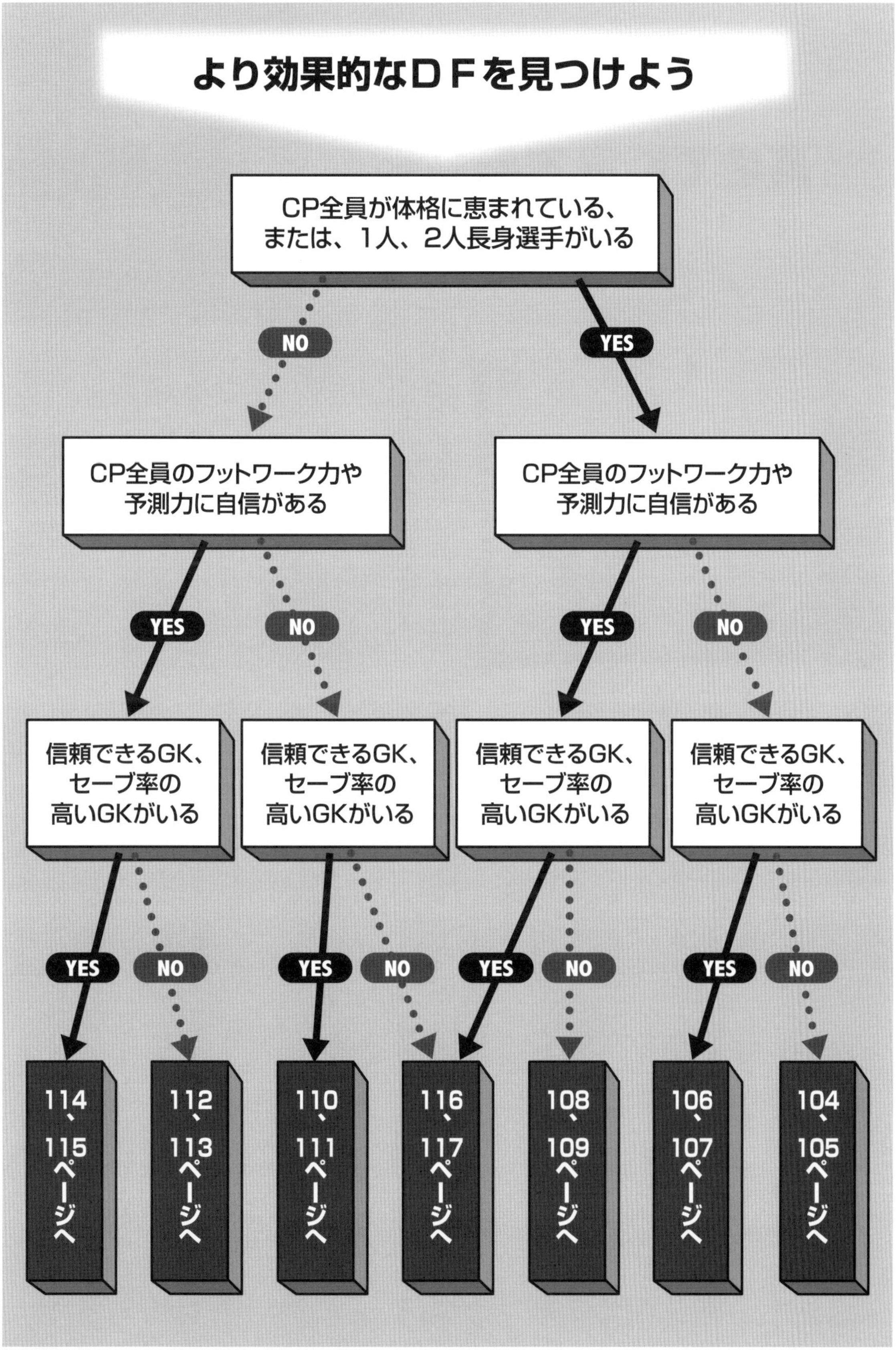
より効果的なＤＦを見つけよう
CP全員が体格に恵まれている、
または、1人、2人長身選手がいる
NO
YES
CP全員のフットワーク力や
予測力に自信がある
CP全員のフットワーク力や
予測力に自信がある
YES
NO
YES
NO
信頼できるGK、
セーブ率の
高いGKがいる
信頼できるGK、
セーブ率の
高いGKがいる
信頼できるGK、
セーブ率の
高いGKがいる
信頼できるGK、
セーブ率の
高いGKがいる
YES
NO
YES
NO
YES
NO
YES
NO
114、115ページへ
112、113ページへ
110、111ページへ
116、117ページへ
108、109ページへ
106、107ページへ
104、105ページへ

【図4】

System 1

高さで勝負するDF

★6mライン近くに下がって立ち並び、DF同士の間を狭くする

ここからはそれぞれの特徴に応じたDFシステムを紹介していきます。

まず初めは、CP6人が体格に恵まれていたり、1人、2人長身選手がいる。けれども、フットワーク力や予測力に乏しく、GKも経験が少なかったり、下級生で心もとない、というチームの守り方を見ていきましょう。

フットワーク力、予測力に乏しい選手たちが、積極的なDFを仕掛けて9mラインの外へと前に出すぎてしまうと、相手に抜かれてのカットインシュートやポストシュートと、確率の高いシュートへと持ち込まれてしまいます。

この確率の高いシュートに対応するのが、心もとないGKですから、シュートを決められてしまうリスクはかなり高くなります。

こうしたリスクを少しでも減らすためにも、唯一のメリット、体格を活かしたオーソドックスな6：0DFが効果的でしょう。

相手OFに抜かれてのカットインシュートやポストシュート、角度の広いサイドシュートへと持ち込まれないよう、6mライン近くに下がって立ち並び、ボール中心にDFとDFの間を狭くしてじっくりと守ります。

そして、DFとDFの間を割っていけず、攻め手を失った相手がロングシュートやミドルシュートを打たざるをえない状況へと追い込みます。

相手にロング、ミドルシュートを打たせればそれでDFの役目は終わりではありません。

GKの力も頭に入れ、高さを活かしてシュートブロックし、できるだけゴールまで届くシュートを防ぐことをめざします。

チームのメリット、武器となる体格、高さをフルに活かして守りましょう。

メリット、武器を活かした守りに徹するとともに、どれだけ望み、努力してもアップさせることが難しい高さをあらかじめ持っているのですから、そこにフットワーク力や予測力がついてくれば、守り方の選択肢が増えます。

心もとないGKも、ロング、ミドルシュートへのセーブ率が上がったり、サイドシュートへの自信がついてきたりと、少しでもレベルが上がれば、CPの負担も減ります。

武器を活かしつつ、弱点の克服にも取り組みましょう。

117～119ページで紹介しているフットワーク力、予測力を養成するためのトレーニングも参考にしてください。

オーソドックスな6：0 DF

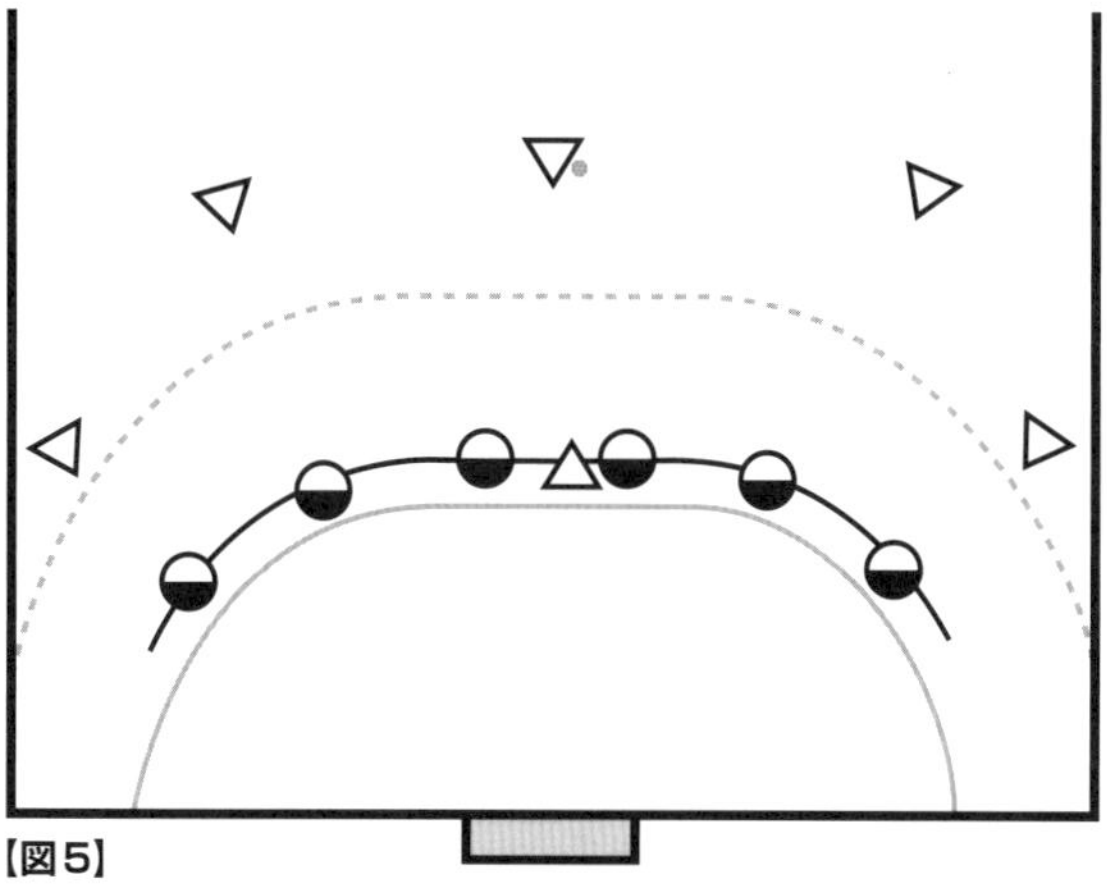

【図5】

6mライン近くに下がって立ち並び、
DF同士の間を狭くする

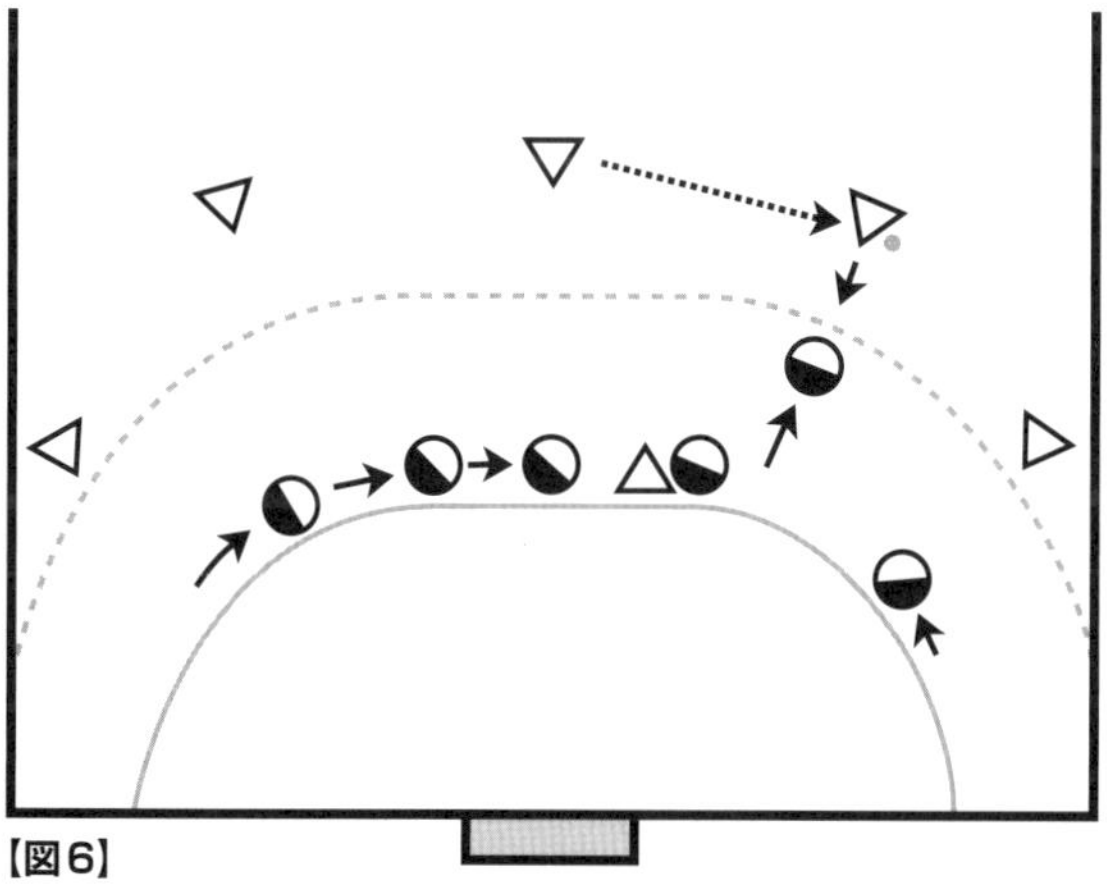

【図6】

ボールの動きに応じて、DFも寄る

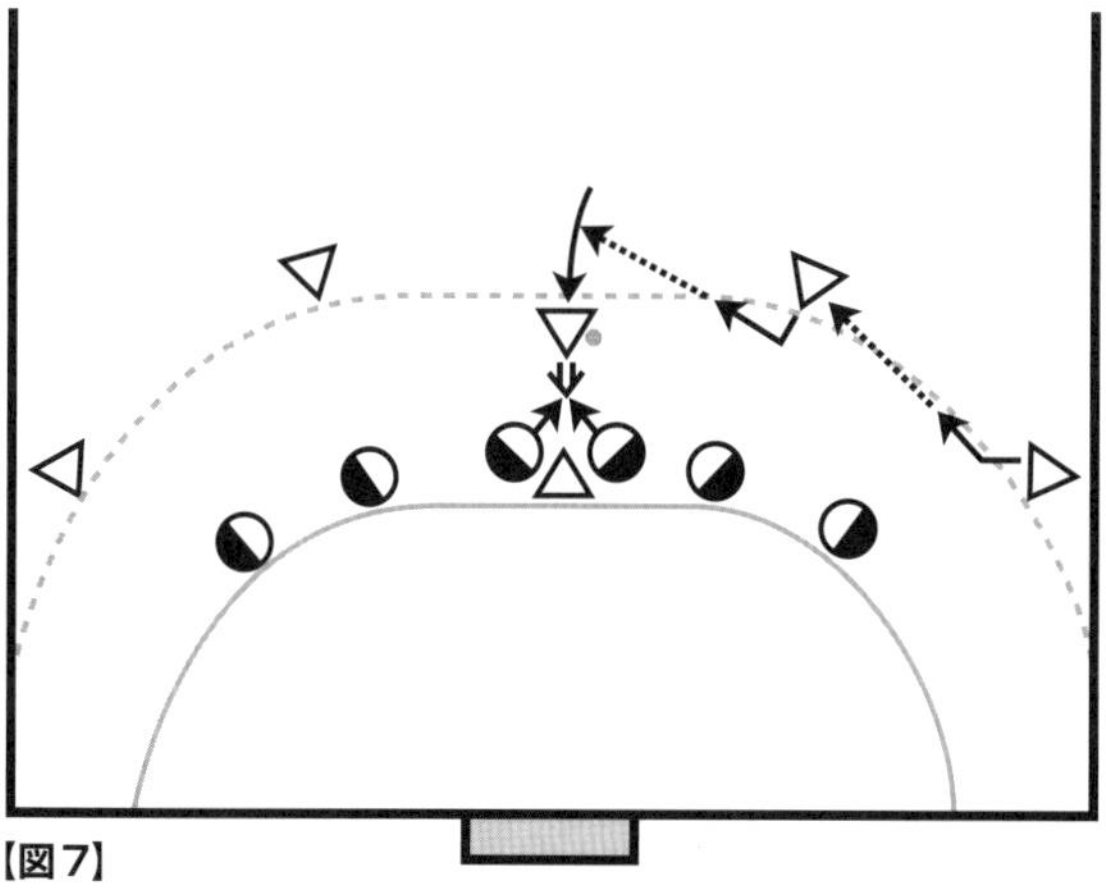

【図7】

中央付近からのロング、ミドルシュートを打たせて、
シュートブロックで仕留める

ここが強み!!

- ６mライン近くに下がって立ち並び、ＤＦとＤＦの間を狭くすることで相手はロング、ミドルシュートを打たざるをえなくなり、武器の高さを活かせる
- 高さでフットワーク力不足やＧＫの力不足をカバーできる

ここに注意!!

- 前に出すぎると抜かれるリスクが高まる
- 待ちすぎてもシュートへの対応が遅れる
- ＧＫを助けるために確実にシュートブロックを

Key Point!!

シュートブロック①

相手の動きをよく見て、タイミングを合わせてシュートブロックする。

シューターの身体の正面ではなく、ボールの位置を基準にブロックしていくことを忘れずに。

▽＝オフェンス　◒＝ディフェンス　┈┈➤＝パス　──➤＝人物の動き　⟹＝シュート

System 2

高さとGKで勝負するDF

★低い位置での3：2：1DFで守る

★サイドシュートへと誘導しGKで勝負

CP全員が体格に恵まれていたり、1人、2人の長身選手を擁し、ゴールには優れた力を持った信頼できるGKが控えている。

けれども、1人ひとりのフットワーク力や予測力には自信がない、というチームの守り方を見ていきましょう。

そうした特徴から考えていけば、9mラインの中を厚く守り、中央付近でのシュートブロック、あるいは、相手のシュートポジションを絞って、GKの力を活かした守りをしようと、オーソドックスな6：0や5：1システムでのDFが頭に浮かびます。

もちろん、そうしたDFも効果的です。

ここでは、高さと好GKを持つという特徴を最大限に活かして守るために、もうひと工夫してみましょう。

体格、高さはあるけれど、フットワーク力や予測力がないので、1対1ではなく、ボールに密集し、（DF側から見て）2対1、3対2で守れる状況を作りたい。

そのために、DFラインを上げるのではなく、低い位置での3：2：1DFを敷き、相手の中央への攻撃に対して厚く守ります。

DFラインは低くても3：2：1DFを敷くことでDF同士の間が広がり、ポストシュート、カットインシュートに持ち込まれるリスクも生まれます。

そこで107ページの【図9】で示したようにトップ、ハーフ、サイドの3人のDFラインで壁を作るように守れば、サイドシュートへと相手を誘導することができます。

相手をサイドシュートへと誘導することで、優れた力があるGKの存在がクローズアップされ、高確率でシュートを防いでくれる期待が持てます。

3：2：1DFを敷くことで新たに生まれてくるリスクを頼れるGKが軽減してくれるので、トータルではオーソドックスな6：0、5：1DFよりも安定して守ることができます。

また、フットワーク力、予測力には自信がなくても、体格、高さという強みがあります。

第2章で酒巻清治さんがクローズアップしていたハンズアップを怠らずに実践して枝（=手や腕）を張れば、バックプレーヤーからポストプレーヤーへとつながる空間も、つぶすことができます。

チームにマッチしたシステムを工夫して考え出す姿勢とともに、基本をマスターし、忠実に実践し続ける姿勢も大切です。

低い位置での3:2:1DF

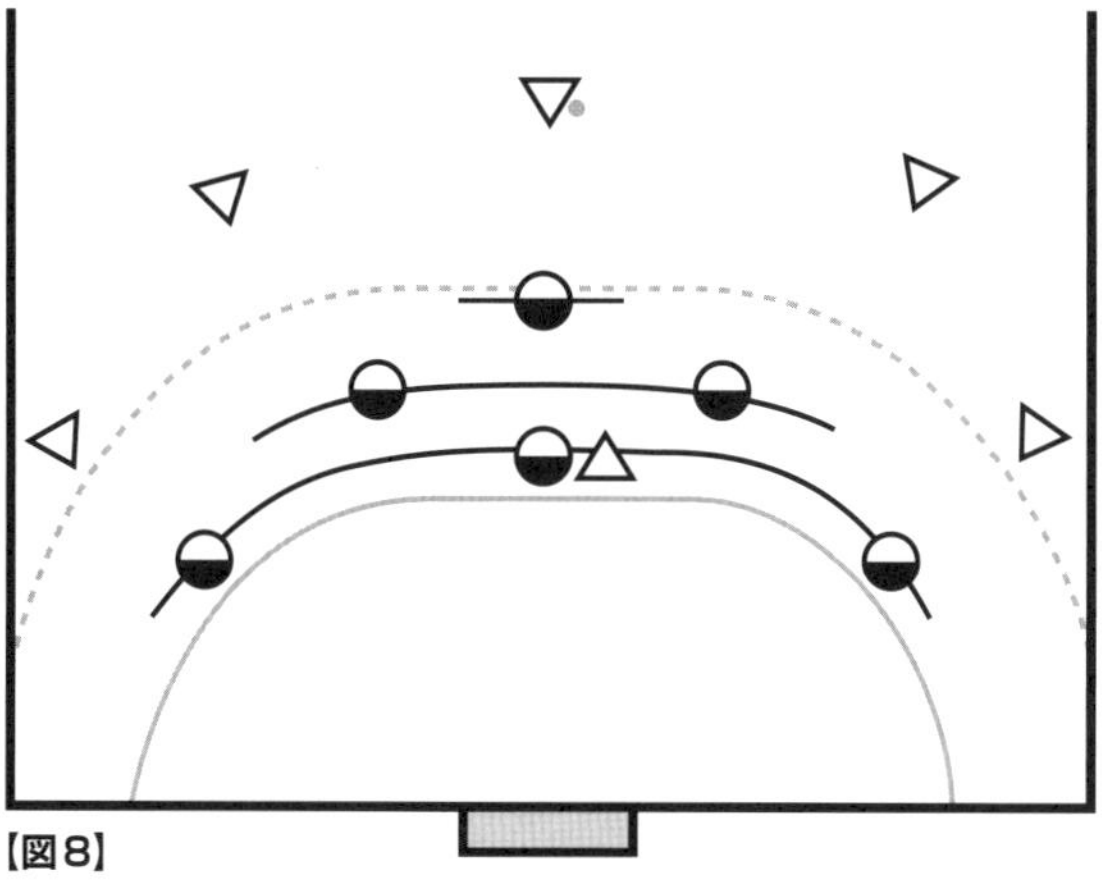

【図8】

低い位置で3：2：1DFを敷き、
相手の中央への攻撃を厚く守る

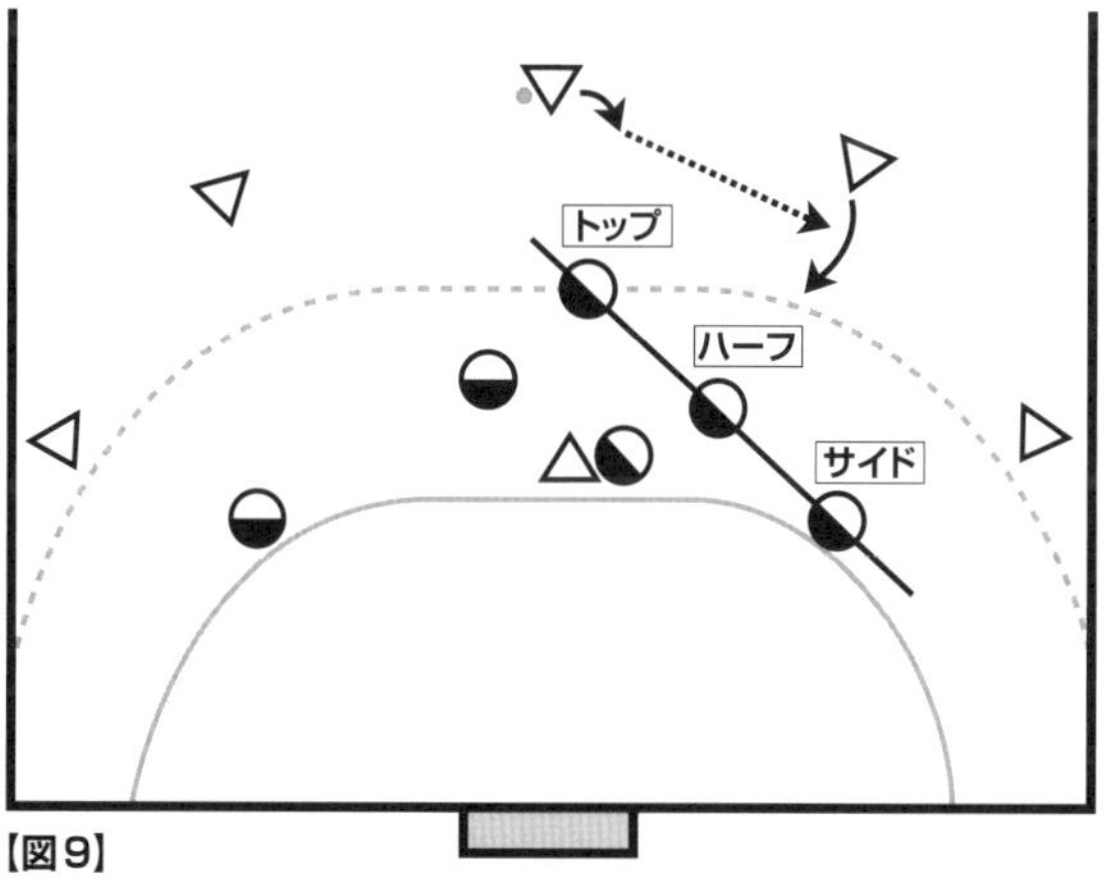

【図9】

トップ、ハーフ、サイドの3人で
DFの壁を作って守る

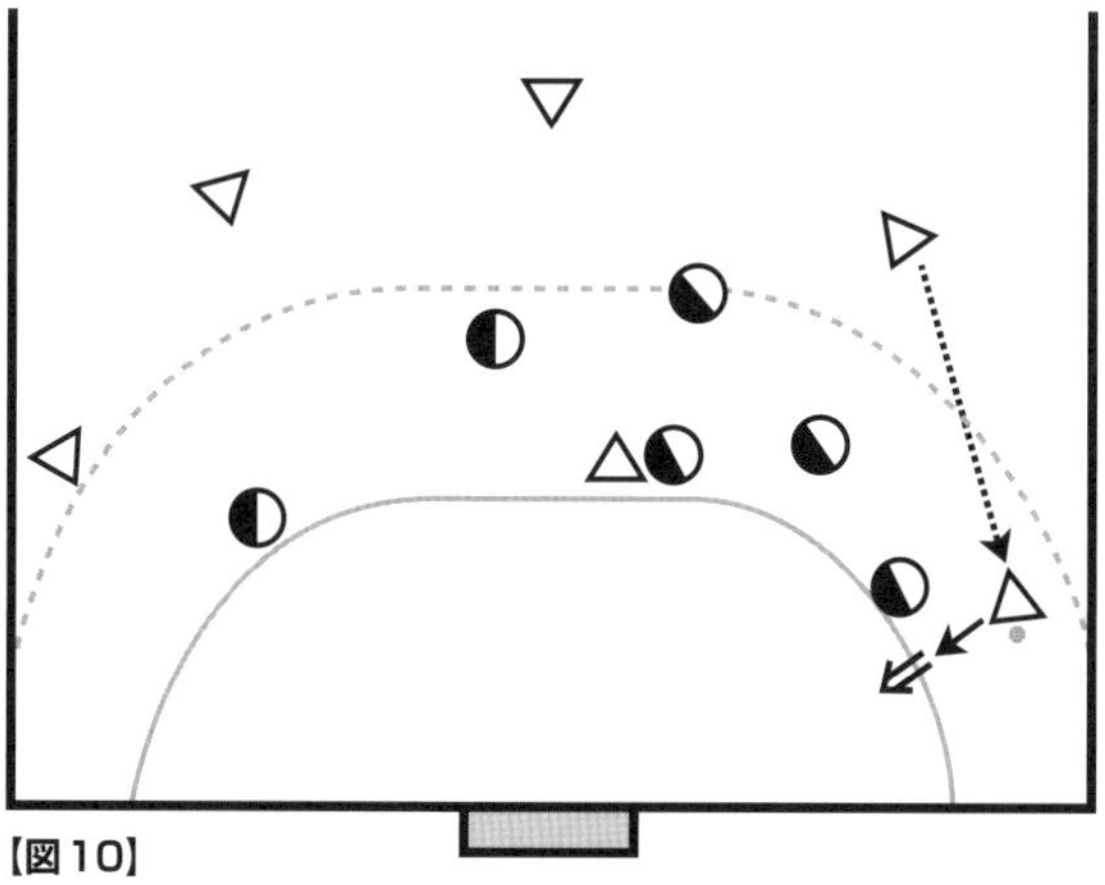

【図10】

相手をサイドシュートへと誘導し、
GKのキーピングで仕留める

ここが強み!!

- フットワーク力不足を高さとGKでカバーする
- 頼れるGKの力をフルに活かせる

ここに注意!!

- ハイレベルのサイドシューターにGKが攻略されると苦しくなる
- ハンズアップで枝を張り、ポストへのパスを遮断する

Key Point!! ハンズアップ

相手の顔を見たり、一歩前に出るだけでなく、気を抜かず、つねにハンズアップして守ることが大切。

System 3

GKをカバーするDF

★積極的な6：0DFや4：2DFで相手にプレッシャーをかける

★追い込まれた相手が打ってくるシュートは確実にブロック

CP6人が体格に恵まれていたり、1人、2人長身選手がいて、フットワーク力や予測力にも優れた選手が揃っている。

けれども、GKがやや心もとない、というチームの守り方を見ていきましょう。

GKが弱点ということは、シュートを打たれる場合、カットインシュートやポストシュートではなく、ロング、ミドルシュートを打たせて勝負したいところです。

さらに、長身選手をフルに活かしてシュートブロックでロング、ミドルシュートを食い止めることができれば、より失点を防ぐことができます。

フットワーク力もあるわけですから、予測的なDF活動も可能となり、より多彩なDFを展開することができます。

高さを活かし、オーソドックスな6：0DFでじっくり守ることもできます。

それでも、せっかくフットワーク力、予測力があるのですから、6：0は6：0でも1枚目（サイド）、2枚目が積極的にけん制に出て、相手、ボールを中へ中へと引き込んでいきましょう。

相手は中央からロング、ミドルシュートで勝負せざるをえなくなり、それを高さを活かしたシュートブロックで仕留めたり、シュートコースを制限して、GKの負担を軽くして対応します。

高さとフットワーク力を合わせ持っているので、積極的な6：0DFだけでなく、左右の2枚目が上がっての4：2DFや4：0＋2DFで守る選択肢も出てきます。

こちらも、高く上がった2人が積極的にけん制を仕掛け、相手をサイドに追い込んでいくのではなく、2枚目は相手にアウトには行かれないような守り方をして、中へ中へと引き込むようなDFを展開していきます。

そして、相手に中央からロング、ミドルシュートを打たせるように追い込んでいきます。

相手がポストへのパスを狙って攻めてきても、強みの高さとフットワーク力を活かせば、対応できるはずです。

中へ中へと引き込んで、相手が苦しまぎれに打ってくるロング、ミドルシュートを確実にシュートブロックで仕留められるかがポイントになります。

シュートブロックが遅れてシュートを打ち抜かれたり、シュートブロック（ジャンプ）のタイミングが早すぎて相手にかわされないように注意しましょう。

けん制を利用した6：0 DF

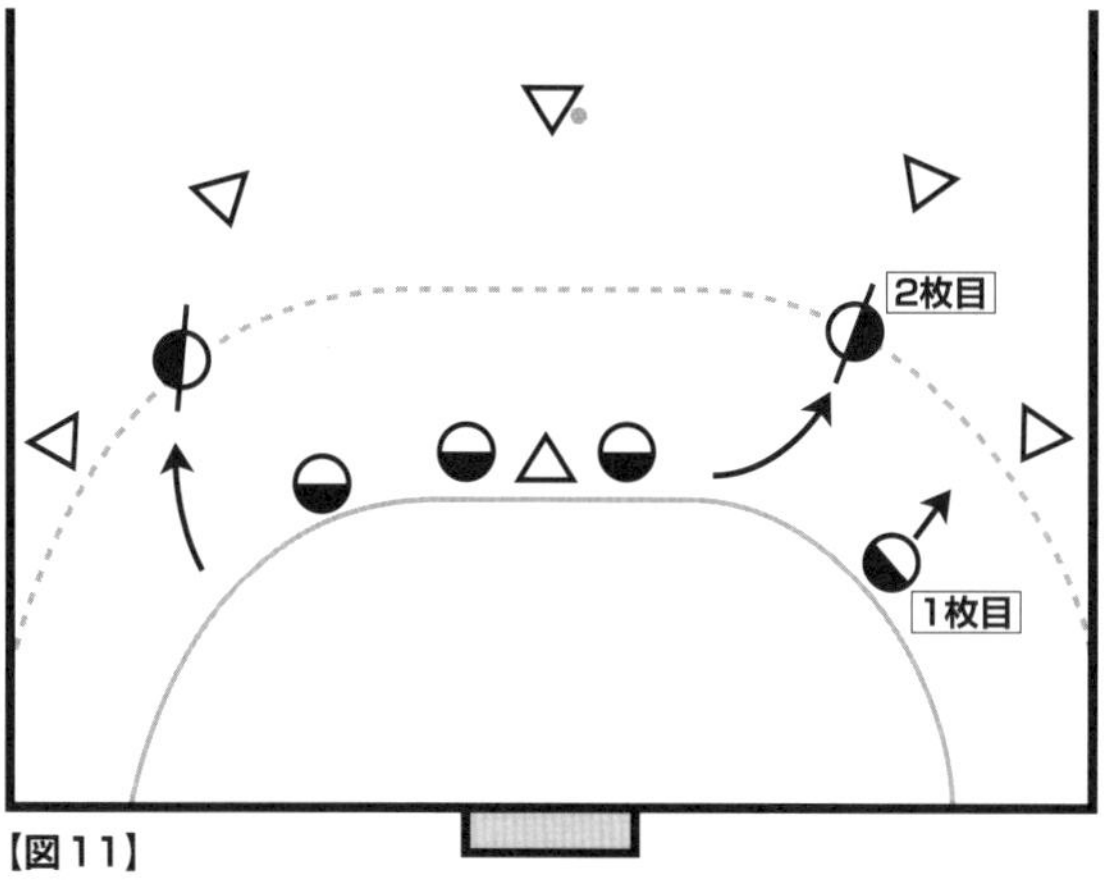

【図11】

左右の1、2枚目が積極的に
けん制を仕掛けていく

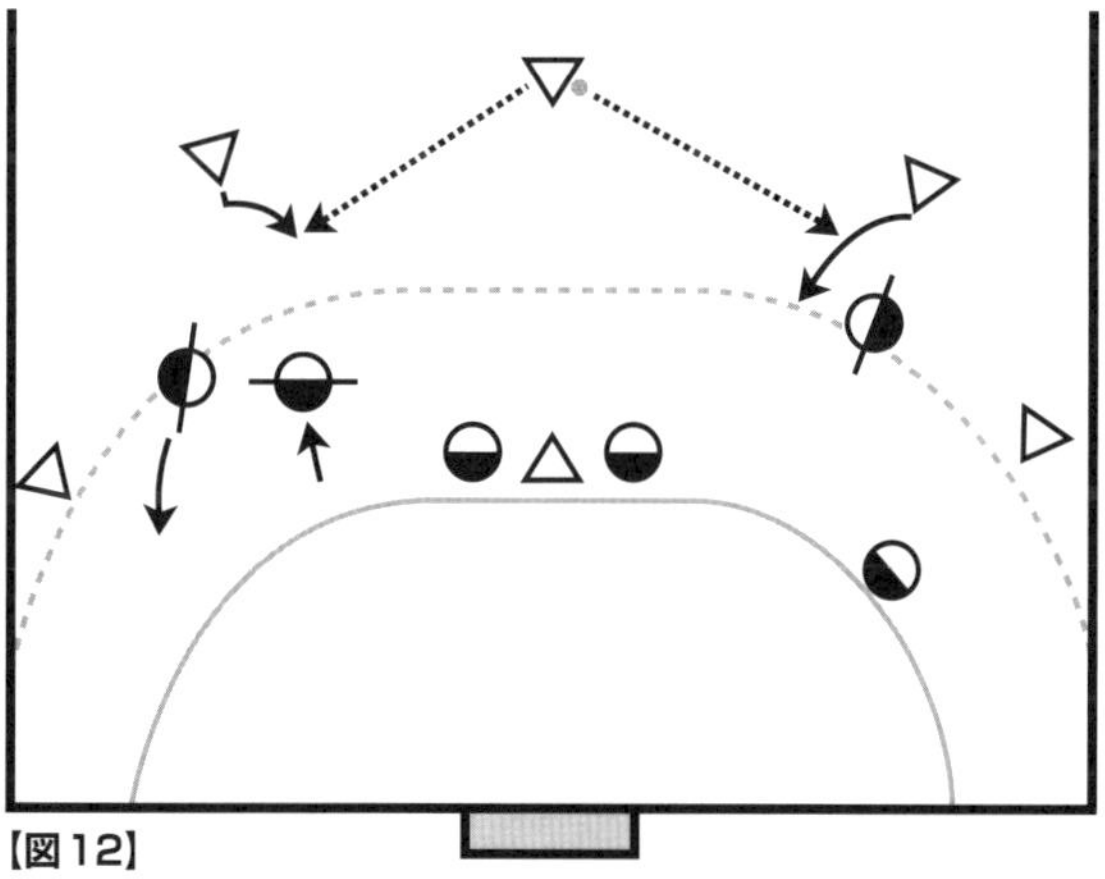

【図12】

けん制を仕掛けることで、
相手は中へ中へと引き込まれていく

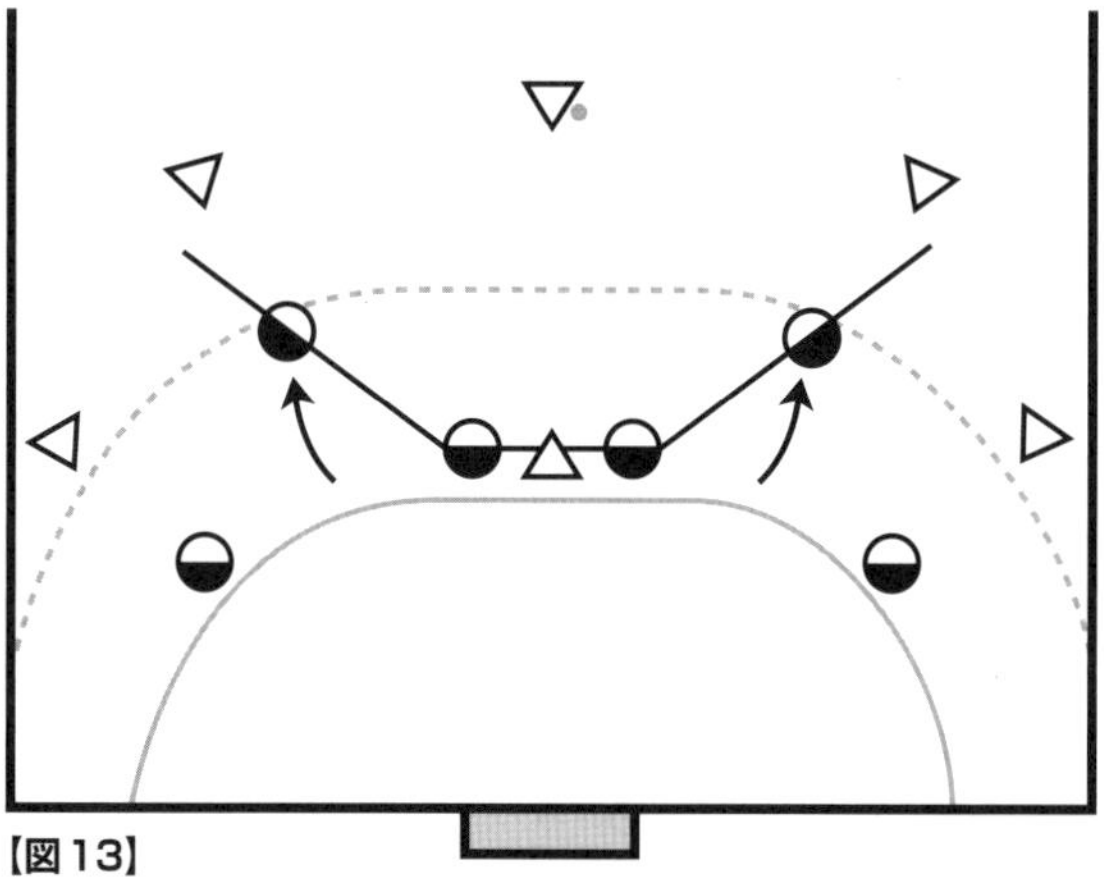

【図13】

中央の4人でおわんのような壁を作って相手の
バックプレーヤー3人を包み込むイメージで守る

ここが強み!!

- 力不足のGKをカバーできる
- 高さとフットワーク力を活かして相手を追い込める

ここに注意!!

- シュートに持ち込ませないように心がける
- シュートを打たれたら確実にブロックを

Key Point!!

シュートブロック②

ジャンプのタイミングが早すぎると相手にフェイントでかわされてしまうので注意が必要。

System 4

GKで勝負するDF

★5：0＋1DFにチャレンジ

★相手のシュート、カットインエリアを制限する

CP6人が小柄で、それぞれのフットワーク力も乏しい。けれども、信頼できるGKがいる、というチームの守り方を見ていきましょう。

強みは信頼できるGKだけ、という状況ですから、フィニッシュの局面でロングシュート、あるいはサイドシュートを打たせて、GKのキーピングで勝負、ということになります。

ロングシュートあるいはサイドでのシュートを打たせての勝負に持ち込むために、体格がないならば、積極的に9mラインの外に出て、相手にプレッシャーをかけていきたいところですね。

しかし、フットワークに自信がないとなると、攻めてくる相手にかわされ、確率の高いカットインシュートやポストシュートに持ち込まれてしまいます。

確率の高いシュートを打ち込まれてしまうと、せっかくの信頼できるGKも活かしきれません。

そこで取り組んでみたいのが、5：0＋1のDFです。

プラス1のDFは5：1DFとは違い、相手のシューター（エース）が攻めるエリア（スペース）に入るパスを制限し、スムーズなOFができないように守ります。

さらにほかのDFもそれほど積極的に前に出ない状態で、相手にけん制を仕掛けます。

これがうまく機能すると、相手はボールの流れを右へ、左へと思いどおりに展開させていくことができません。

DFがボールの流れを左ならば左へ、あるいは右ならば右へと制御することができます。

こうして守ることで、相手のエースがシュート、カットインしてくるエリアを絞る（狭くする）ことが、このDFシステムの狙いです。

相手チームのエースがシュートするエリアが限定されてくれば、GKは的を絞りやすくなります。

GKがロングシュートよりもサイドシュートへの対応が優れているという場合は、サイドに追い込んでサイドシュートを打たせて取る、という守り方もあります。

高さがない、フットワークもないからといって、初めから心強いGKのキーピングに頼るのではなく、DF6人がひと工夫して、少しでもGKの負担を減らすことが大切。

また、現状に甘んじないで、少しでもフットワークを磨く努力も大切です。身長は努力しても伸びるものではありませんが、フットワークは地道なトレーニングで必ず向上していきます。

5:0+1 DF

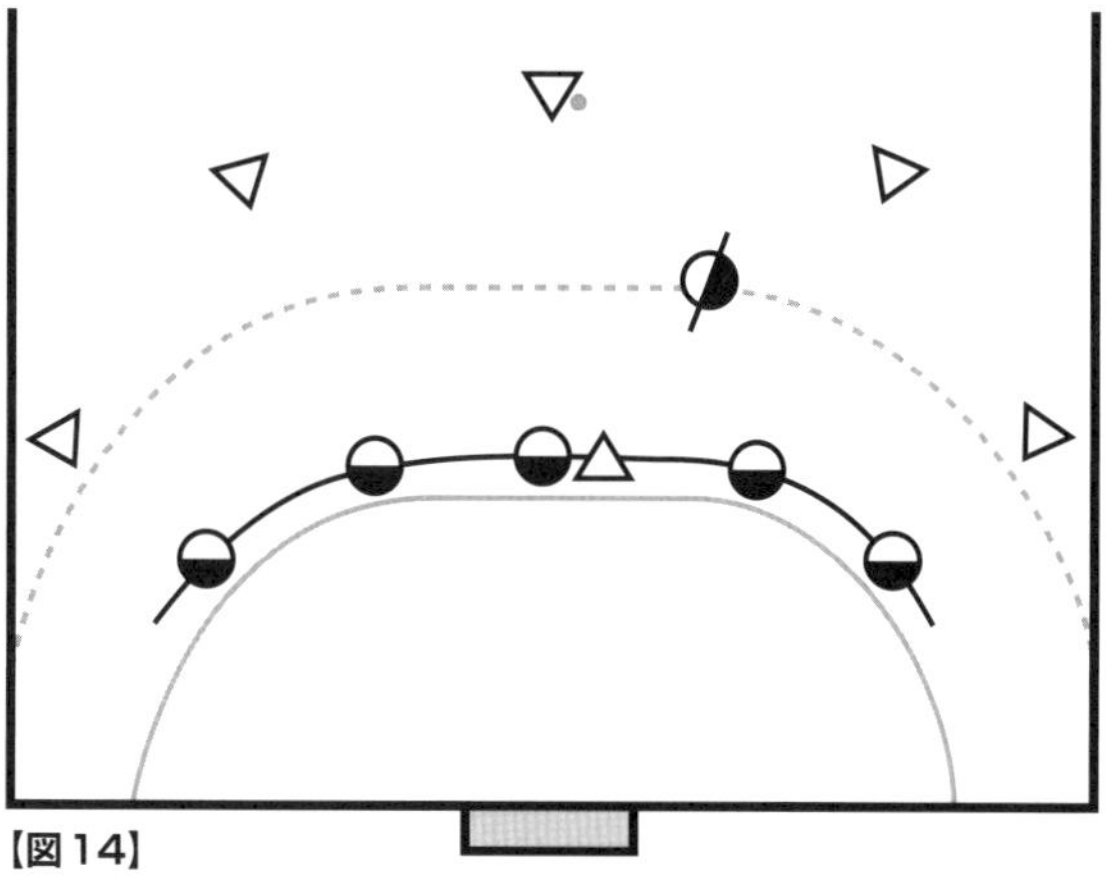

【図14】

プラス1のDFは相手のシューター（エース）が攻める
エリア（スペース）に入るパスを制限するのが役目

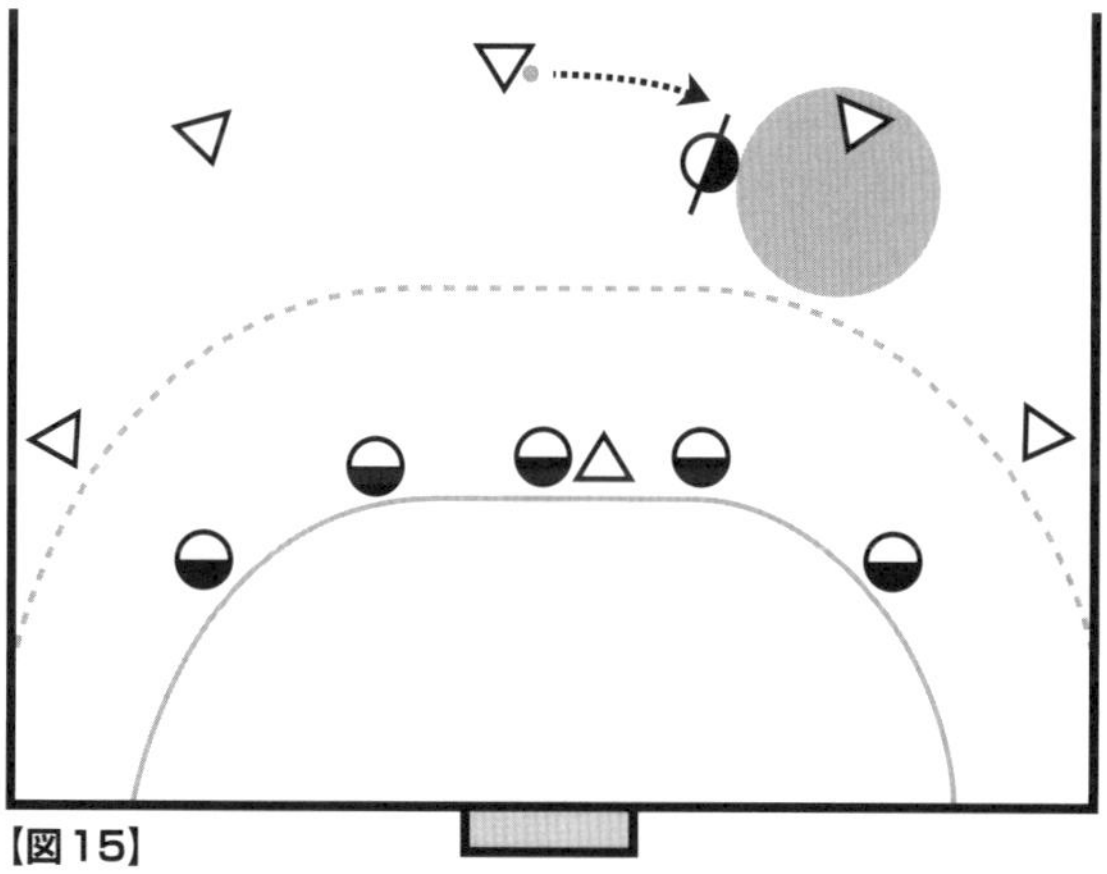

【図15】

相手の左バックのプレーヤーに思うような
パスが渡らないようにけん制をして守る

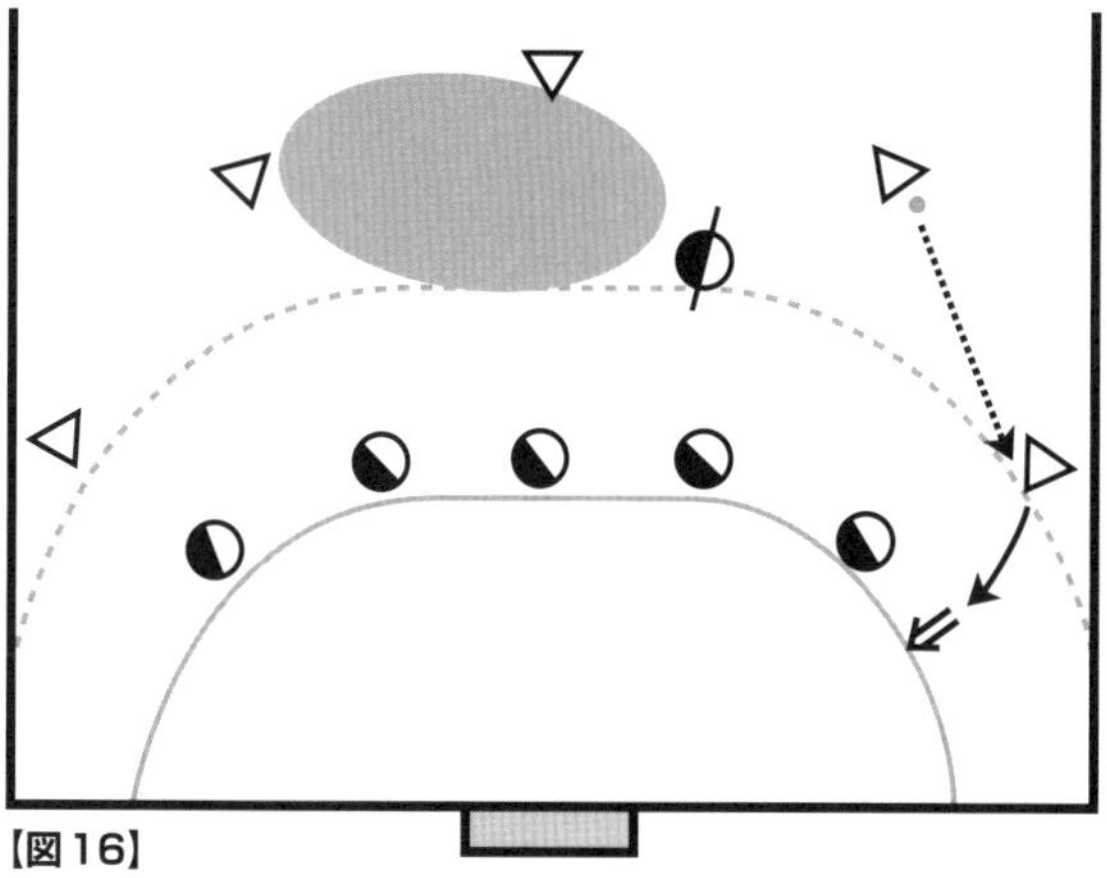

【図16】

中への動きを制限して、サイドシュートを
打たせて取る守り方もある

ここが強み!!

- GKの力を活かせる
- GKの特性に応じて勝負ポイントを変えられる

ここに注意!!

- 6人の有効なけん制が必要になる
- GKが攻略されると苦しくなる

Key Point!!

けん制

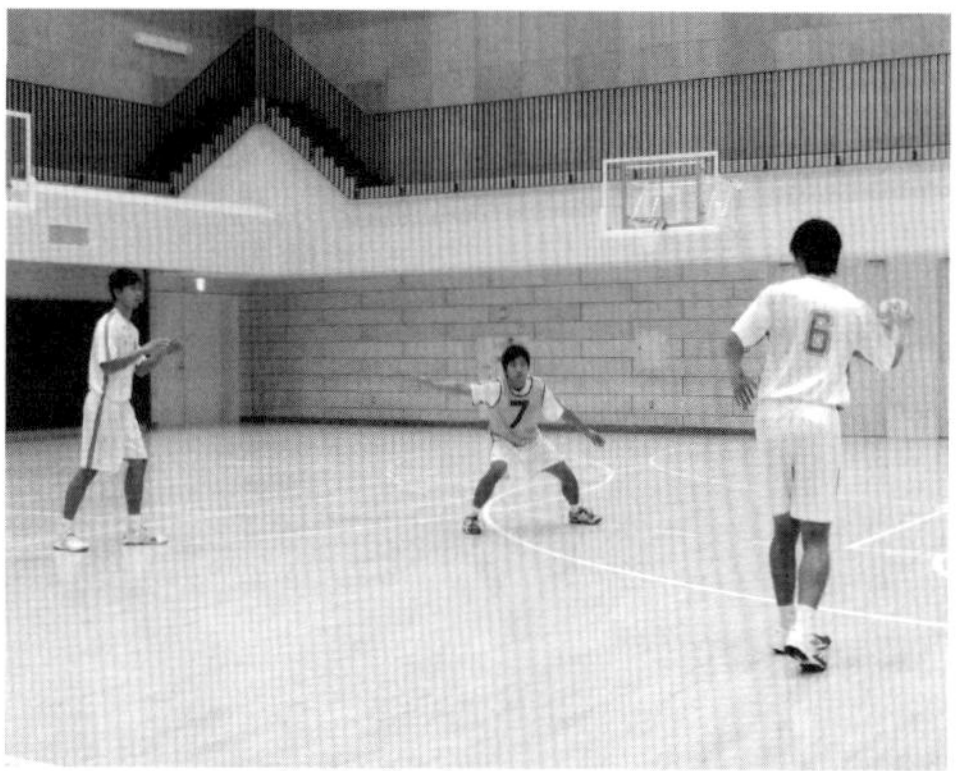

基本から進んで応用になるが、けん制はＤＦをするうえで大切なテクニック。121ページで改めて詳しく解説する。

System 5

フットワーク力で勝負するDF

★積極的、予測的な6:0DFで守る

★先読みをしたけん制を仕掛け、パスインターセプトを狙ったり、苦しい位置からのシュートへと追い込む

体格、高さに恵まれず、GKの力も心もとない。

けれども、CP全員のフットワーク力や予測力には自信がある、というチームの守り方を見ていきましょう。

小柄だけれど、すばしっこい選手が揃ったチーム、ということになりますね。

これまでお話ししてきたセオリーからすれば、体格、高さはないけれど、自信のあるフットワーク力、予測力を活かして、9mラインよりも高めにラインを押し上げていくことが求められます。

さらに、GKが不安要素なので、カットインシュートやポストシュートといった決定率の高いシュートも避けたいところです。

持ち味のフットワーク力、予測力を最大限に活かしたいのですが、3:3、4:2、3:2:1といったDF同士のスペースが広がるシステムで守ると、相手に抜かれたり、かわされると、カットイン、ポストシュートへと持ち込まれるリスクが高くなってしまいます。

それを避けるために、取り組んでみたいのがややラインを上げ、積極的、予測的に守る6:0DFです。

相手のOFの狙いや展開を先読みし、1人、2人と限られたメンバーだけでなく、CP6人全員がけん制を仕掛けます。

相手にDFとDFの間を割られたとしても、となりのDFがカバーし、次の横パスのインターセプトを3人目、4人目のDFが狙います。

ポストへのパスを入れられないようにケアしながら、パスインターセプトを狙ったり、9mラインの外から相手にロングシュートを打たせ、できるだけGKの負担を減らすように心がけて守ります。

CP6人が6mライン近くに立ち並び、6mライン際で相手の攻撃を受け止めるのだけが6:0DFではありません。

100ページからの導入部分でもお話ししたように、6:0、5:1、3:2:1と、いちがいに数字だけでDFシステムを語ることができない、ということが分かると思います。

強みはフットワーク力、予測力だけという場合、やはり身長を伸ばすことは難しいですが、GKがサイドシュートへのセーブ率を上げるなど、少しでもレベルアップすれば、DFの守りの幅が広がり、DFの負担が軽くなります。

フットワーク力、予測力を全面に押し出すとともに、GKのレベルアップにも意欲的に取り組んでいきましょう。

積極的予測的に守る6：0 DF

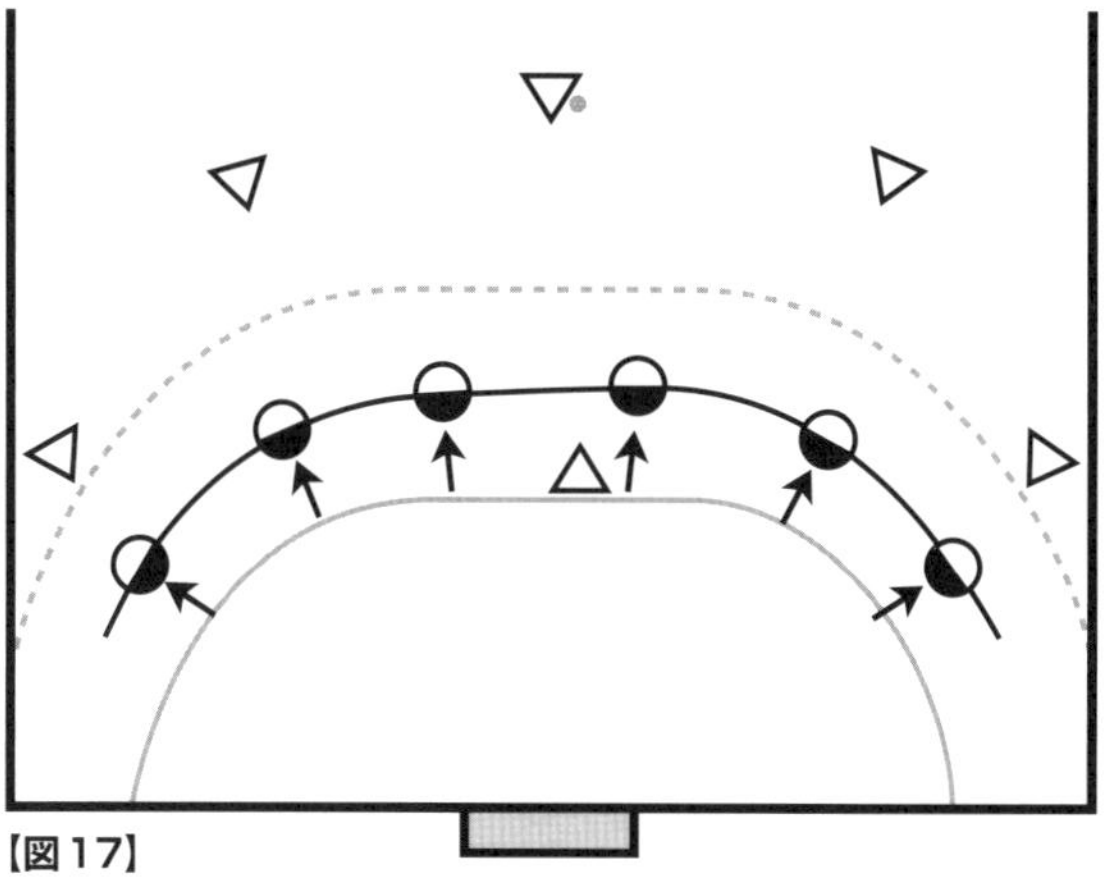

【図17】

ラインを上げ、相手のOFを先読みしていく

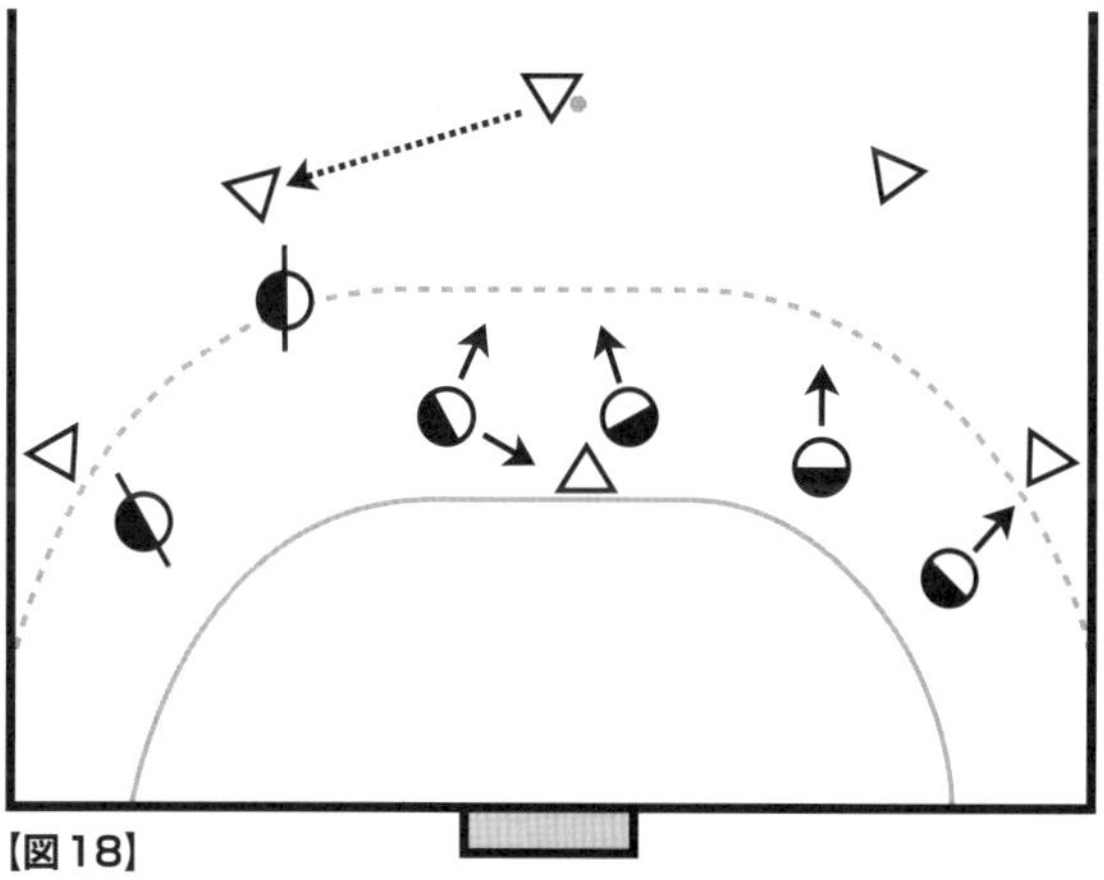

【図18】

CP6人全員がけん制を仕掛けていく

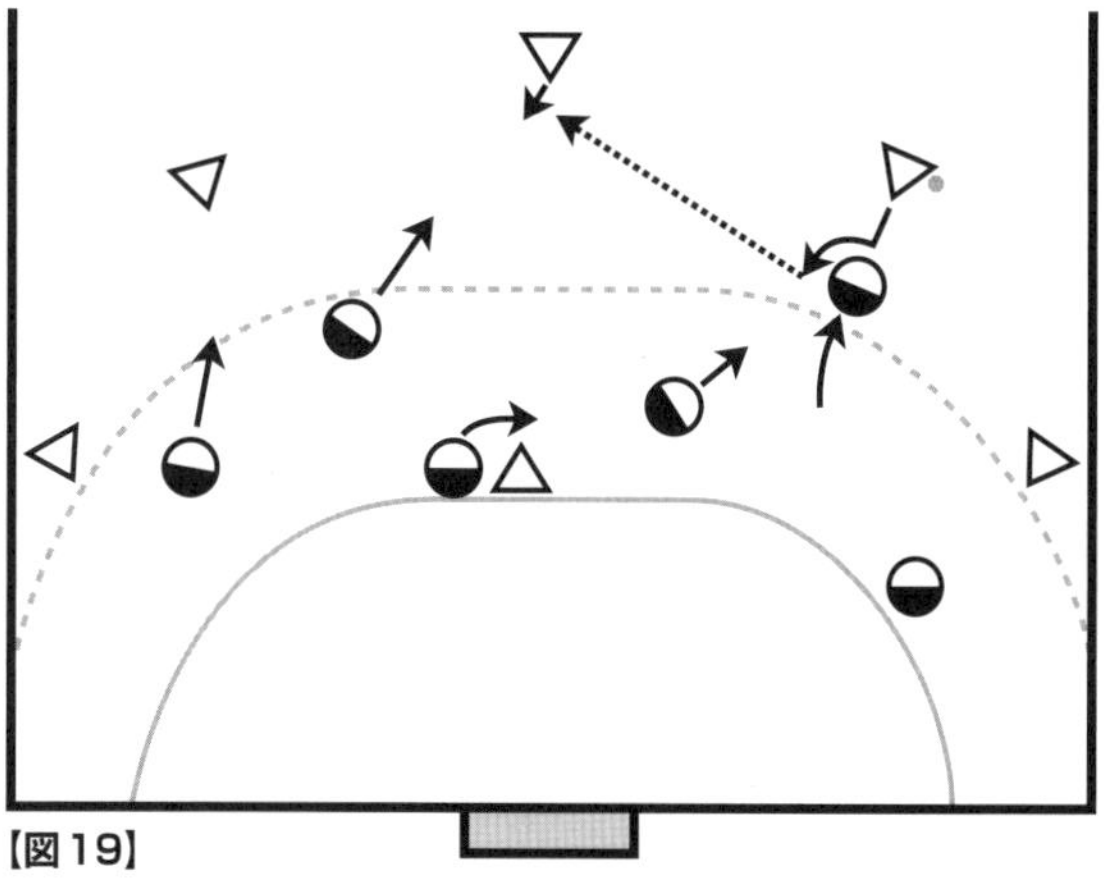

【図19】

DFとDFの間を割られても、となりがカバー。
さらにとなりのDFがパスインターセプトを狙う

ここが強み!!

- 高さ不足、GKの弱点をカバーできる
- 大型チームにも対抗できる

ここに注意!!

- お互いのカバーを怠らないように
- ポストへのパスやブロックプレーにも警戒が必要

Key Point!!

パスインターセプト

つねに準備をしながら相手の動きを先読みし、パスインターセプトを狙う。

System 6

高さ不足をカバーするDF

★ 3：3、4：2、3：2：1DFでラインを上げて守る

★ 抜かれることを恐れず、GKを信頼して高い位置で相手にプレッシャーをかける

体格、高さには恵まれていないけれど、CP全員にフットワーク力、予測力があり、ゴールには優れた力を持って信頼できるGKがいる、というチームの守り方を見ていきましょう。

信頼できるGKのキーピングで勝負する、という守り方も1つの手ですが、せっかくのフットワーク力、予測力を最大限に活用した方がベターです。

下がって守り、シュートブロックで勝負するのではなく、フットワーク力を活かして積極的に前に出て、予測的に守ることにチャレンジしましょう。

3：3、4：2、3：2：1と、ラインを上げて守り、102ページでお話ししたように、①ゆさぶり、②均衡打破の局面で、9mラインの外にも積極果敢に踏み込んでいき、ドリブルカットやパスインターセプトを狙っていきます。

ドリブルカットやパスインターセプトができず、シュートを打たれてもゴールには信頼できるGKがいるのですから、「抜かれたら…」「かわされたら…」と失敗を恐れることなく、どんどん高い位置で相手にプレッシャーをかけていきましょう。

このDFフォーメーションは、世界的に見れば体格で劣る日本代表や韓国代表が大型選手でチームを形成するヨーロッパの国々に挑んでいくイメージですね。

体格で劣っているチームでも、高い位置での積極的・予測的なDFが機能し、GKが高いセーブ率を示せれば、大型の強敵とも互角に戦うことができることは、歴史が証明しています。

体格で優るヨーロッパの国々は、DFラインを上げて守ってくる日本、韓国に対し、ポストにボールを入れ、高さ、パワーを活かしてシュートに持ち込んだり、退場を誘い、数的有利な状況を生み出そうとしてきます。

ポストに簡単にボールを入れられてしまうと、後手後手に回り、DFが崩壊してしまう可能性が高くなりますから、体格で劣るチームは、ポストへのパスをいかに封じるかがポイントになります。

強みのフットワーク力、予測力をフルに発揮して、積極的にパスインターセプト、ドリブルカットをつねに狙うとともに、ポストへのパスを封じるという意識を大切にしましょう。

レベルアップしてくればクロスアタックDFにもチャレンジして、これも102ページの③展開の局面でもボールを奪うことができるようになります。

3：3 DF

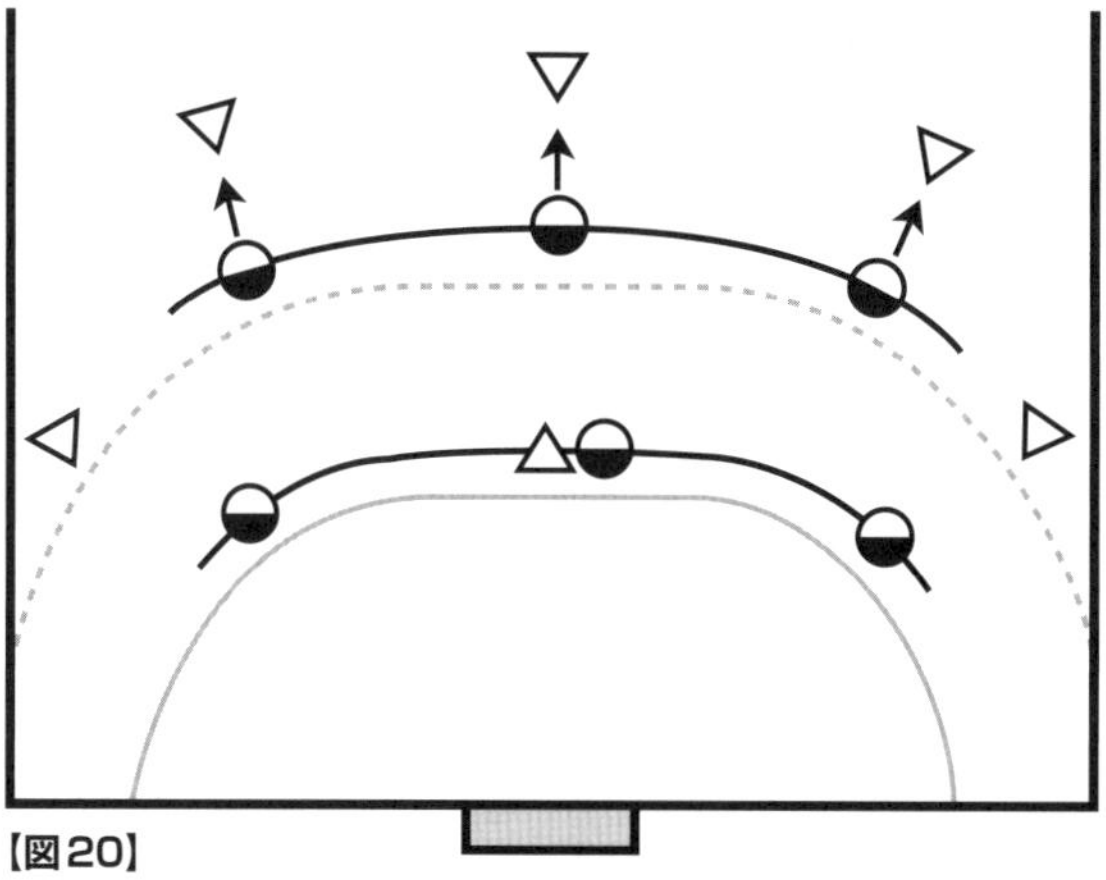

【図20】

4：2 DF

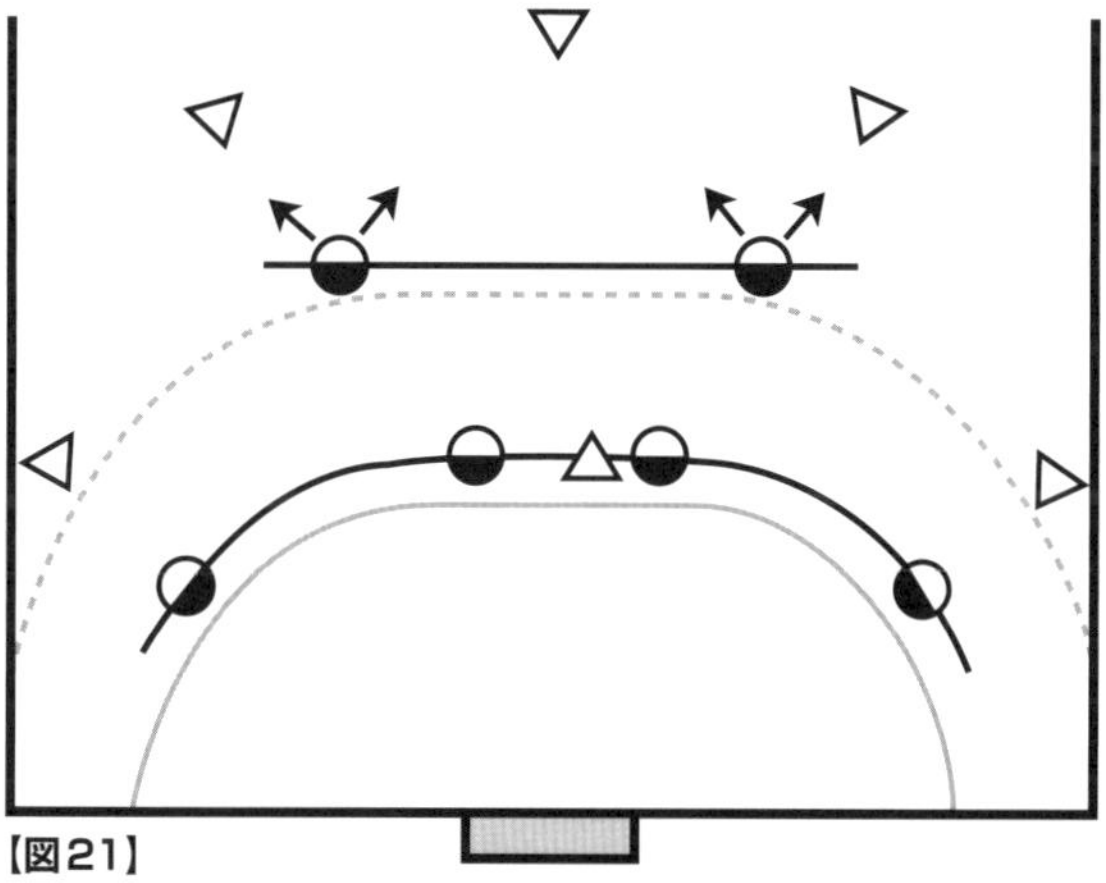

【図21】

3：2：1 DF

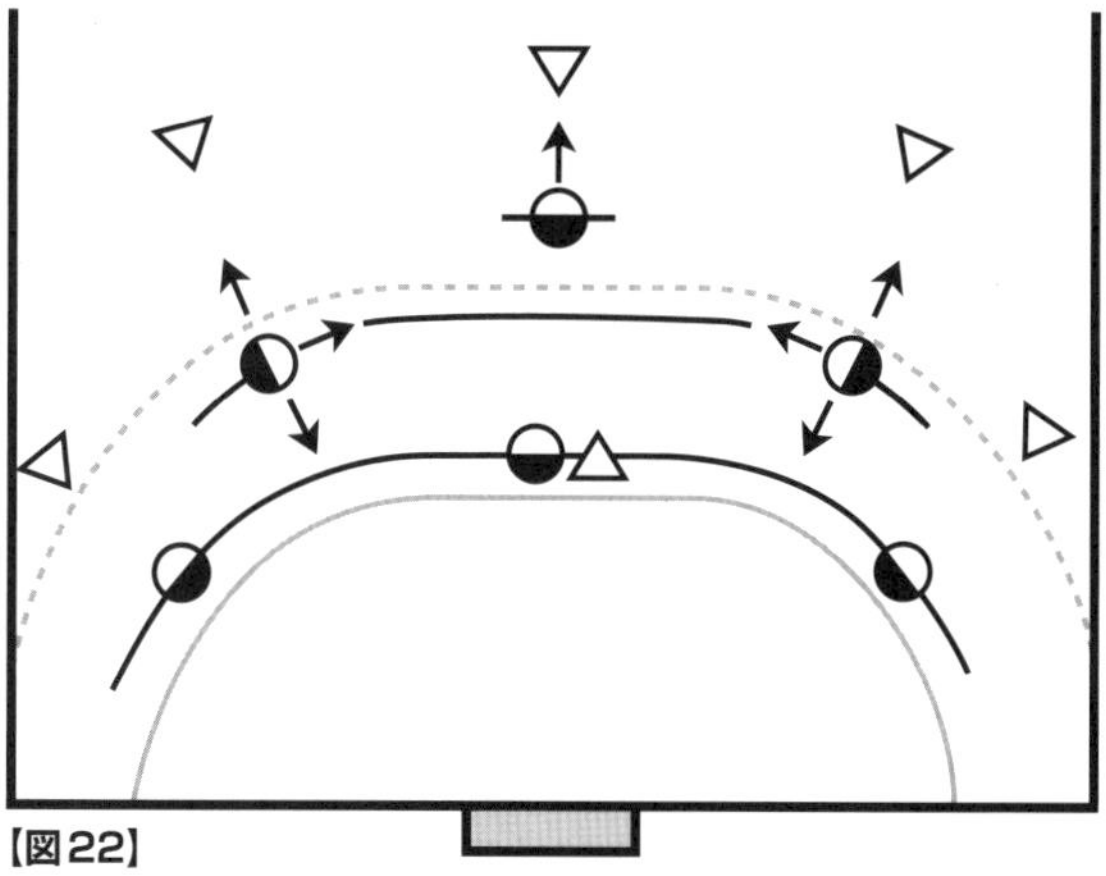

【図22】

いずれもポストへのパスをケアしながら、
ドリブルカットやパスインターセプトを狙っていく

ここが強み!!

- 大型チームに対して有効
- 高い位置で抜かれてもシュート局面でＧＫが勝負できる

ここに注意!!

- 安易にＧＫに頼らず、パスインターセプト、ドリブルカットを狙い続ける
- できるだけポストへのパスを封じる

Key Point!!

ドリブルカット・スティール

高い位置で相手にプレッシャーをかけ、相手の動きを予測しながら、ドリブルカットを狙っていく。

強みをすべて備えたチームと強みがまったくないチームは？

ここでは、体格や高さ、フットワーク力や予測力、優れたGKとすべてが揃ったチーム、逆にそうした特徴、強みがまったくないチームの守り方についてお話ししていきます。

すべてを備えたチームは、115ページまででご紹介してきたような、さまざまなDFに取り組むことができます。

どのような守り方をしても、能力の高いプレーヤーたちがそれぞれのDFシステムを機能させることができますから、守り方を選べる状況にある、とも言えます。

ただ、個々の能力が高いチームは、なんでもできる分、特徴が限られたチームのように「これでがんばっていくしかない」という徹底がしづらくなる可能性もあります。

また「その気になればいつでも守れる」という過信に陥ったり、やるべきことを怠り、DFが崩れてよもやの敗戦を喫することもあります。

さらには、能力が高いということは、OFでもいろいろなことができる力があるはずですから、より興味の湧くOFに大きなエネルギーを注いでしまうかもしれません。

しかし、点差を広げ、勝利に近づくために必要不可欠なのがDF。「やらなければ」の義務感からではなく、相手と駆け引きをしたり、相手の持ち味を消していくことを覚えれば、とても楽しく、主体的に取り組めます。

個々の能力が高いチームこそ、DFへの意識、興味を高め、より高いレベルのハンドボールを追究してほしいと思います。

逆に、これといった特徴、強みがないチームは、正直、厳しい戦いが待っていると言わざるをえません。

思い切って前に出ても、フットワーク力や予測力がなければ相手に抜かれてしまいますし、消極的、ボール中心、反応的と、リスクを最小限に抑えるオーソドックスな6：0DFで守っても、相手にシュート力に優れたエースがいれば、やすやすとロング、ミドルシュートを打ち込まれ、GKも対応できません。

DFで失点を食い止めることができなければ、どれだけOF力をつけ、得点を重ねても、試合で勝つのは難しくなります。

それでは、特徴、強みがない、というチームはどうすればいいのか？

強みを身につける一番の近道は、フットワーク力、予測力を磨くことでしょう。

DFのフットワークというと、6mラインから9mラインまで出ては下がるを繰り返すといった地道なトレーニングがイメージされるかもしれません。

もちろん、そうした地道なトレーニングも大切ですが、遊びの要素を取り入れたり、より実戦に近い形でフットワーク力、予測力を磨いていくトレーニングもあります。

トレーニングを継続し、DFへの興味を持ち続けるためにも、後者のトレーニングを多くメニューに取り入れ、よりポジティブに取り組む工夫をしてみてはいかがでしょう？

以下では、フットワーク力、予測力の養成につながるトレーニングメニューを紹介していきます。

フットワーク、予測力をつけるためのメニュー①

【写真2】

【写真1】

【写真1】の流れで、①合図を出す人は後方に下がり、スティールにいく人は前進しながら、②合図を出す人は前進し、スティールする人は下がりながらでも行なえます。

2人1組で行なうトレーニング。ボールを腰のうしろに隠した人とボールをスティールしにいく人が向かい合います。スティールにいく人はボールを隠した人がボールを出したらスティールしにいき、ボールを隠したら再びバックステップで戻ります。ボールを持っている人は、ボールを出すふりをして腕だけ出す、ボールを隠してすぐまた出すなど、フェイクも盛り込みます。

フットワーク、予測力をつけるためのメニュー②

【写真3】

【写真4】

2番目のメニューは4人1組で、3人はパスを回し、1人がパスインターセプトを狙っていくものです。

ボール回しは右回り、左回りのように限定する必要はありません。

インターセプトを狙う1人は、3人が回すパスを予測しながら動きます。

しっかりとハンズアップの動作が盛り込まれていることにも注目してください。

また、インターセプトだけでなく、ボールを持った人にコンタクトして、フリースローを取りにいく姿勢も大切にしてください。

このようにゲーム感覚で行なうメニューにも、ＤＦの基本要素がたくさん含まれていることがわかると思います。

このメニューは、ＤＦだけでなく、パスのトレーニングとしても有効です。

フットワーク、予測力をつけるためのメニュー③

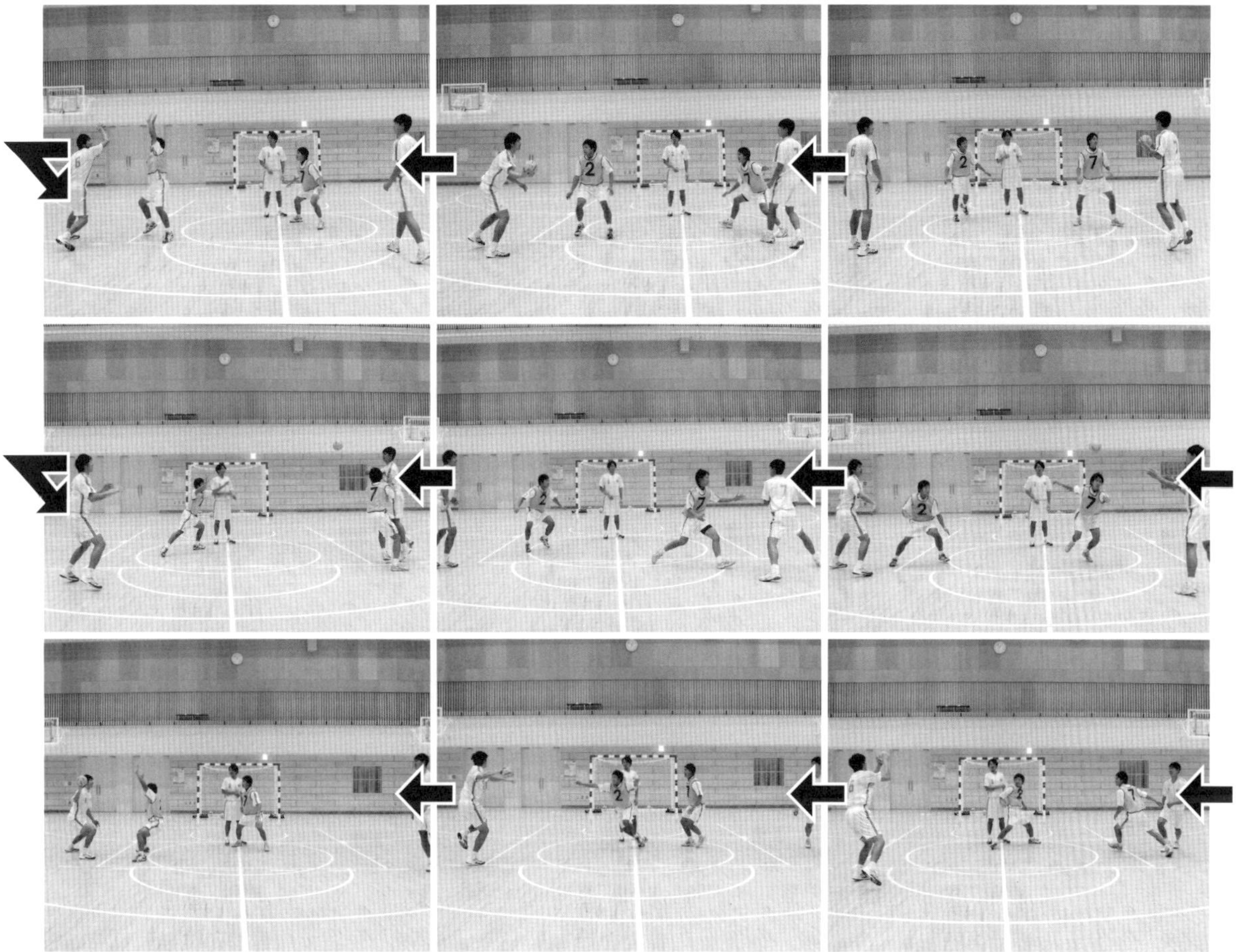

【写真5】

3番目のメニューは5人1組で、ＤＦ2人対ＯＦ3人、2人のバックプレーヤーがポストへのパスをうかがい、ＤＦ2人はそれを防ぎ、パスインターセプト、あるいは、コンタクトしてのフリースローを狙いにいきます。

ＤＦは同時に前に詰めてしまうとポストががら空きになってしまいます。ＯＦのパスに合わせて詰める、下がるを繰り返しながら、インターセプトやフリースローを狙いましょう。

今回は3つの特徴の「ある、なし」で8つのタイプに分け、より効果的な守り方を考えてきました。

みなさんのチームの特徴を踏まえ、どう守っていくかの方向性が見えてきたでしょうか?

次のページからは、絶対的なエースがいる、サウスポーのロングシューターがいる、大型ポストがいる、といった相手の特徴に応じて、より効果的と思われる守り方を紹介していきます。

ここまでの内容と組み合わせ、ターゲットに応じた最適なＤＦを見つけ出し、より多くのチームのみなさんがＤＦでの駆け引きを楽しんでくれれば、と願っています。

フットワーク、予測力をつけるためのメニューの動画をQRコードから見てみよう!!

相手の特性に応じた守り方

99〜119ページでは、第1〜4章を踏まえ、チームとしてどのような守りを展開していくか、相手のOFのどの局面を守るか、という視点に立ってお話ししてきました。

ひと口に「6・0DF」（以下、DFは省略）と言っても、6人が6mライン際に立ち並んで、攻めてくる相手を待ち受けるスタイルがすべてではなく、いろいろな守り方があります。

相手のセットOFに対し、効果的な導入を防いでシュートを打たせないようにしたいのか、シュートを打たれてもシュートブロックやGKとの連携で対応したいのかで、守り方も変わってきます。

そうしたことをお伝えしながら、長身選手がいる、信頼できるGKがいる、フットワーク、予測力に乏しい、といったそれぞれのチームの特徴に応じ、より効果的と思われる守り方をご紹介しました。

「ウチのチームには、こんな守り方が合っているんじゃないか」

「これまでの方針、考え方を見直

し、こんな守り方にチャレンジしてみよう」

そんなイメージが湧いてきているでしょうか？

ここからは、何度か登場したけん制など、以降でご紹介する守り方にチャレンジするために有効、必要なテクニックをより詳しくお伝えするとともに、絶対的なエースがいる、サウスポーのポイントゲッターがいる、といった相手の状況に応じた効果的な守り方を解説していきます。

119ページまでの内容と組み合わせることで、よりチームに合ったDFを見つけていきましょう。

とかく受け身になりがちなDFにポジティブに取り組み、相手の持ち味を封じたり、相手の動きを自分たちの思惑どおりに誘導するなど、DFならではの駆け引きをコート上でできるようになれば、ハンドボールがよりいっそう楽しくなります。

セットOFの局面

①ゆさぶり
⇩
②均衡打破
⇩
③展　開
⇩
④シュート

※どの局面を守るか（守りたいか）で守り方が変わってくる

個人のDF活動

積極的	↔	消極的
人（マーク）中心	↔	ボール中心
予測的	↔	反応的

マスターしておきたいテクニック

Technique 1 けん制

99〜119ページではチームの特徴に応じた守り方をご紹介しました。

そのなかのいくつかのシステムで「けん制」というテクニックが出てきました。

みなさんが備えている、理解しているテクニック、という前提でお話ししましたが、基本から進んだ応用ということ、また、ここからお話ししていく守り方の中でも頻繁《ひんぱん》に出てきて、とても大切なテクニックになりますので、じっくり解説していきます。

フットワークに自信があるならば、次の122ページ【写真6】のように「（相手に）パスが入ってからきちんと守るぞ!!　さあ、こい!!」という姿勢で守ることができます。

相撲の横綱が格下の相手に胸を貸すような状況ですね。

けれども、フットワークに自信がない、あるいは、シュート力のある相手にシュートを打たせたくない、打たれたとしても少しでもシューターが苦しい状況に追い込みたい、というのならば、腰を落とし、相手の出方を待って守るわけにはいきません。

そこで必要となるのがけん制です。

123ページの【写真9】は、よいけん制の例になります。

写真を見る限り、相手には思いどおりに動けるスペースが充分にあり、「この動き（けん制）に意味、効果があるのか?」と感じるかもしれません。

それでも、これで充分にけん制になっています。

【写真6】

相手のセットOFのゆさぶり局面で、リズムのよいパス回しをさせないこと、スムーズな突破を制限することがけん制の目的になります。

相手がほんの少しでも「うっ…」となったり、パス回しのリズムを崩せば、けん制成功です。

【写真9】でのDFの選手は、パスをしようとする選手に絶妙な位置でプレッシャーをかけています。

「けん制」と言うと、ひたすらアグレッシブに動き回り、インターセプトを狙わなければいけないと思っている人もいるかもしれませんが、それは正しくありません。

そもそも、ハンドボールの試合では、よほど相手との地力に差がないかぎり、けん制から相手のパスをインターセプトしてボールを奪うのは難しいものです。

力の差があるチームとの対戦ならばともかく、実力拮抗の相手との対戦ならば、セットDFでのインターセプトは1、2回あるかどうかといった程度でしょう。

また、高く前に出て、相手にプレ

ボール中心で守る時のけん制

【写真7】

右側の選手から自分のマーク（左側の選手）へのスムーズなパスを送られないようにけん制します。

右側の選手が左側の選手へのパスではなく、となりのDFへの1対1を仕掛けてきた場合も、いち早くカバーできます。

反面、前に出過ぎたり、マークが不充分だと、左側の選手に裏を取られやすくなるリスクもあります。

人中心で守る時のけん制

【写真8】

メインは自分のマーク（左側の選手）ですが、肩ごしに右側の選手を見ることも忘れずに。自分のマークだけ見ていたら、けん制ではなく、マン・ツー・マンでのマークになってしまいます。

左側の選手に裏を取られることはまずありませんが、右側の選手がとなりのDFへの1対1を仕掛けた時は、カバーが遅れるリスクがあります。

右側の選手から左側の選手へのパスコースからも距離があり、けん制が効いていないように思えますが、右側の選手は、この距離でも「スムーズにパスが回せない」と感じます。

また、これ以上パスコースに近づくと、左側の選手に裏を取られる危険が高まります。

【写真9】

ッシャーをかければ、インターセプトの確率が上がるように思われがちですが、じつはインターセプトが多いのは、9mラインの中のプレー、というデータもあります。

必要以上に相手にプレッシャーをかけようとしたり、是が非でもインターセプトを狙ってやろうと前に出過ぎて、裏を取られてしまい、となりの人とのコンビに迷惑をかけるようでは本末転倒です。

一生懸命に守っているつもりが、じつは相手にチャンスを与えてしまっている、というケースも見受けられますから、注意が必要です。

【写真10】

手が上がっていることに要注目。手が上がっていても下がっていてもパスをインターセプトできる範囲に違いはありませんが、相手に与えるプレッシャーが違います。手のひらからもパワーを出すつもりで!!

けん制の目的を理解しよう

けん制の仕方にはいくつか種類がありますが、ここでは122ページの写真のように、ボールを中心に守る時**【写真7】**と人を中心に守る時**【写真8】**と代表的な2つのけん制を紹介します。

いずれも写真右側の選手からDFの選手がマークしている左側の選手へのスムーズなパスをさせないことが目的です。

結果的に右側の選手から左側の選手へのパスがとおされても「インターセプトできなかった」と気にすることはありません。

目や身体だけでなく、手が上がっていることが重要です。

手のひらが相手に見えるようにして、手のひらからハンドパワーを出すぐらいのつもりで相手にプレッシャーをかけましょう。

122ページでお伝えしているように、ボール中心で守る時、人中心で守る時のけん制ともに、ウイークポイントもあります。

それはストロングポイントの裏返しですから、仕方ありません。

チームとしてどう守るかの共通理解があれば、けん制を難しいと考えたり、ネガティブに捉えないでほしいと思います。

次の124ページでは、けん制で相手の動きを制限したり、となりのDFと協力してのインターセプトにつながる動きなどを写真で紹介します。

この章において、効果的な守り方として紹介する場面にもつながっていく動きなので、しっかりとマスターしてください。

けん制を活かしたプレーの例

パスインターセプトを狙ったりサイドへと誘導

【写真12】

相手のパスコースにより近づいてのけん制です。両手を上げてけん制に出たＤＦを避けようと、手前の選手が山なりのパスやバウンズパスを送れば、となりのＤＦがパスをインターセプトできるチャンスが広がります③④。

③´④´は、けん制に出たＤＦ、インターセプトを狙ってくるとなりのＤＦの動きも避けて、サイドに飛ばしパスを送った例です。

サイドに飛ばしパスを送られた時の対応はさまざまです。サイドシュートを打たせてＧＫとの勝負とするか、サイドのＤＦが止まれる位置まで戻ったうえで、サイドのＯＦにインに入ってこられた時はけん制に出ていたＤＦが戻ってカバーする、という守り方もあります。ＧＫの特性なども考慮して、チームとしての対応を決めていきましょう。

相手のＯＦを内側へと誘導

【写真11】

108、109ページで紹介したSystem ３のＤＦなどで有効なけん制です。

相手のＯＦを内側（コート中央）へと誘導することに成功しています。

①
OFがけん制に出ている
DFの裏のスペースを狙う
②
③
けん制を続けながら左へ
④
OFはいつの間にか
追い込まれている
⑤
⑥

【写真13】

Lフォーメーションで守るけん制

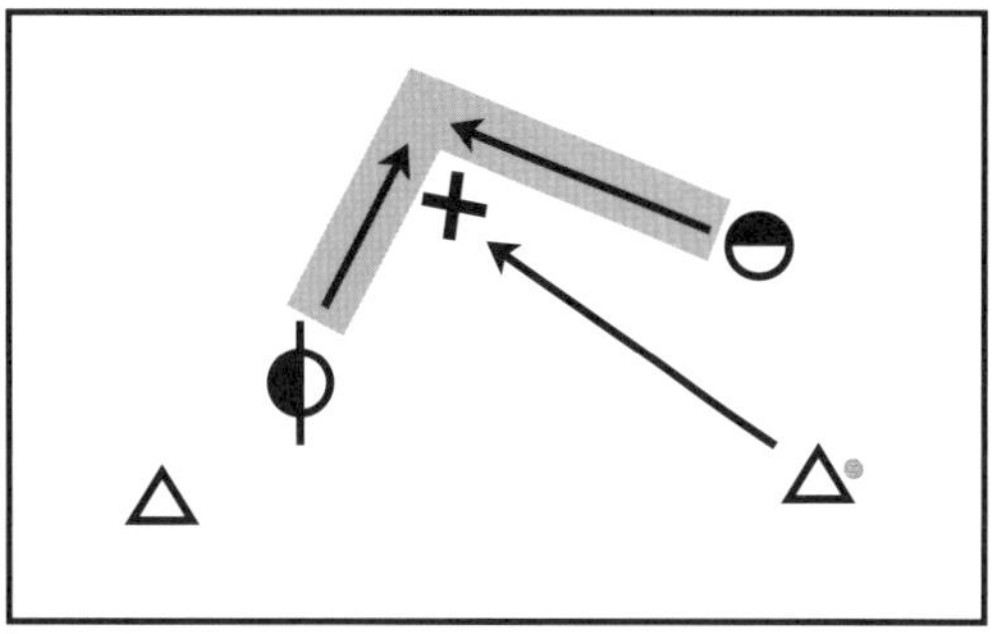

【図23】

この項の最後に、けん制を利用して相手を2人で守る方法をご紹介しましょう。

【写真13】の①では、左側のDFが右側のOFに対してけん制をしています。

左側のDFがけん制に出たことで、右側のOFには突破のスペースが生まれ、右側のOFはDFとDFの間の突破を狙ってきます。

この動きに対し、左側のDFはけん制を継続しながらDFから見て左へ、右側のDFはDFから見て右へと、サイドステップで動き、DF双方の間を詰めていきます。

右側のOFは「スペースがある」と感じて前を攻めていきますが、最後の最後でそのスペースは閉じられました。

【写真13】の④、⑤では、右側のOFは前にいけばチャージング、仕方がないのでパスをと思っても、パスコースが制限された状況に追い込まれています。

その状況を打破するために、左側のOFに浮いたパスを送れば、左側のDFの左どなりにいるDFにインターセプトのチャンスが生まれますし、しっかりしたパスを送ろうとすれば、左側のOFは下がらなければなりません。

けん制が見事に成功して、相手のOFの流れを止めたプレーです。

2人のDFが【図23】のように、けん制をしながらL字を描いて動いていることがわかると思います。

この守り方を『Lフォーメーション』と呼んでいます。

こうしたけん制の動きは、5：0＋1のDFシステムなどで効果的です。

Lフォーメーションの動画を
QRコードから見てみよう!!

Technique 2 シュートブロック

【写真14】

チームの特性に応じた守り方をご紹介した99〜119ページでも、ポイントとしてしばしば出てきたのがシュートブロックです。

中途半端に前に詰めたり「出遅れた…」とあわてて前に出るよりも、最後のシュート局面を待ってこのようにブロックすることが、より有効、確実だと思います。**【写真14】**は中央に立ち並んだ大型選手がシュートブロックに跳んでいますが、**【写真15】**は小柄な選手２人がシュートブロックに跳んだシーン。高さには欠けますが、それでもシューターは下には打ちづらいもの。GKは「下へのシュートはない」と絞りやすくなります。小柄でも諦めずシュートブロックに跳ぶ姿勢は大切です。

【写真15】

シュートブロックの動画をQRコードから見てみよう!!

【写真16】

ＤＦとＧＫの連携も重要です。左の写真はＤＦが遠め（流し）をつぶしているので、ＧＫは近め（引っ張り）へのシュートをケアします。

Technique 3 ドリブルカット・スティール

1対1でのドリブルカット

身体を当てながらボールをカットする

【写真18】

2人のコンビを活かしてのドリブルカット

OFがDFをかわそうとするところを狙っていく
ドリブルをタイミングよくカットする

【写真17】

フットワーク力があればラインを上げて相手にプレッシャーをかけ、ドリブルカット・スティールを積極的に狙っていきます。

相手の動きを予測し、相手との間合いを詰めながらチャンスをうかがいます。

となりのＤＦと、となりのＤＦがマークしている相手の動きへのチェックも欠かさずに、その動きをよく見るようにします。となりのＤＦのマークを受けた相手が、マークをかわそうとドリブルをつく瞬間を見逃さずにカットに出ます。

ドリブルカット・スティールの動画をQRコードから見てみよう!!

CASE 1

対応力豊かなエースがいるチームと戦う場合

★エースにボールが入らないようにして守る

★エースと真っ向勝負して守るのも一考

まずは、対応力も豊かで強力なエースのいるチームと戦うDFから考えていきましょう。

相手のエースはシュート力だけでなく対応力もある、ということは、周囲にお膳立てをしてもらってドカンと打つだけのプレーヤーではない、ということです。

DFが前に詰め遅れればロング、ミドルシュートを打ってきますし、DFが前に詰めればポストへのパスも狙ってきます。

さらに、マークしようとDFが寄っていけば、次のチャンスへのパスも出せる。

DFがジャンケンのグーを出せばパーを出してきて、パーを出せばチョキを出してくる、という力を持っていることになります。

このように柔軟な対応力あふれるエースを擁したチームと戦った場合、DFが相手に先手を取られてしまうと、自由自在にプレーされてしまいます。

そうならないためには、DFは初めから相手とジャンケンそのものをしないようにすればいい。

相手のエースにボールが入らなければ、相手はジャンケンをすることができません。

「エースにボールが入らないようにする」というと、マン・ツー・マンでマークすることがまず頭に浮かぶでしょう。

もちろん、マン・ツー・マンでエースをマークするのも1つの手ですが、そうした能力の高いプレーヤーを擁する相手はマン・ツー・マンを仕掛けられることは想定済み。対処法を持っており、あわてずに解決できるものです。

そうしたことを踏まえ、チャレンジしてみたいのが、予測的に守って相手の攻めるエリアを制限する5：0＋1や6：0でエースにボールが入るところを積極的にけん制に出る守り方です。

129ページで説明しているように、エースにできるだけボールが渡らないようにする、あるいは、エースがプレーできるエリアを制限して、DFが先手を取れるようにしていきましょう。シュートを打たれたとしても、最大限に負荷をかけた状態をめざします。

1人、2人と長身選手がいたり、信頼できるGKがいるならば、エースの放つシュートと真っ向勝負、という選択もできます。

相手の一番強いところで勝負し、その勝負に勝てたのならば、相手に残る策はなくなります。

相手の力量、自分たちのチームの特性をしっかりと把握したうえで、守り方を選択していきましょう。

対応力豊かなエースがいるチームへの守り方

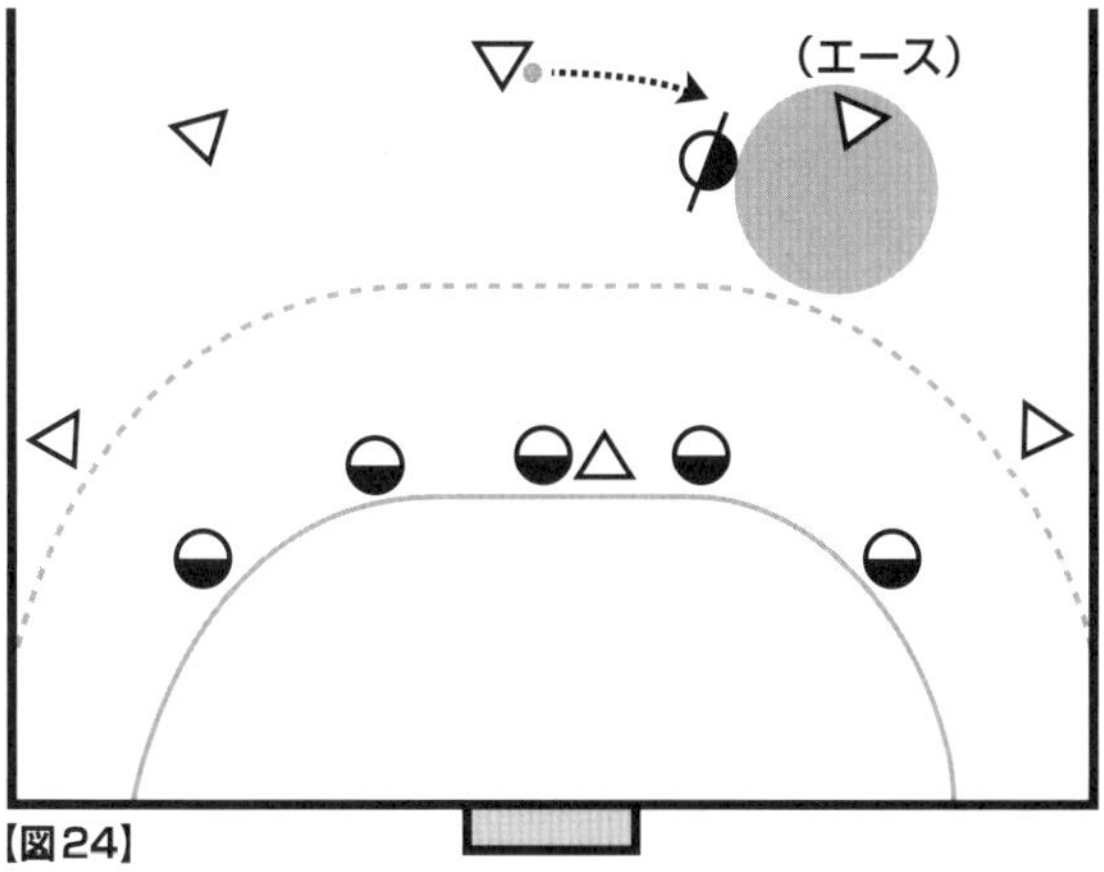

【図24】

PLAN① 5：0+1DFで守る

110、111ページでご紹介した5：0+1のシステムで守り、プラス1のプレーヤーが相手のエースに対してけん制に出ます。

けん制をすることで、エースがパスをもらうために**【図24】**のアミかけで示したスペースの外に動かなければならない、あるいは、ほかのOFがエースへのパスが出しづらいからと、サイドに飛ばしパスを送ったり、図の左側での展開が多くなる、といった流れに誘導できれば、DF側が先手を取ることができます。

121〜125ページでもお話ししたように、パスをインターセプトしなければ、と思う必要はありません。インターセプトにこだわるあまり、エースへのパスコースやエースに近づきすぎると、裏を取られてカットインやポストパスと相手に主導権を奪われるキッカケを作ってしまいます。

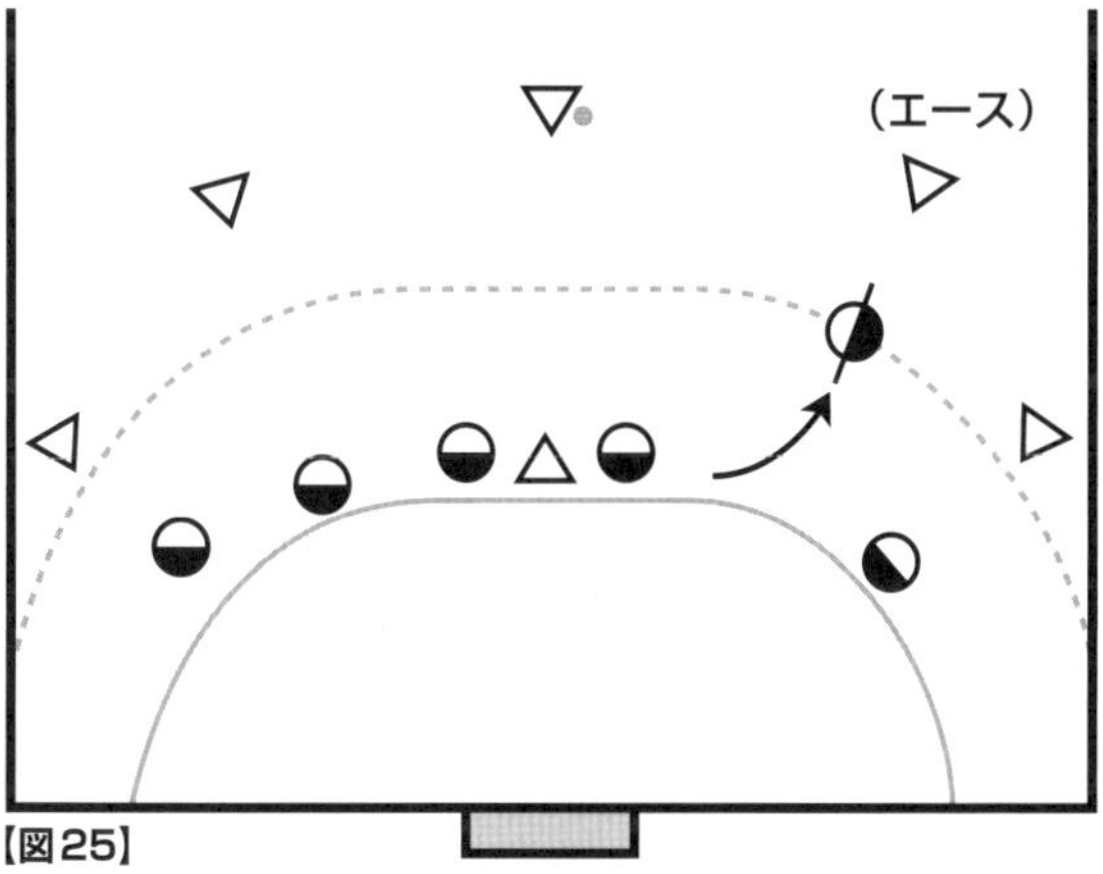

【図25】

PLAN② けん制つきの6：0DFで守る

ベースは6mライン付近に立ち並んだ6：0ですが、エースをマークするプレーヤーだけは積極果敢にエースへのけん制を仕掛けていきます**【図25】**。

5：0+1と同じく、ほかのプレーヤーがエースへのパスを一瞬でも躊躇《ちゅうちょ》すれば相手のリズムが崩れ、エースも普段の練習のようなシュートが打ちづらくなります。また、相手がエースへのパスが難しいと、サイドへの飛ばしパスを出せば、インターセプトできるチャンスも広がります。

逆に、エースをマークするプレーヤーがやすやすとエースのインへの突破を許したり、裏を取られてしまうと、エースのカットインやポストへのパス、さらにはサイドシュートと、相手のチャンスがふくらみます。

エースをマークするプレーヤーが有効なけん制をできるかがポイントになります。

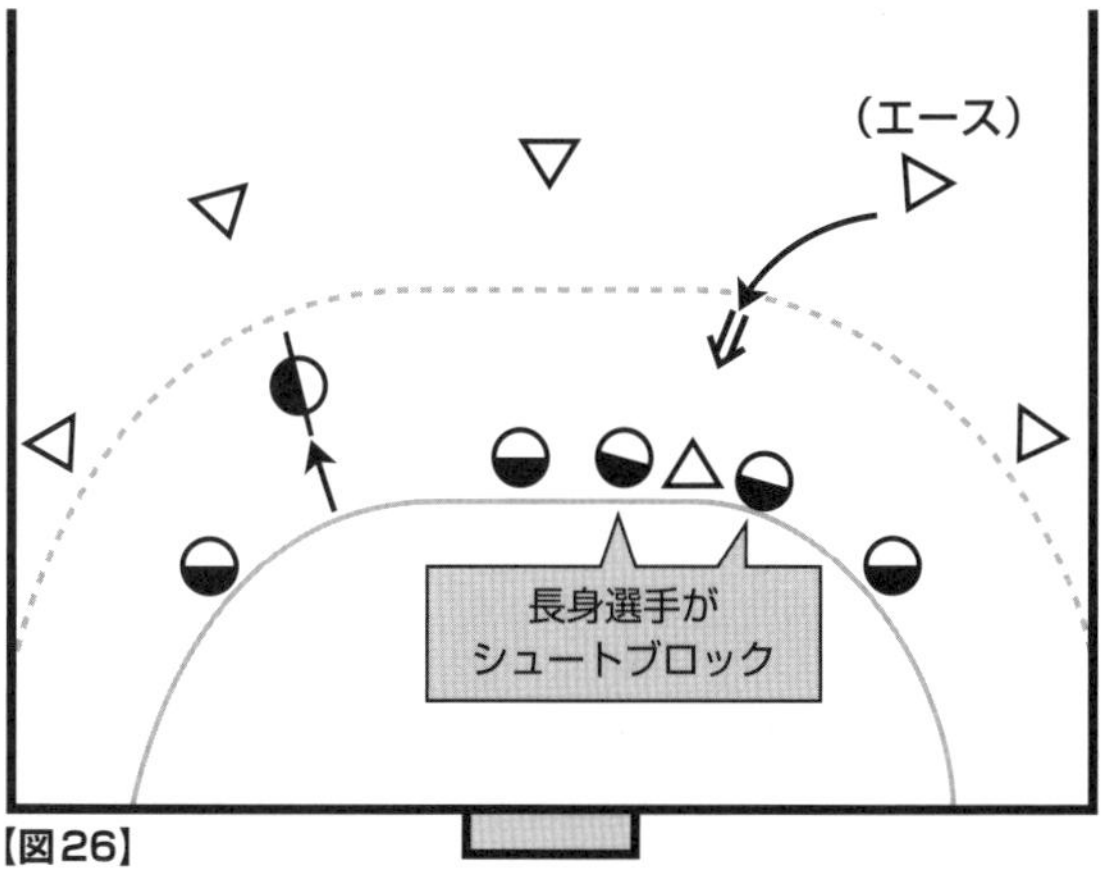

【図26】

PLAN③ エースと真っ向勝負する

あえてエースのシュートと勝負していくDFです。

【図25】とベースは同じ6：0ですが、けん制に出るのはエースにではなく、逆のバックプレーヤーに仕掛け、エース側にボールが集まるように誘導します。エースのシュートポジションを制限させたうえで、長身選手のシュートブロック、あるいは、信頼できるGKのキーピングで勝負していきます。

126、127ページでもお話ししたように、腕を上げて跳ぶことができれば、いかにシュート力があるプレーヤーといえども、なかなか下にはシュートできません。シュートコースが制限されることで、シュートが決まる確率も下がってくるはずです。

エースのシュートは何本打たれてもいい、その代わりほかのプレーヤーにはやられない、という思い切り、覚悟も大切になります。

▽＝オフェンス　◒＝ディフェンス　⋯⋯▶＝パス　──▶＝人物の動き　⟹＝シュート

CASE 2

サウスポーエースがいるチームと戦う場合

★右利きと左利きに対する壁の作り方の違いをつかむ

★エースに入るボールを封じて守る

続いて、サウスポーのエースがいる、サウスポーが2人、3人といる相手と戦う時の守り方を考えていきましょう。

128、129ページで紹介したエースは左バックをメインのポジションとする右利きのプレーヤーを想定していました。

今度はサウスポーのエースですから、128、129ページを裏返して考えればいいように思えますが、あえてサウスポーに対しては、右利きのエースとは守り方、意識を変えた方がベターと思います。

通常、サウスポーのエースがメインのポジションとする右バックをマークする左から2枚目、その右側の左から3枚目の壁の作り方が、右バックに右利きのプレーヤーが入っている時とは変わってくるからです。

位置取りもセンターからのパスが右バックのエースに渡った時から、相手の利き腕側（左腕、DFから見れば右側）に明確に意識を変えて寄る必要があります。

毎年、メンバーが入れ替わる大学生以下のチームでは、メンバーに1人もサウスポーがいない、という年も珍しくありません。

全国大会常連の強豪チームでも、日ごろの練習でサウスポーの動き、シュートを経験できないまま公式戦に臨むと、サウスポーのいるチームにDF、GKのキーピングを狂わされてしまうものです。

このように、サウスポーがいない場合は、事前の準備も難しいですが、右利きとは違う、ということを意識し続けるだけでも、守りの精度が違ってくるのではと思います。

サウスポーのエースがいるチームに対する守り方としては、128、129ページと同様に、5：0＋1のシステムでスムーズな流れを制限することが有効です。

優れたサウスポーエースはインにもアウトにも展開できますが、利き腕側のインに展開していくことが多い傾向があります。

サウスポーの動きやサウスポーと左バックのプレーヤーとのクロスなどを制限するために、5：1システムや3：2：1システムを敷き、シュートにも備えて中央も厚めに守る、という守り方も考えられます。

さらには、高い位置でプレッシャーをかけられるようなフットワーク力を備えたプレーヤーがいない、という場合は6：0で中央の2人を中心に守るという選択肢もあります。

2人、3人とサウスポーがいるチームは、よりOFの流れが中央へ、となりがちです。中央を厚く守るのが得策です。

サウスポーエースがいるチームへの守り方

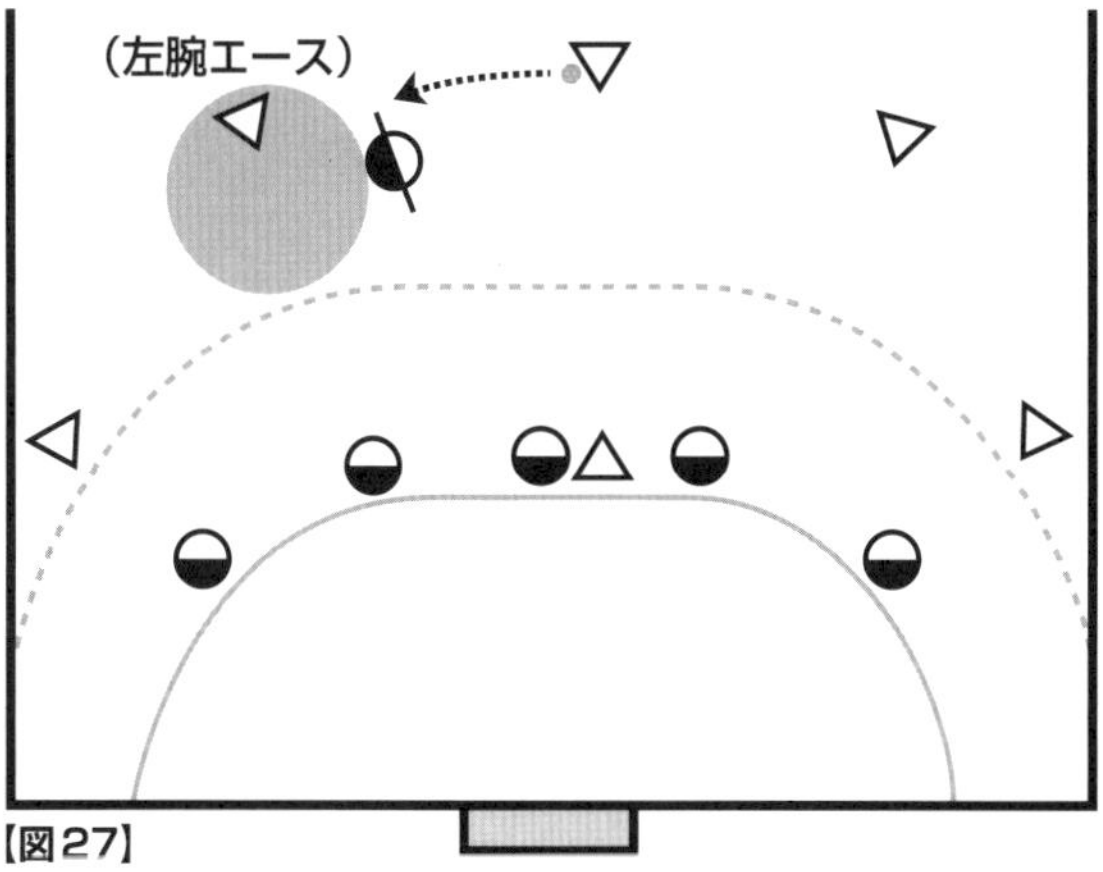

【図27】

PLAN❶ 5:0+1DFで守る

5：0＋1のシステムで守り、プラス1のプレーヤーが相手のサウスポーエースに対してけん制を仕掛けます。

サウスポーエースがパスをもらうために**【図27】**のアミかけで示したスペースの外に動かなければならない、あるいは、ほかのOFがエースへのパスが出しづらいからと、サイドに飛ばしパスを送ったり、図の右側での展開が多くなる、というように、相手に思いどおりの展開をさせないことをめざします。やはり、けん制がうまく機能するかどうかが、このDF全体が機能するかどうかのポイントとなります。

129ページのPLAN①の裏返しに近いですが、サウスポーエースの突破、シュートに備える左から2枚目、3枚目のDFプレーヤーは、相手がサウスポーだ、ということを位置取りの段階から意識する必要があります。

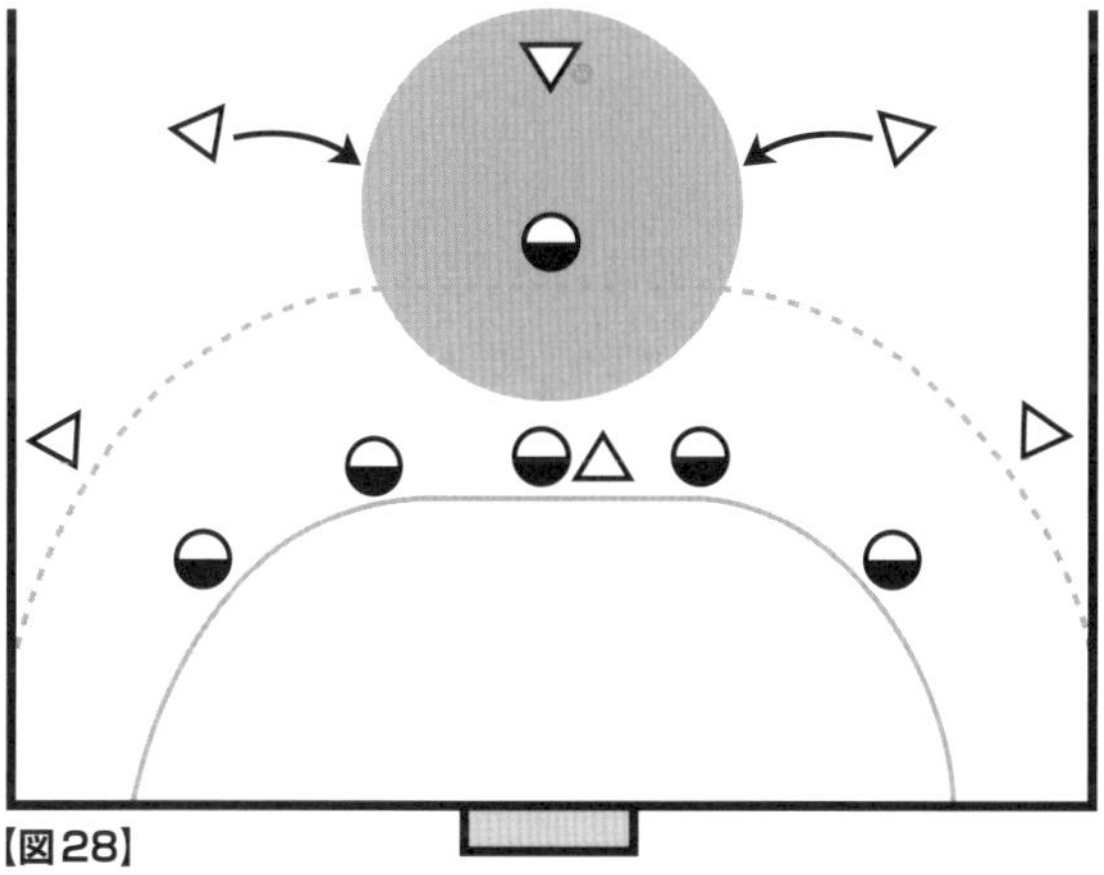
【図28】

PLAN❷ 5:1DFや3:2:1DFで守る

サウスポーがいるチームのOFは中央（DFから見て右）へと展開しがちです。

右バックあるいはセンターにいるサウスポーエースを簡単に中央へと切り込ませたくない。

また、サウスポーエースとセンターや左バックとのクロスをスムーズにされてしまうと、マークチェンジの遅れなどで、シュートチャンスが広がりますから、中央付近でのクロスなどもできるだけ制限したい。

そのために、5：1や3：2：1を敷き、中央付近での相手の動きを封じるとともに、フィニッシュのシュートにもシュートブロックで対応できる態勢を整えます。

DFの中央（センターバック）には長身選手を起用したいところです。

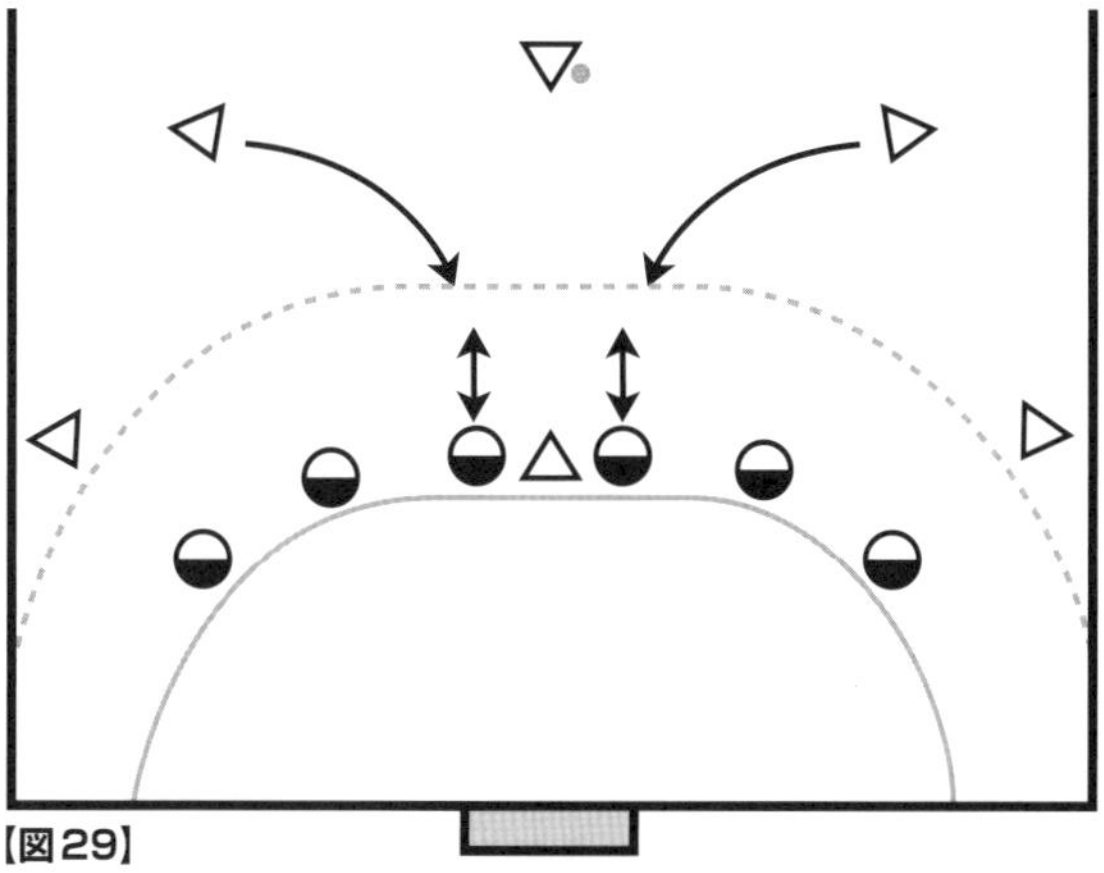
【図29】

PLAN❸ 6:0DFで守る

本当はPLAN①や②のような守りにチャレンジしたいけれど、高い位置で相手にプレッシャーをかけられるフットワーク力のあるプレーヤーがいない、という場合は、6：0を考えてみます。

相手のOFに対し、中央の3人、4人と前に出てしまうと、ポストが縦横に動けるスペースを与えてしまうことになるので、前に詰めるのは中央の2人のみ**【図29】**。

中央の壁を打ち抜こうとしてくる相手に対して1人が前に詰めたら、もう1人はポストをケアし、コンビで守ります。

サウスポーエースや左のバックプレーヤーがアウトに流れてのシュートを狙ってくるケースもありますが、そのシュートに対しても2枚目のDFは前に出ず、シュートブロックで勝負します。

能力の高いセンターがいるチームと戦う場合

CASE 3

★リスクもあるが思い切ってセンターを抑えに出る

★パスやカットインの方向を制限して守る

自在にボールをさばける、さらに、フェイントも切れ、突破力もある、というセンターがいるチームと戦う時の守りを考えていきますが、こうしたプレーヤーがいるチームとの戦いはとてもやっかいです。

高い位置でこのセンターをマークにいきたいけれど、そうすると下のスペースを空けてしまうことになる、というように、こちらが立てば、あちらが立たず、の状況になってしまいます。

それでも、パス、シュート、フェイントと3つあるセンターの選択肢を2つに、さらに1つへと減らせるような工夫をしてみましょう。

まずは、125ページでご紹介したLフォーメーションを活かして守る方法です。

センターは突破のスペースがあるのでいきたくなる。DFはけん制を活かしてパスを封じながら、スペースを閉じていく。

そしてセンターはパスしかない状況に追い込まれ、パスしかない状況からのパスは、どれだけ能力の高いプレーヤーが相手でも、DFは対応しやすくなります。

この守り方は、相手の一番いいプレーヤー、持ち味をつぶしにいくだけに、返り討ちにあうリスクもありますが、センターをつぶすことができた時の相手が受けるダメージはかなりのもの。

思い切ってチャレンジしてみる価値がある守り方です。

また、5：0＋1システムを採用し、プラス1のDFが左または右のバックプレーヤーにけん制を仕掛けます。

それによって、センターから、そしてセンターへのパス、さらには、センターがカットインしていく方向を限定できます。

センターの得点、センターのパスからの得点をゼロに抑えることは難しいでしょうが、センターになんのプレッシャーもかけずにプレーさせた時よりは多くの選択肢を消すことができます。

フットワーク力のあるプレーヤーが揃っているチームならば、5：0＋1を発展させて、4：0＋2で左右のバックプレーヤーにけん制を仕掛けて守ることも可能でしょう。このDFが機能すれば、センターの選択肢はいっそう少なくなります。

さらには、大型選手、好GKを活かせるならば6：0でシュートを打たせて勝負、3：2：1でスタートし、センターがフェイントをかける位置を高くさせておいて、フェイントをかけてきたら3人が下がって6：0にチェンジするフェイクを利用した守りも1つの手です。

能力の高いセンターがいるチームへの守り方

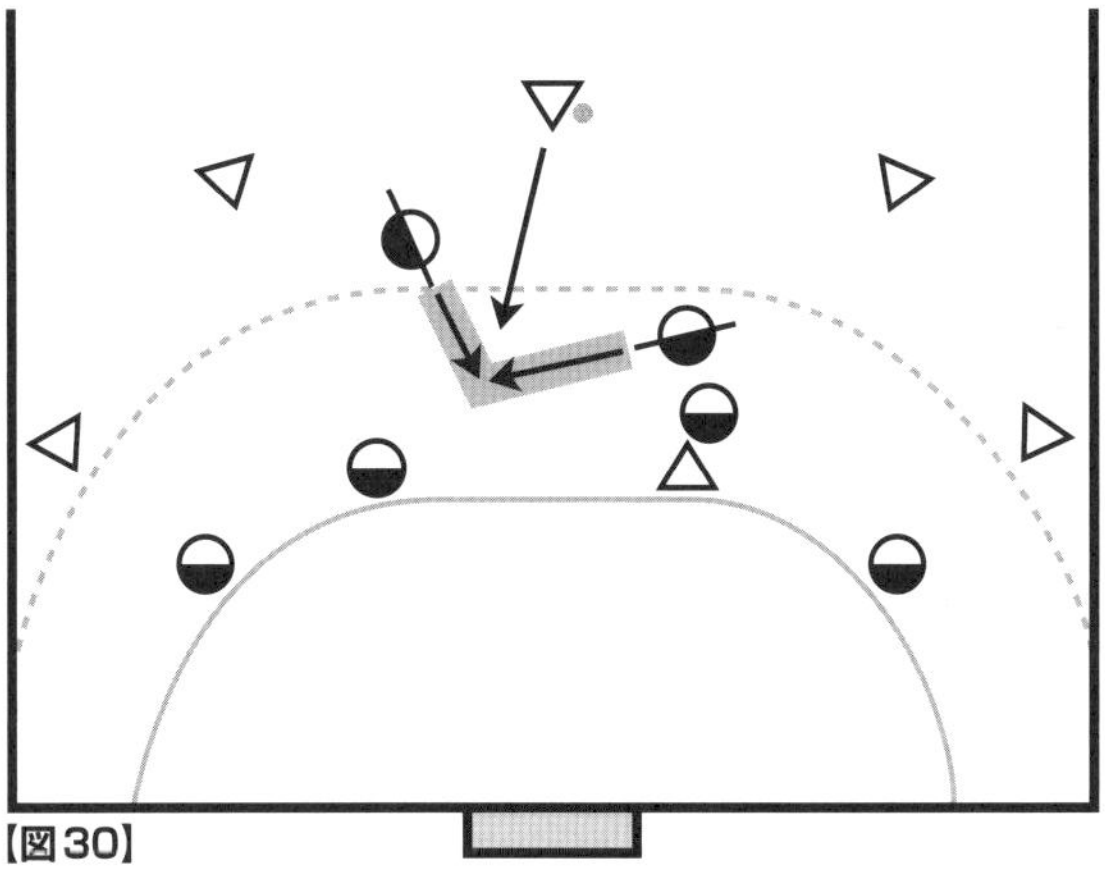

【図30】

PLAN❶ Lフォーメーションを利用して守る

125ページで詳しくお伝えしたＬフォーメーションを活用します。

センターからすれば、２人のＤＦの間にスペースがある、チャンスだ、と突破を狙います。スペースは空いたままなので、センターはさらに前進しますが、シュートへと思った瞬間、サイドステップで寄ってきた２人がスペースを閉ざします。その時、センターはもう味方に有効なパスを送ることができません【図30】。

このＬフォーメーションを機能させるためには、２人のコンビが大切。また相手は能力の高い選手ですから、前にいくと見せかけ、２人を引きつけて次のチャンスを狙ってくることもあります。

相手のストロングポイントに勝負を挑むわけですから、成功すれば効果は絶大ですが、失敗した時はリスクを背負うことになります。

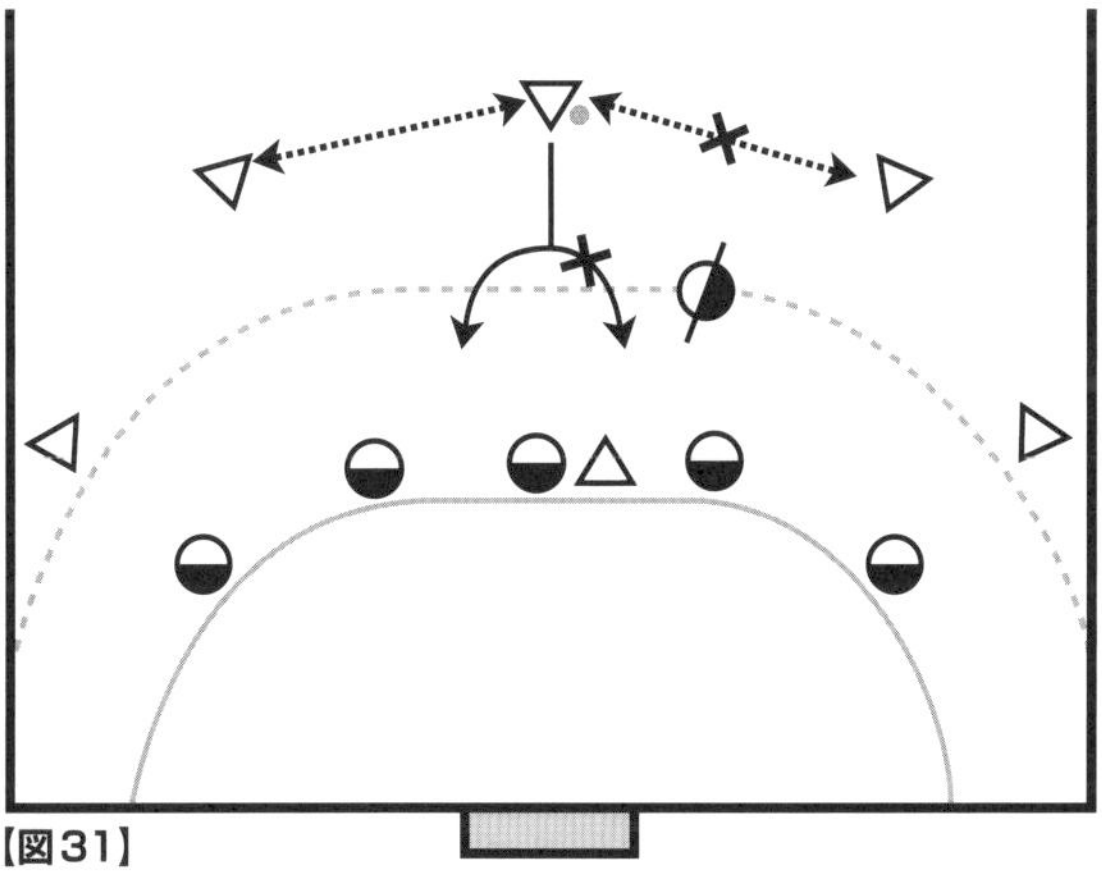

【図31】

PLAN❷ 5:0+1で守る

５：０＋１システムを敷き、プラス１のＤＦは左バックにけん制を仕掛けていきます【図31】。

こうすることで、センターと左バックが送り合うパスを消すことができます。

さらに、プラス１のＤＦの存在が、センターのカットインのうち、右方向（ＤＦから見て）への動きを封じることができます（図の×印）。

これでセンターはパス、カットインともに方向が制限されることになります。

ゲームを支配できるだけの力を持ったセンターならば、コートの半分だけでも多くの仕事ができるでしょうが、自在にプレーできた時のスペースの半分が制限されるわけですから、ＤＦ、ＧＫはグンと守りやすくなります。

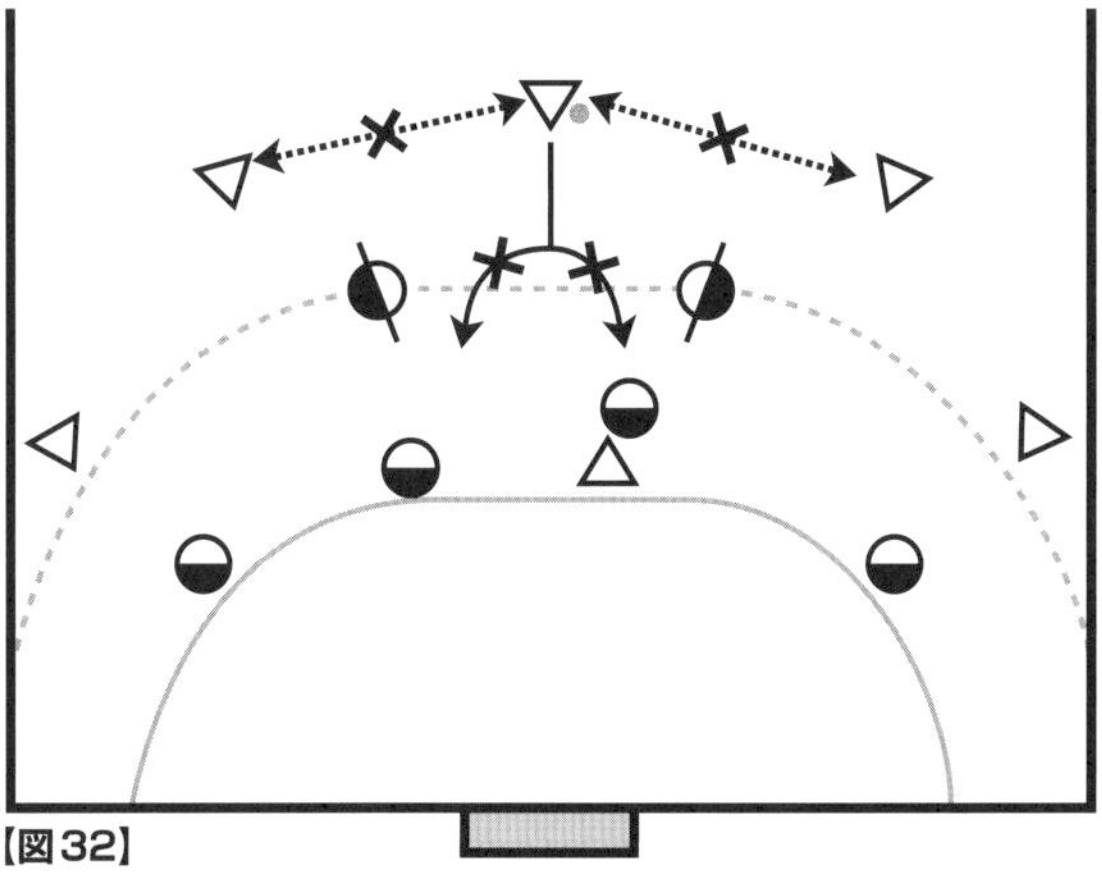

【図32】

PLAN❸ 4:0+2で守る

フットワーク力のあるプレーヤーが揃っているチームならば、５：０＋１を発展させ、４：０＋２システムでよりセンターにプレッシャーをかけることができます【図32】。

このＤＦがうまく機能すれば、センターは左右のバックへのパス、カットインともに封じられ、シュートを打たざるを得ない、という状況に追い込まれます。

こうなると、センターが自由自在に動ける時に持っていた３つの選択肢のうちの２つを消せたことになり、完全にＤＦ側が主導権を握ることができます。

２人が前に出ることで、下のスペースも広くなりますが、そこは個々のフットワーク力を活かしてカバーしていきます。

CASE 4

大型ポストのいる チームと戦う場合

★ **相手の脚力が弱ければ 2人ではさむ**

★ **ポストが俊敏さも兼備していれば、ポストへのパスを制限して守る**

ここでは、大型（長身）のポストがいるチームと戦う時のDFを考えていきます。

ポストを守る基本は、第1章で酒巻清治さんも解説されていましたが、ポストに密着して守るのではなく、ポストとの間にスペースを作って守ることが大切です。

とくに大型のポストにDFが密着しすぎ、押し合いをしてしまうと、相手の体格の優位性が強く出てしまいます。

大型のポストに密着しながら守り、いざ前に出ようとする時に、相手の体格に邪魔をされて出られない、といった状況に陥ります。

それよりは、自分が自由に動けるようにスペースを確保することが必要です。

チームの守り方としては、相手のポストが大型でも脚力が弱かったり、パスを受け、ターンをして飛び込むまでの動きが緩慢、というケースは、ポストにパスが渡ると同時に、2人でポストをはさんで守ることが可能です。

ポストをマークする2人にフットワーク力があれば、より優位に立つことができます。

ポストが大型で、かつ、動きも俊敏、パスをキャッチしたら素早く飛び込める、というケースは、ポストにボールが入ってから対応しても、相手の動きが速いので、横やうしろからのマークになってしまいがちで、警告、退場、そして7mTと、失点だけでなく、チームDFの崩壊につながりかねません。

となれば、ポストに渡るパスを制限して守ることが必要になります。

ポストへのパスそのものを出させない、あるいは、インターセプトする、と考えるとハードルは高く感じますが、ポストへのパスの距離を長くするだけでもポストをマークするDFの負担を軽くでき、対応がしやすくなります。

また、明らかにポストがフリーになっているケースでパスを出すことはそれほど難しいことではありませんが、ポストとのコンビを合わせて巧みにパスを出せるプレーヤーはだいたいチームに1人ぐらいしかいません。

ポストへのパスを制限するといっても、2人、3人とケアする必要はなく、ポストへのパスをするキーパーソン1人をやや高めの位置で守ることができれば、それだけで大型ポストの力のかなりの部分をそぎ落とすことができます。

そういった意味では、事前のスカウティングでポストにパスが落とせるプレーヤーを把握しておくことも大切になってきます。

大型ポストがいるチームへの守り方

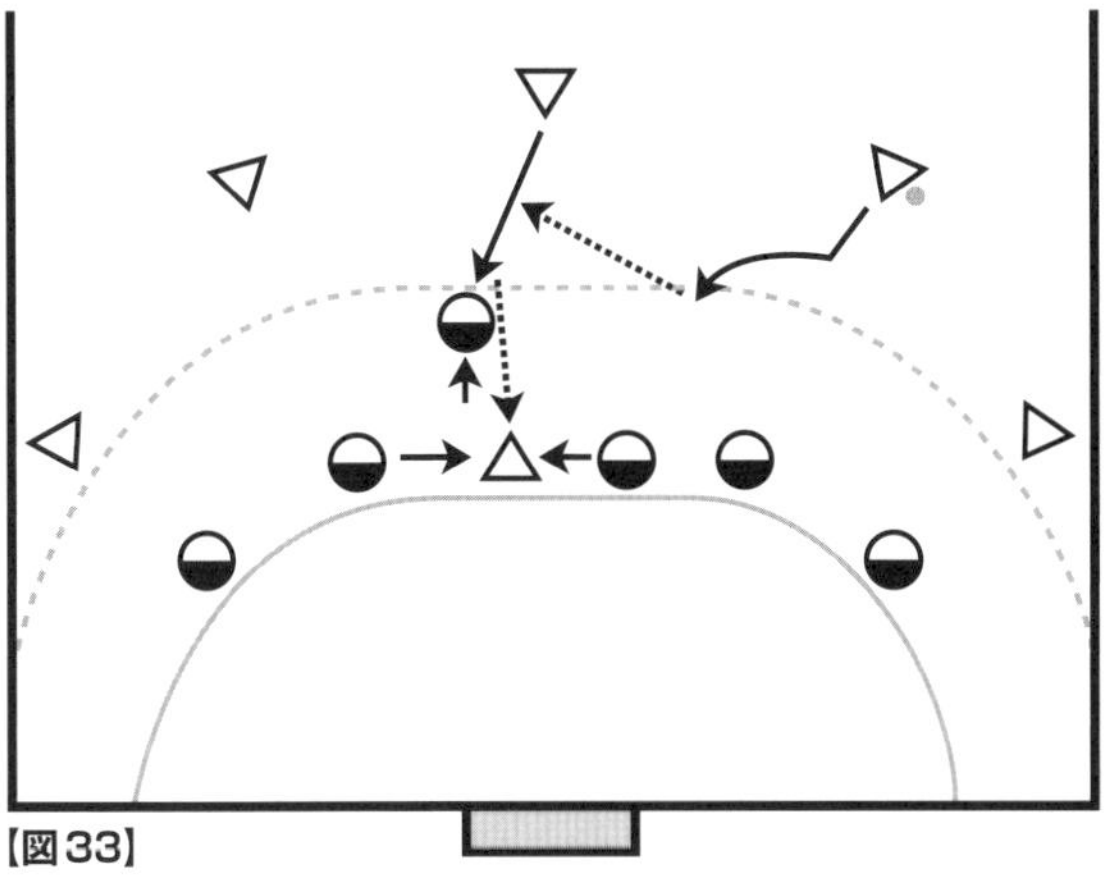

【図33】

PLAN① 2人がポストをはさんで対応する

大型のポストは守る側からすればやっかいですが、俊敏さに欠け、パスを受けてからターン、そしてゴールエリア内に飛び込んでシュートと、いう動作が緩慢なポストならば、ポストへのパスを予測したり、ポストにパスが入ってからの素早い反応をすることで、2人のＤＦでポストをはさんで対応することができます。

判断、対応が遅れ、ポストの横、うしろからマークにいってしまえば警告、退場の罰則、7ｍＴになりますが、ボールを受けてからもたもたしているポストを2人でガチッとはさんで守ることは罰則の対象にはなりません。

手が届かない位置でパスをとおされてしまうというケースでも、初めから諦めることなく、大型ポストに食らいついていきましょう。

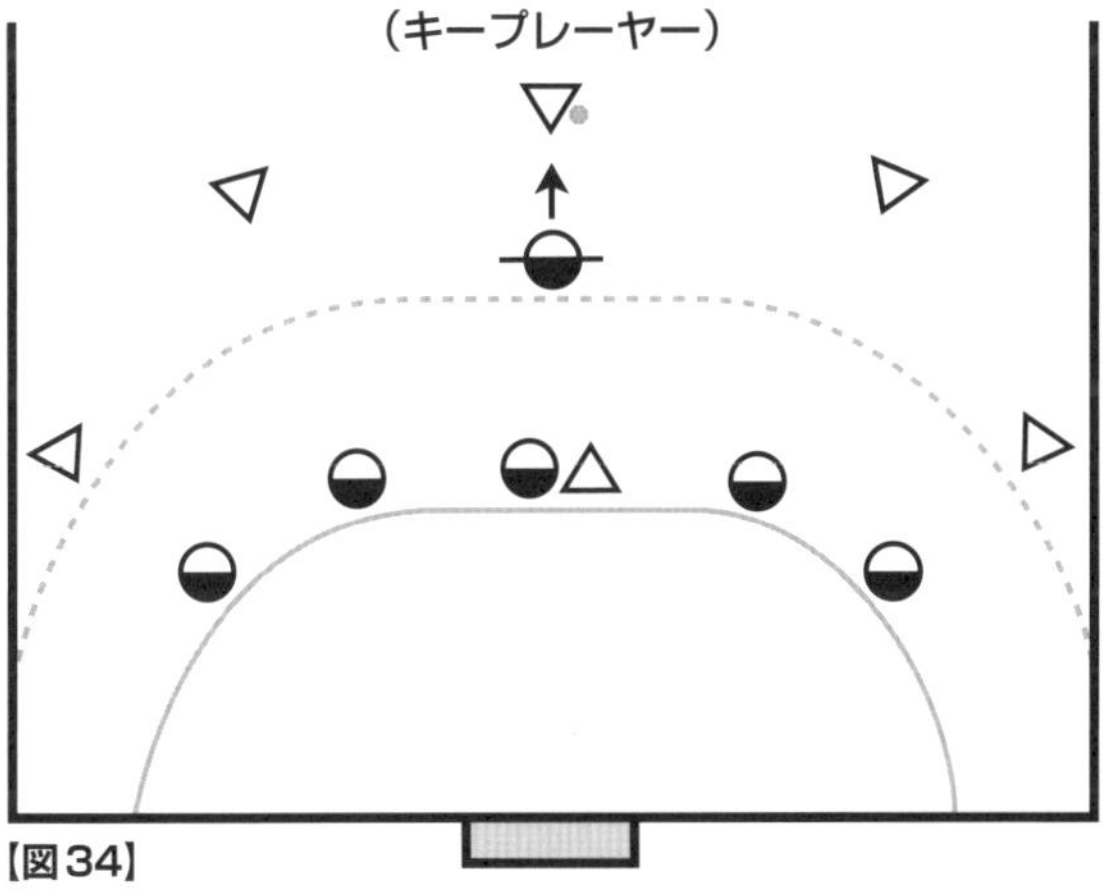

【図34】

PLAN② ポストへのパスを制限する

PLAN①とは異なり、大型ポストが機敏に動けるならば、ポストにボールが入れば、かなり高い確率でシュートまで持ち込まれてしまいます。無理にマークにいけば、失点、さらに罰則がつく、という大きなダメージにつながります。

そのためには、ポストへのパスを制限するように守ります。たとえポストにパスをとおされたとしても、その距離が長ければ長いほど、対応できる時間が生まれますから、高い位置で相手にプレッシャーをかけていきます。

ポストとコンビを合わせてパスを落とせるプレーヤーはいてもチームに1人、もしくは1人もいないチームもあります。ポストにパスしてくるキープレーヤーを把握し、高い位置でキープレーヤーの動きを食い止めましょう。

復習 ポストの守り方

第1章の25～27ページでも紹介しているように、大型ポストに密着してしまうと相手の思うツボ。

ポストとの間にスペースを確保し、自分が動ける、機動力を活かせる体勢を整えましょう。

ダブルポストで攻めるチームと戦う場合

CASE 5

★相手の力を見極めて対応する

★シングルポストからダブルポストへの移行は、空走りをマークして未然に防ぐ

ここでは、ダブルポストで攻めてくる相手と戦う時のDFを考えていきます。

システムや動きを見る前に大切なのが、相手の力を把握することです。

ダブルポストは、通常はバックプレーヤー3人で果たす3つの役割、すなわちゲームメイク、フェイントによるDFラインの突破、ロングシュートの3つを2人でこなすことになります。そもそも2人にその力があるかを見極めることが大切です。

2人が高い能力を持つケースもあれば、2人ともパスはうまいけれど、ロングシュートを打ち抜く力がない、1人はシュート力があるけれど、もう1人はパスがほとんど、といったさまざまなケースがあり、それに応じて守り方も違ってきます。

2人ともに能力が高く、大きな弧を描いてDFを横にゆさぶりながら攻める力があるチームには、【図35】のようにバックプレーヤーが真っ直ぐゴールに向かうように誘導する必要が出てきます。

ロングシュートを打ち抜く力がないプレーヤーには、高い位置でプレッシャーをかける必要はなく、エリア際を重点的に守るべきです。

また、ポストがバックプレーヤーがインに動いた時にアウトに動くなど、バックプレーヤーに対してうまくコンビがとれているか、中継したり中間ポストの役割を果たして、DFのずれを誘うような動きができるかどうかでも守り方が違ってきます。

自らも仕事ができるポストならば、DFラインを上げればライン際をうまく攻められてしまいます。

パスを待つだけのポストならば、早めに前に詰め、バックプレーヤーへのマークを強めるべきです。

システムとしては、6：0でダブルポストを守る場合は、2人のポストにDFを左右2つに分断されないことが大切です。

ポストが2人だからと、システムを変えたり、特別な対応をする必要はありません。【図36】のように、ポストの位置を徹底するだけで、DFの分断を避けることができます。

また、OFがシングルポストからダブルポストに移行することで、マークのミス、DFのずれが生じます。

これを防ぐには、第1章のオフ・ザ・ボールのDFを思い返してください。

ポストへ入ろうとするプレーヤーに、空走りをさせないことが大切です。ボール中心に守る場合でも、首を振りながら相手の動きをうかがい、6mラインに足をつけておいたり、ボールがない方の腕も上げておき、相手の絶妙なタイミングでの切り込みを封じましょう。

ダブルポストで攻めるチームへの守り方

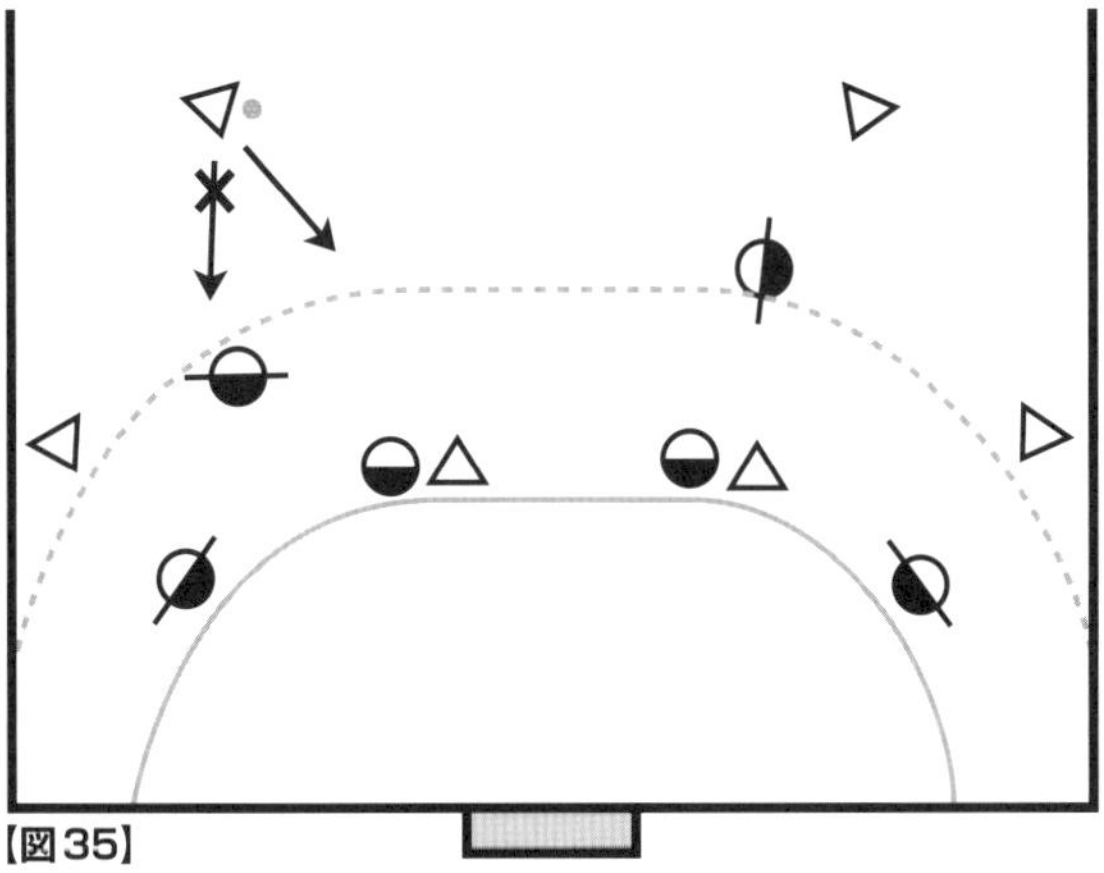

【図35】

PLAN① バックプレーヤーの動きを制限する

相手のバックプレーヤー2人がパス回し、カットイン、ロングシュートといずれも優れた力を持ち、2枚目のアウトと左右の3枚目の間（ＤＦの中央）を大きな弧を描いて攻め抜ける力を持っている場合は、2人のＤＦのけん制を利用して、バックプレーヤーの動きを制限して守ることをめざします。

【図35】で右バックのプレーヤーは左の2枚目のＤＦのけん制でアウトへの動きを制限され、ゴールに向かうか左バックまたは右サイドへパスするかの状況。右の2枚目のＤＦの左バックへのけん制も効いており、左バックの動きも制限されることになります。

両バックをマークするＤＦのフットワーク力、予測力が充分でない場合は、けん制に出る位置を下げて対応します。

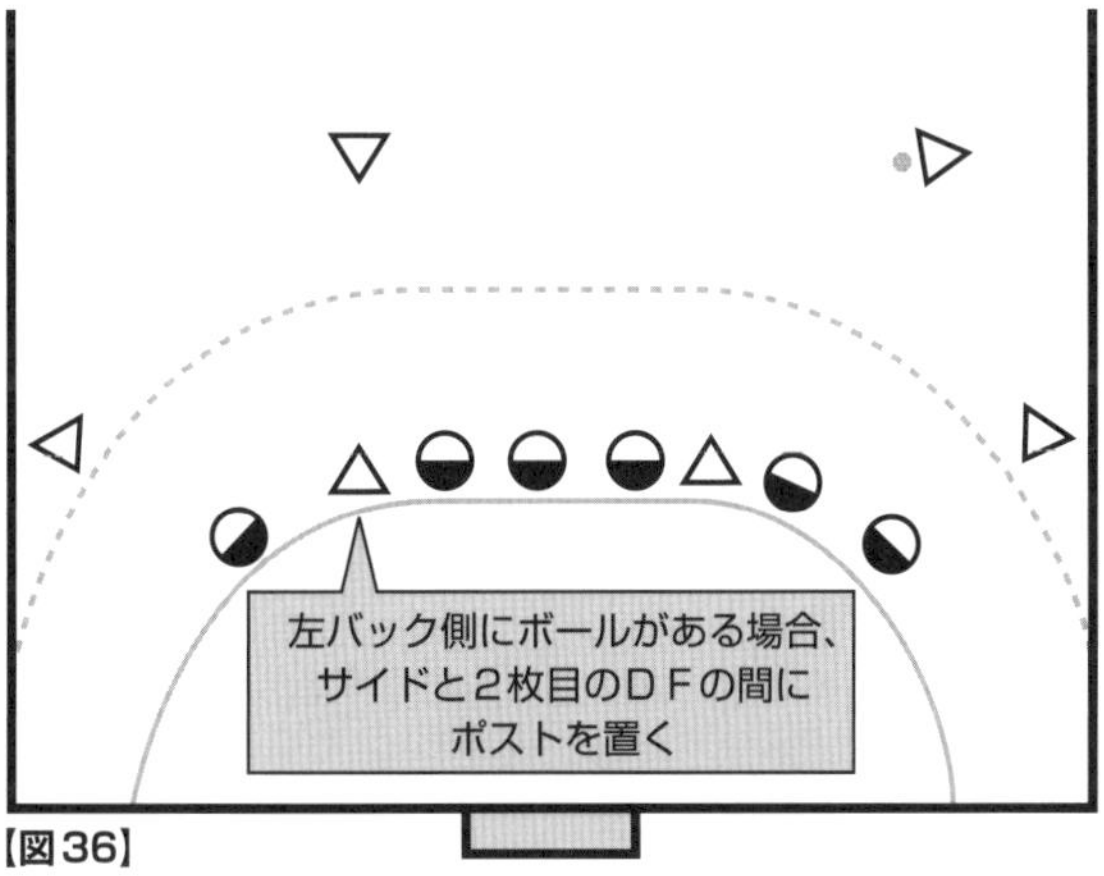
左バック側にボールがある場合、
サイドと2枚目のＤＦの間に
ポストを置く

【図36】

PLAN② ポストの位置に注意して守る

ダブルポストで攻めてくるチームは、相手のＤＦを左右2つに分断することを狙ってきます。

左バックにボールがある【図36】のケースで、図とは異なり左側のポストが左から2枚目と3枚目のＤＦの間にいると、左右それぞれでバックプレーヤーとポストがコンビで攻める2対2の状況ができてしまい、ＤＦが分断されてしまいます。

しかし、【図36】のように、ボールとは反対側のポストをサイドと2枚目のＤＦの間に置くことができれば、そのポストの存在を強く意識することなく、シングルポストの時と同じように守ることができます。

ボールが右バックにパスされれば、今度は右側のポストを右サイドと右から2枚目のＤＦの間に置くようにして守っていきます。

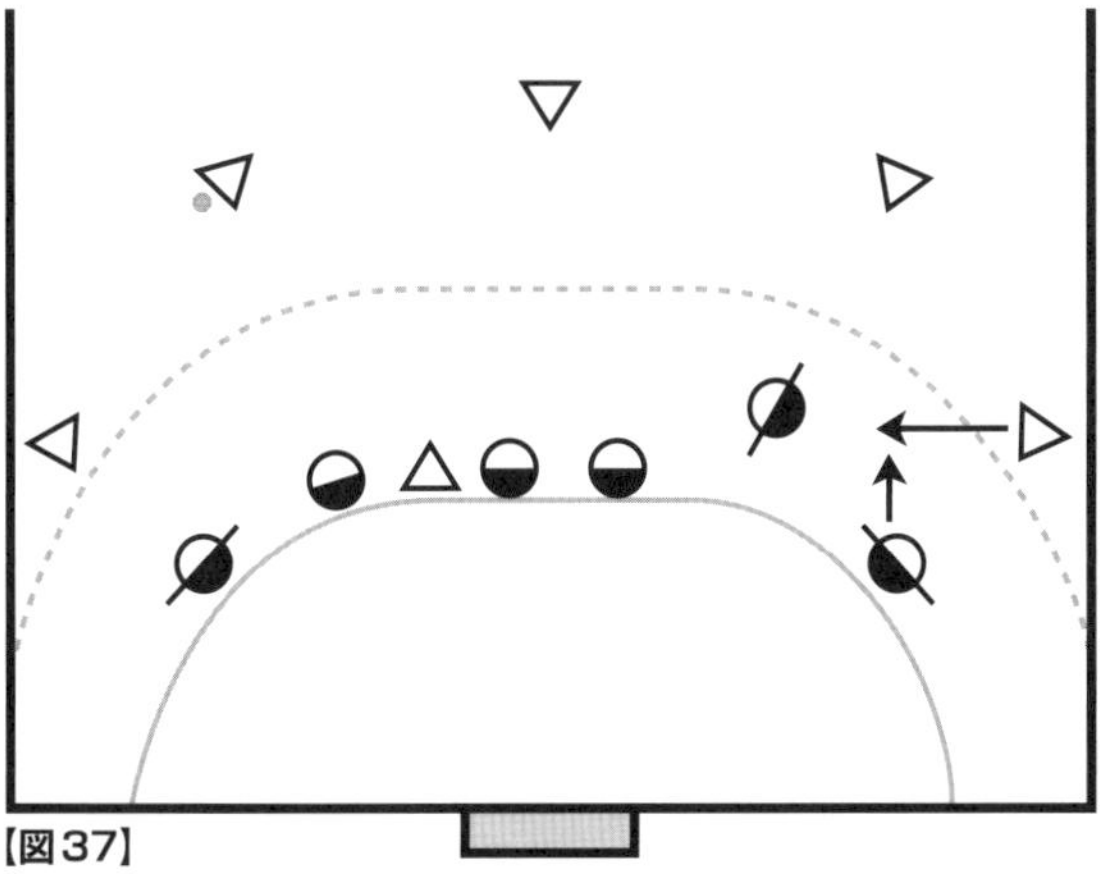

【図37】

PLAN③ ダブルポストへの移行を防ぐ

ボールが右バックの位置にある時、ＯＦは左サイドが回り込んだり、次の展開に備えてやや前に出た右から2枚目の背後をスルスルとすり抜け、シングルポストからダブルポストに移行して、ＤＦのマークミスやずれを狙ってくることがあります。

走り込まれてからでは対応が後手に回ってしまうので、サイドの空走りを制限して、ダブルポストの状況が作れないようにするのが得策です。

オフ・ザ・ボールの時のＤＦを思い返し、サイドのＤＦはコンタクトして押し上げながら、2枚目にマークを受け渡します。サイドのＤＦがスキをつかれた場合も、2枚目のＤＦがハンズアップしていれば、サイドのプレーヤーの走り込みを察知できる可能性が高く、いち早く相手がダブルポストになったことを味方に伝達できます。

CASE 6

優れたサイドプレーヤーがいるチームと戦う場合

★サイドから飛び込まれないように守る

★相手のＯＦを中へ中へと引き込む

ここでは、決定力に優れたプレーヤーがサイドにいるチームと戦う時のＤＦを考えていきます。

「チームとしてのＤＦの考え方」の項（100ページ〜）で、ＯＦの展開をサイドに追い込み、サイドシュートを打たせてＧＫが勝負する、という守り方をいくつかお話ししました。

通常は、ＧＫに対して角度が取りづらいサイドシュートは、中央からのカットインシュート、ポストシュートなどよりも決定力が低くなるものです。

だからこそ、ＤＦが１人退場し、数的不利な場合も「サイド勝負」とサイドに追い込んで失点の確率を減らそうとするのですが、チームによっては、サイドにシュートテクニックに優れ、飛び込めば高確率でシュートを決めるプレーヤーがいたり、サイドにＧＫの上から打ち抜けるくらいの長身選手がいるケースがあります。

サイドシュートが苦手、というＧＫもいるでしょう。

そんな場合、サイドシュートを打たせるＤＦをしてしまうと、本来は得点確率が低いはずのサイドで失点が止まらなくなってしまいます。

そこで、通常とは逆に、サイド勝負はしたくない、サイド勝負はしない、という視点で守りを考えていきます。

１つの方法としては、６：０で６ｍエリア際を固めます。

サイドＤＦは、自分がマークするサイドプレーヤーにボールが入った時は、必ずサイドから飛び込めない位置にいるようにします。

戻り遅れた場合でも、インに切り返されてもかまわないぐらいの気持ちで、とにかく定位置に戻ります。

バックプレーヤーの２枚目のアウトを狙う動きに対しても、カバーにいくふりをするなど、サイドにボールが入る前の段階では、前に出てもかまいませんが、実際にはカバーにはいきません。

サイドＤＦがカバーに行かない分、バックプレーヤーが２枚目のアウトを割って狙ってくるカットインシュートを２枚目のＤＦ、そしてＧＫがいかに抑えられるかが勝負になります。

フットワーク力、予測力のあるプレーヤーが２人、３人いるならば、109ページで紹介したように、左右の２枚目がけん制に出て、中央の４人でおわんのような壁を作ります【図39】。

２枚目のＤＦがけん制を活かし、バックプレーヤーにアウトにいかれないようにして、相手を中へ中へと引き込めば、相手のサイドへの展開を封じることができます。

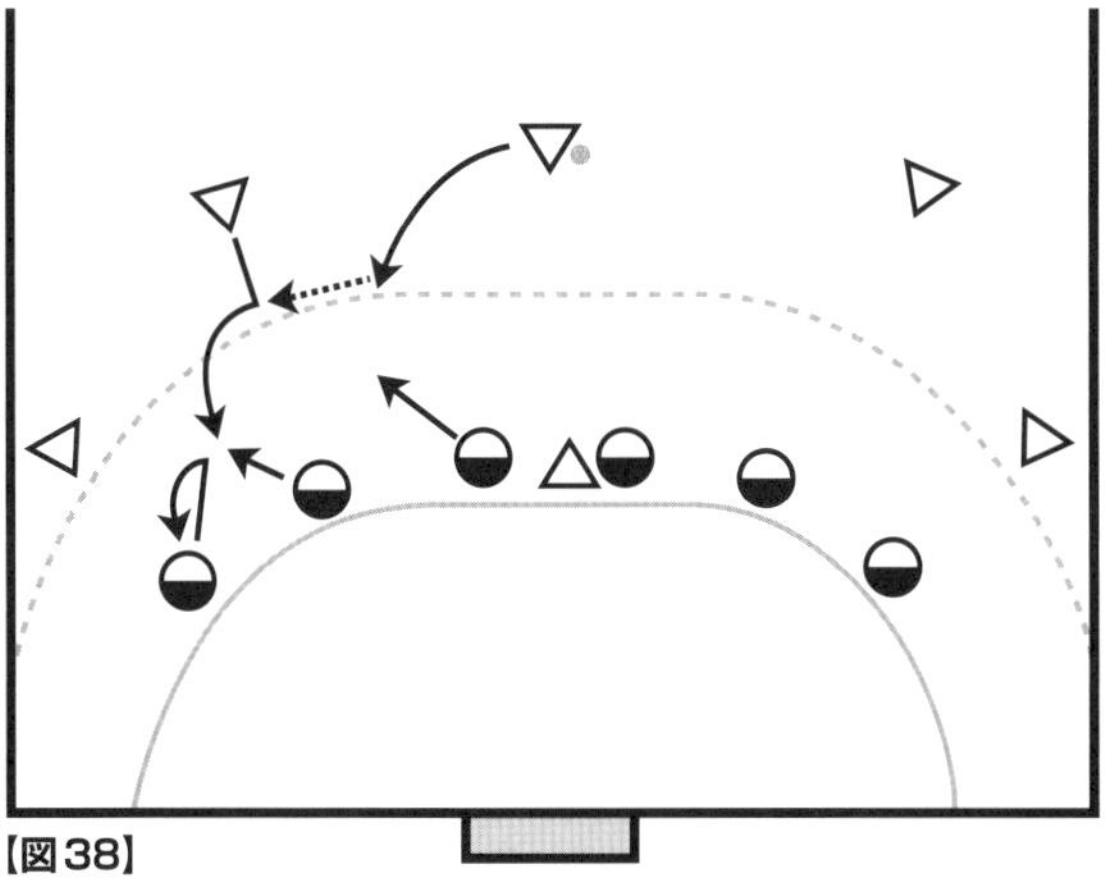

【図38】

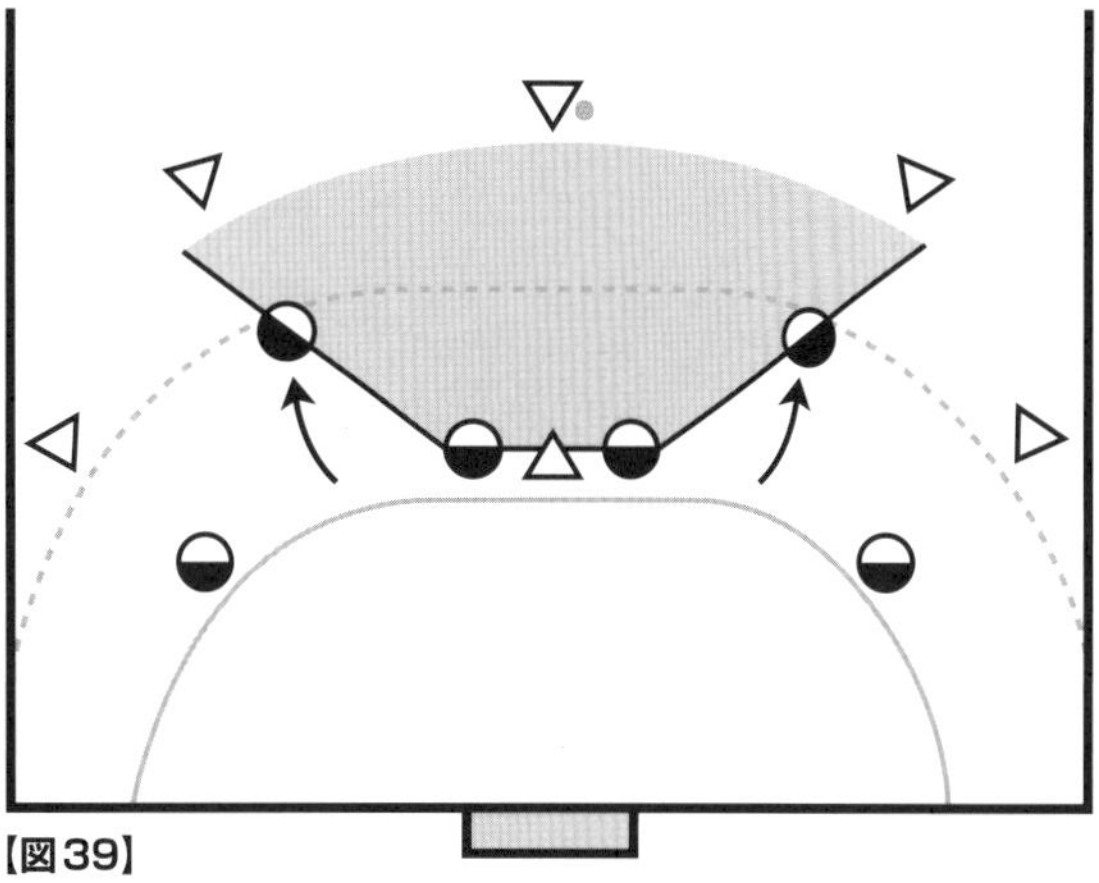

【図39】

PLAN① マン・ツー・マンでシュートを防ぐ

相手が左の２枚目のアウト割り、そして右サイドへの展開を狙ってくる場合でも、サイドＤＦは2枚目のカバーにいくふりをする動きまではしていいのですが、実際にはカバーにいかず、右サイドにボールが渡った時点ではサイドシュートを防げる定位置に戻っていることを原則とします。サイドＤＦは決定力の高いサイドをマン・ツー・マンで守る状態になります。

サイドＤＦとともに2枚目のＤＦがどれだけ踏ん張れるかがポイント。右バックにやすやすとアウトを割られ、ＧＫも対応できないとなると、ＤＦが崩壊してしまうので注意です。

PLAN② 中へと誘導しサイドへの展開を封じる

左右の２枚目のＤＦが両バックにけん制を仕掛けることで、相手の攻撃の流れを中へ中へと誘導。

決定力のあるサイドにボールが回らないように心がけて守ります。

ＯＦはセンターからの飛ばしパスやバックプレーヤーが２枚目のＤＦを引きつけながらのパスで、サイドシュートへと持ち込むチャンスをうかがってくるので、サイドＤＦもスキを見せてはいけません。パスをインターセプトしたり、シュートを防ぐ位置を確保して守ります。

CASE 7
相手との体格が異なる場合の守り方

★大型チームには予測力を活かし粘り強く守る

★体格で優っていればミドルシュートを打たせて勝負

相手が体格で上回っているケースでは、大型選手を揃えるヨーロッパの国々からも警戒されている日本女子代表チームのＤＦが参考になるでしょう。

相手が攻め始める時点では６：０ですが、ボール回しが始まれば、２人、３人と積極果敢に前に出てコンタクトし、フリースローを取りにいきます。

最初のコンタクトでフリースローを取れず、パスをつながれた場合も、次のＤＦが予測しながらパスをもらった相手にコンタクトし、相手のOFの分断を図ります。

複数のDFが前に出ることで、エリア際のスペースを相手に与えることになりますが、前に出たDFが出っぱなしではなく、スルスルと戻り、ポストへのパスをケアする、といったフォローで対応していきます。

高い位置でのマークを振り切られてロングシュートを打たれたり、ポストに入ったパスをシュートに持ち込まれることもありますが、相手からすればまとわりつかれるような、粘り強いDFを継続することが大切。

こうしたDFを1試合継続させるためには、ベースとなる体力や集中力が不可欠です。

自分たちのチームが体格で相手を上回っている場合、104、105ページでご紹介したオーソドックスな6：0で高さを活かす守り方がまず思いつきます。

もちろん、6mライン付近を固め、DFとDFの間を狭くして、一番警戒したいカットインやポストを抑えるには有効なシステムです。

けれども、エリア際を固める分、相手のバックプレーヤーに自由にボールを回され、「1、2の3、ドン‼」と気持ちよく走り込んでロングシュートを打たれてしまう、というリスクもあります。

ロングシュートがポン、ポンと決まることで、相手が勢いづき、力以上のものを発揮した、というケースは珍しくありません。

万全を期すためにも、カットインとポストとともに、ある程度、ロングシュートも制限したいもの。

そのために6：0ではなく、低い3：2：1や5：1でロングシュートへのプレッシャーをかけて守ります。

ロングシュートを警戒することで、相手はフェイントからのミドルを狙ってきますが、DFに近づく分、シューターはロングシュートの時以上に、DF、そしてGKとの対応を迫られます。

ミドルシュートには確実にシュートブロックをして対応しましょう。

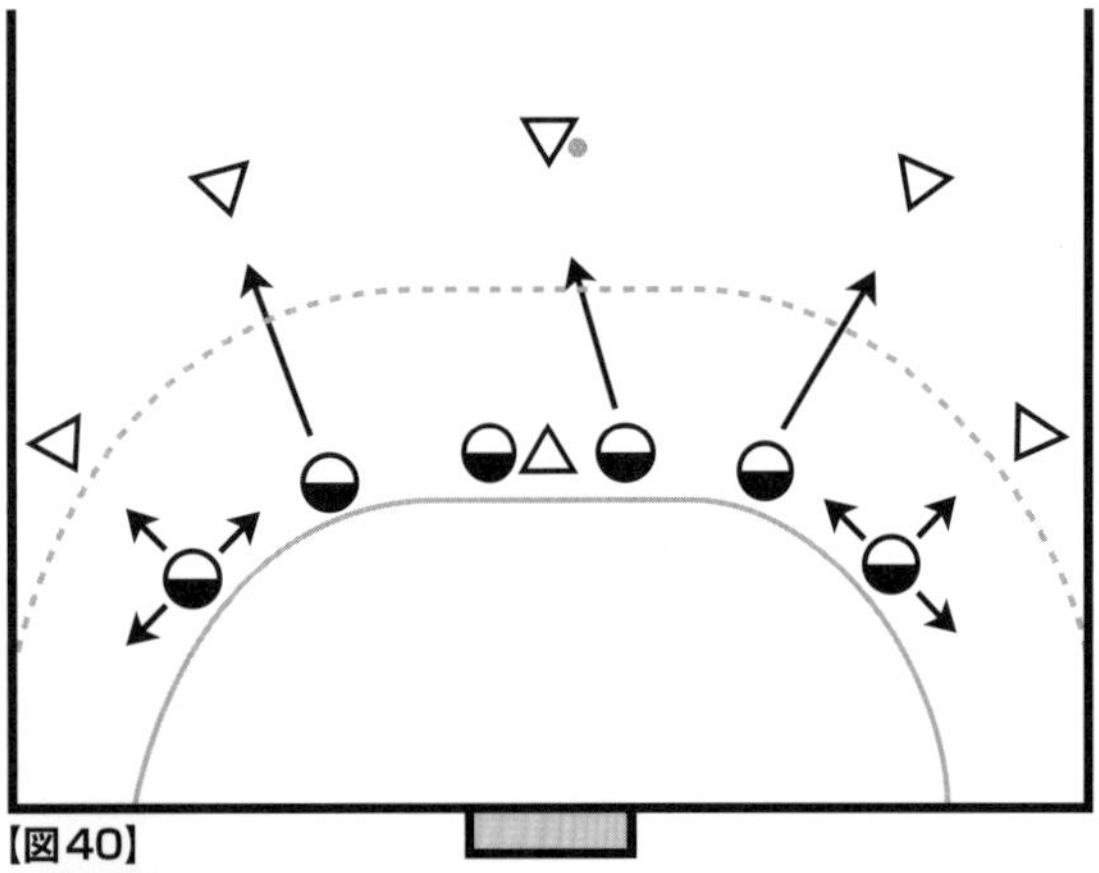
【図40】

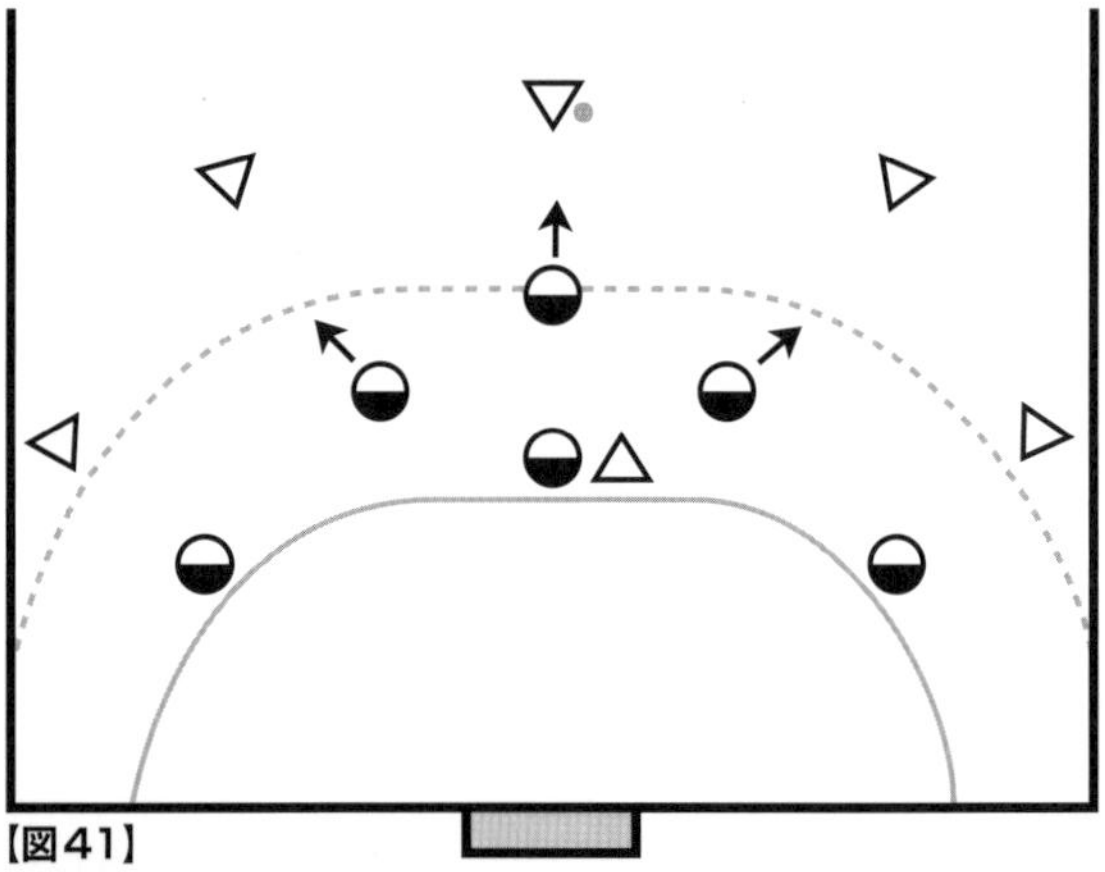
【図41】

PLAN❶ 大型チームには予測力を活かして守る

スタートは6：0ですが、バックプレーヤーをマークする3人が相手に応じて高い位置でコンタクトしていき、フリースローを狙います。

相手へのコンタクトが不充分だとパスをつながれたり、シュートに持ち込まれてしまいます。フェイントでかわされれば相手に大きなチャンスを与えてしまうので、前に出たDFが確実にフリースローで止められるかがポイント。

相手の動きへの予測力、そして、出ては戻るを繰り返し、粘り強くコンタクトを続ける心身両面でのスタミナが必要です。

PLAN❷ 体格で優ればロングシュートを封じる

体格で優っているならば、6mライン付近に立ち並ぶのではなく、3人がやや前に出る低めの3：2：1を敷き、相手のロングシュートにプレッシャーをかけてみましょう。

ロングシュートを警戒されたOFはフェイントからのミドルシュートを狙ってきますが、マークにきたDFをかわす、フォローにきたDFのシュートブロックもかいくぐった上でGKとも勝負しなければなりません。

小柄なプレーヤーからすれば、気持ちよく打てるロングシュートよりも厚くマークされるミドルシュートの方が負荷は大きくなるものです。

チームDF まとめ

この章では自チームや対戦相手の特性に応じたチームとしての守り方を考えてきました。

もちろん、すべてのケースを網羅しているわけではありません。

対応力豊かなエース（右利き）がいるチームと戦う場合を例にとっても、エースの対角にはサウスポーがいる、エースと大型ポストのコンビもある、右サイドにも決定力の高いシューターがいる、などなど、いろいろなケースがあるでしょう。

となると、当然、守り方も変わってきます。

また、ＤＦをネガティブではなくポジティブに捉え、楽しみながら究めていってほしい、という願いも込め、あえて思い切った発想も盛り込んでお話ししてきました。筆者が好きな守り方も含まれています。

今回、お伝えしてきたことに対し、

「これでは守れるわけがない」

「相手がこう対応してきたら、どうするんだ？」

「いやいや、こういう守り方の方が理に適っているんじゃないか」

そうした意見、感想も出てくることでしょう。

ここで紹介した守り方は、これが正解という答えをすべてお届けしたというわけではないので、むしろ、そうした意見、感想がみなさんからどんどん出てくるのは大歓迎です。

「『カットインやポストシュートは避けたい』と言うけれど、ウチのＧＫはロングシュートやサイドシュートよりもエリア際からのノーマークシュートの方が強いんだ」といったそれぞれのチームの特性もあるはずです。

これがみなさんの刺激となり、自分たちのチームを見つめ直すとともに、対戦して勝ちたい、という思う相手をとことん分析したうえで、「ウチはこう守る」というそれぞれのチームの答えにたどりついてもらえるのなら、うれしいかぎりです。

さらには、「あのチームに勝つためにこう守る」「相手がこう守ってくるなら、ウチはこう攻める」といった、戦術論を戦わせながら、試合への準備を重ねていく姿勢が全国各地、各カテゴリーに浸透していけば、日本ハンドボール界全体のレベルアップにもつながるでしょう。

酒巻清治さん、田村修治さんが解説された1対1、2対2などの基本も含め、ＤＦはＯＦの裏返し。地味でつらいもの、というイメージが強いＤＦもＯＦと同じように楽しく、やればやるほどおもしろいもの、と感じてくれる人が1人でも多く出てきてくれることを願ってやみません。

あとがき

DF技術・戦術について掘り下げた本書は、読者のみなさんがどんなチームでプレーすることになっても、また、どんなチームを指導することになっても活かせるDFの技術・戦術を身につけようというコンセプトのもとに編集されています。

第1～4章では、1対1にはじまり、チームとして戦うところまでを網羅しました。人数が多くなるにつれ、複雑になっていくように見えて、そのじつ、局面での1対1や2対2の積み重ねであるということが感じられたのではないでしょうか。

さらに、DFとOFは表裏一体になっており、DFで基本となる1対1、2対2の動きをきちんと理解すれば、OFの際にはその動きを逆手に取った動きができればいいということになります。

日本リーグレベルでも、高校や大学まではエースで、あまりDFをしていなかったにもかかわらず、その後、DFのおもしろさを知り、ディフェンダーとして評価を上げてい

指導・解説
會田　宏　筑波大学教授・同男女ハンドボール部部長
酒巻清治　トヨタ車体ハンドボール部監督
田村修治　東海大学教授・同男子ハンドボール部監督
（50音順、所属・肩書きは2015年度現在）

撮影協力
筑波大学男子ハンドボール部
東海大学男子ハンドボール部
トヨタ車体ハンドボール部

く選手がいます。世界を見渡せば、もはや攻守両面を高いレベルでこなしてこそ一流という考えが一般的になりつつあります。本書を手に取っていただいたみなさんが現在、どのようなレベルにあったとしても、DFについての理解を深め、やらされるのではなく自主的に取り組めるようになれば、必ず大きな成果となって返ってくることでしょう。

第5章では第1～4章までを踏まえ、自チームや相手チームの戦力に応じて、どのようなDFシステムを取るのがいいかをさまざまな面から紹介しました。

6：0、5：1、3：2：1など、いろいろなシステムがあり、それが微妙な違いでさらに細分化されますが、数字はあくまでも目安です。自チームの現状をしっかり踏まえたうえで、どんな形で守るのが一番いいのかを考えることが目的です。システムは手段に過ぎないということを忘れないようにしてください。

DFが嫌いだった人が少しでも好きになり、好きだった人もよりDFについて知ることができた。本書がそのきっかけになれば、こんなにうれしいことはありません。

〈スポーツイベント・ハンドボール編集部〉

ハンドボール
目からウロコのDF戦術

2018年6月1日　初版第2刷発行

編著者　スポーツイベント・ハンドボール編集部
発行者　山本浩二
発行所　株式会社グローバル教育出版
〒101-0047　東京都千代田区内神田2-4-2
TEL.03-3253-5944
FAX.03-3253-5945
http://www.g-ap.com/
印刷所　瞬報社写真印刷株式会社
デザイン　アオキケンデザイン事務所